I libri da leggere

In copertina:
Busto maschile in terracotta
del secolo VII a.C. proveniente da Lavinio.

Il Sistema Qualità di Mondadori Education S.p.A. è certificato da Bureau Veritas Italia S.p.A. secondo la Norma UNI EN ISO 9001:2008 per le attività di: progettazione, realizzazione di testi scolastici e universitari, strumenti didattici multimediali e dizionari.

Grafica
Gloriano Bosio
Alfredo La Posta

Redazione
Armanda Brambilla
Georgia Lauzi

Per l'edizione scolastica

Edizione su licenza
Prima edizione *I libri da leggere:* gennaio 2000

Tiratura

19 20 21 22 23 24
2017 2018

Questo volume è stato stampato presso
Linea Grafica - Città di Castello (PG)

Stampato in Italia - Printed in Italy

Luca Canali racconta l'Eneide

A cura di Maria Pellegrini

Einaudi scuola

Introduzione

Virgilio e il suo tempo

La vita di Virgilio – per quanto a noi è stato tramandato – è povera di eventi, mentre l'età nella quale egli vive è percorsa da avvenimenti drammatici e sanguinosi che determinano profondi cambiamenti sociali e politici. Tra il 70 a.C., anno di nascita del poeta, e il 19 a.C., anno della sua morte, lo Stato romano è travolto da disordini, congiure, contrasti di opposte fazioni, da feroci guerre civili che si scatenano tra le figure dominanti di questa età: Cesare e Pompeo. Il conflitto fra i due contendenti, il primo capo dei *populares* (il «partito» democratico), il secondo mutatosi in paladino dell'aristocrazia senatoria, si conclude con la sanguinosa sconfitta di Pompeo a Farsàlo e con la sua morte in Egitto per mano di sicari del re Tolomeo (48 a.C.); la guerra tra pompeiani e cesariani continua tuttavia in Africa e in Spagna e si conclude con il trionfo di Cesare. La vecchia Repubblica, pur continuando a sussistere formalmente, è di fatto sostituita dal potere di Cesare nominato infine «dittatore perpetuo».

Malgrado l'atteggiamento di clemenza mostrato da Cesare nei confronti dei suoi nemici, egli cade tuttavia vittima di una congiura ordita dalla nobiltà senatoria e capeggiata da Giunio Bruto e Cassio Longino (44 a.C.). Alla morte del dittatore segue altro spargimento di sangue fra gli eserciti dei cesariani e quelli dei cesaricidi. Ottaviano, nipote e figlio adottivo di Cesare, alleatosi con Marco Antonio (che nel 44 a.C. ricopriva la carica di console) e con Lepido (capo della cavalleria) costituisce un triumvirato (43 a.C.) con lo scopo di vendicare la morte del padre adottivo che lo ha nominato suo erede, di riordinare la Repubblica sconvolta dalle opposte fazioni, e dividere con gli altri due triumviri le «sfere di influenza»: Ottaviano ha l'Occidente, Antonio l'Oriente, Lepido l'Africa. I triumviri marciano uniti contro i cesaricidi, ma a ciascuno sta a cuore principalmente il proprio successo personale. A Filippi (tra la Macedonia e la Tracia), gli eserciti di Bruto e Cassio sono definitivamente sconfitti, i due cesaricidi si tolgono la vita (42 a.C.).

La vittoria accelera i contrasti all'interno del triumvirato. Lepido si fa da parte e preferisce accontentarsi della carica di Pontefice Massimo. Il sorgere di gravi dissidi fra Ottaviano e Antonio, che si è stabilito in Egitto presso la regina Cleopatra, divenuta sua moglie, provoca una nuova guerra civile. Lo scontro definitivo avviene davanti al promontorio di Azio (31 a.C.): Antonio e Cleopatra, sconfitti, si uccidono.

Dopo un secolo di conflitti, turbolenze, guerre, Ottaviano, poi denominato Augusto, dona al popolo romano la pace, la cosiddetta *Pax Augusta*. Egli, sia pure in periodi diversi, assume sulla sua persona le cariche principali dello Stato: il consolato, il proconsolato di tutte le *provinciae* dell'Impero, il potere tribunizio, il pontificato massimo; ma allo stesso tempo si adopera per creare una base costituzionale al suo potere, conciliando le esigenze di un governo autoritario, capace di dare ordine e unità all'Impero, e quelle di una legalità fondata sul rispetto delle «forme» repubblicane e sul consenso del Senato (da lui opportunamente rinnovato ed epurato dei membri di esso ritenuti meno concilianti).

Al contrario del padre adottivo Cesare, egli evita di assumere magistrature straordinarie come la dittatura, e si premura invece di ricoprire anno dopo anno il consolato. Il Senato gli conferisce l'appellativo di *Augustus* e di *Princeps senatus*. Dalla Repubblica si passa cosí a quell'ambigua forma di governo denominata Principato, per cui il passaggio dalla Repubblica all'Impero avviene gradualmente, e il titolo di *Imperator*, usato in precedenza solo per indicare il condottiero vittorioso e insignito dell'onore del trionfo, finirà per indicare anche colui che detiene il supremo potere politico.

La pace e la stabilità politica generano intorno al Principe un'atmosfera di consenso anche da parte degli ingegni migliori del tempo, abilmente conquistati alla sua causa dalla preziosa opera di Mecenate, potente e autorevole «ministro della cultura». Il cosiddetto «circolo di Mecenate» – di cui fanno parte, fra gli altri, i poeti Virgilio e Orazio – sarà un efficace strumento di politica culturale.

Grandi sono i meriti di Augusto: egli assicura un assetto stabile alla compagine statale, favorisce i commerci e le attività imprenditoriali creando un diffuso senso di benessere, liberalizza i mercati, difende le frontiere, riorganizza le province, riforma l'amministrazione e l'esercito, costituisce una solida, efficiente e affidabile burocrazia che risponde direttamente al Principe del proprio operato, dà garanzia e sicurezza a tutti i cittadini, promuove le arti e la cultura.

Le dolorose vicende delle guerre fratricide, delle proscrizioni seguite alla vittoria su Bruto e Cassio da parte dei triumviri, le confische di terre nel circondario di Cremona (città che aveva parteggiato per Bruto), e di Mantova (colpevole soltanto di essere vicina a Cremona) allo scopo di sistemare i veterani, i profondi sconvolgimenti della vita sociale e politica avevano segnato profondamente l'animo di Virgilio, cosí sensibile al dolore, all'ingiustizia, ai travagli che accompagnano la vita dell'uomo, e cosí pensoso di fronte ai misteri e alle forze che muovono la Storia. Tuttavia, l'ascesa al potere di Augusto e la conseguente pace lo rasserenano, ed egli, tramite anche la mediazione di Mecenate, si converte alla causa del Principe, diventando il cantore della grandezza romana.

La vita

La vita di Publio Virgilio Marone, sempre ispirata a un modello di semplicità e riservatezza, fu segnata da un intenso travaglio interiore piuttosto che da straordinari eventi esteriori.

Nacque nel 70 a.C. ad Andes presso Mantova, nella Gallia Cisalpina, da agiata famiglia di agricoltori. Trascorse gli anni della fanciullezza a contatto con la natura. Il canto dei pastori, il lavoro dei contadini, il mormorio dei ruscelli e del fiume Mincio che «scorre in lente anse, / orlato sulle rive da tenere canne» (*Georgiche*, III, 14-15), i roveti che «nascondono le verdi lucertole», «il canto delle rauche cicale» (*Bucoliche*, II, 9,13), le «fresche sorgenti», i «molli prati» (*Bucoliche*, X, 42) sarebbero rimasti per sempre nei suoi ricordi.

A dodici anni frequentò a Cremona una scuola di grammatica, poi si trasferí a Milano (*Mediolanum*) e, nel 55 a.C., a Roma per studiare retorica presso la scuola del retore Elpidio, frequentata dai figli della migliore società della capitale che aspiravano alla carriera politica e forense. A Roma conobbe alcuni giovani che in seguito si sarebbero rivelati influenti nella vita politica e culturale di Roma: Asinio Pollione, Cornelio Gallo, Alfeno Varo.

Virgilio completò la sua formazione in Campania, dedicandosi agli studi filosofici presso le scuole degli epicurei Sirone a Napoli e Filodemo a Ercolano, frequentate anche dai poeti Lucio Vario e Plozio Tucca, e probabilmente dal poeta Orazio, che sarebbero diventati poi suoi amici. In Campania, luogo di soggiorno preferito dal poeta anche in seguito, egli visse in modo tranquillo e appartato dedicandosi agli studi e tenendosi lontano dal turbine della vita politica. Rimase a Napoli probabilmente fino al 44 a.C., l'anno della morte di Cesare, poi tornò nella sua terra d'origine.

Sempre piú sconvolto dagli orrori della nuova guerra civile fra Ottaviano e Antonio da una parte, e Bruto e Cassio dall'altra, dopo la battaglia di Filippi dovette assistere alla violenza delle espropriazioni delle terre in favore dei veterani reduci da quella guerra. La proprietà di Virgilio nel mantovano fu dapprima minacciata o addirittura espropriata, poi, per l'intervento dei suoi potenti amici, risparmiata o restituita. Non si sa con certezza nulla di sicuro in proposito. In un caso o nell'altro il dramma della confisca delle terre causò dolore e spesso anche violenze tra i legittimi proprietari e i nuovi assegnatari, per lo piú rudi soldati. Vasta eco di queste dolorose vicende si riflette nella prima opera virgiliana, le *Bucoliche*, composte fra il 42 e il 39 a.C., nelle quali il poeta non solo esprime rimpianto per il mondo agreste visto come un ideale rifugio ove evadere personalmente dalle vicende dolorose della vita, ma dà anche voce poetica ai sentimenti di amarezza diffusi fra la sua gente dopo le crudeli violenze della guerra.

Nel 39 a.C., dopo il successo ottenuto con le *Bucoliche*, che furono anche musicate e recitate in teatro, acquisí familiarità con Mecenate ed entrò a far parte del suo circolo letterario. Mecenate gli offrí una casa a Roma sull'Esquilino, una villa a Napoli e un'altra a Nola. Ma il poeta – tranne qualche raro soggiorno a Roma – preferiva risiedere nella villa campana, dedito agli studi e alla composizione delle sue opere.

Mecenate lo sollecitò a scrivere un poema sull'agricoltura: Virgilio accolse l'invito, non per cortigianeria, ma perché sincero e intenso era in lui l'amore della campagna, del mondo contadino, della natura, già espresso nelle *Bucoliche*.

La composizione dell'opera impegnò il poeta circa sette o otto anni, cioè approssimativamente dal 38-37 al 30 a.C. Quando Ottaviano, reduce dalla sua vittoriosa campagna d'Oriente nel 29 a.C., si fermò ad Atella, Virgilio lesse alla sua presenza, alternandosi con Mecenate, l'opera ormai completata.

Nel 29 a.C., anno in cui Ottaviano chiuse le porte del tempio di Giano lasciando cosí presagire un lungo periodo di pace, Virgilio diede inizio alla composizione dell'opera che gli avrebbe dato maggior fama, l'*Eneide*, poema mitologico sulle origini della stirpe romana. A tale composizione si dedicò fino alla morte, giunta improvvisa e inattesa prima che egli potesse revisionare l'opera che ancora non corrispondeva al suo ideale di assoluta perfezione formale. Molti versi sono infatti incompiuti e qua e là si possono notare alcune contraddizioni o incongruenze. Nel 19 a.C., infatti, il poeta era partito per un viaggio in Grecia e in Asia Minore, con l'intenzione di raccogliere informazioni di carattere storico, geografico, mitologico nei luoghi stessi descritti nel suo poema. Ma durante il viaggio si ammalò. Ad Atene incontrò Ottaviano reduce dall'Oriente. Con lui tornò in Italia, ma appena sbarcato a Brindisi (nella regione allora denominata Calabria), morí affidando ai suoi amici – cosí vuole la tradizione – il compito di distruggere i manoscritti dell'*Eneide*, che invece fu poi pubblicata, per volere dello stesso Augusto, a cura di Lucio Vario e Plozio Tucca.

Il poeta è sepolto a Napoli sulla via che porta a Pozzuoli, dove ancora oggi si può ammirare la sua tomba. La tradizione vuole che egli stesso abbia dettato il suo epitaffio:

Mantua me genuit, Calabri rapuere, tenet nunc
Parthenope, cecini pascua, rura, duces.

("Mantova mi generò, mi rapí la terra di Calabria, ora mi possiede / Napoli; cantai i pascoli, i campi, i condottieri").

La formazione letteraria e filosofica

Le *Bucoliche*, prima opera di Virgilio sicuramente autentica, sono artisticamente e stilisticamente perfette. È probabile che esse siano state precedute da un noviziato poetico del quale non sappiamo nulla, essendo dubbia l'autenticità di quei poemetti tramandatici sotto il nome di Virgilio e raccolti nella cosiddetta *Appendix vergiliana*. Anche se gli inizi della formazione poetica restano oscuri, dall'analisi della sua opera risulta evidente che tale formazione è avvenuta attraverso la scuola poetica dei cosiddetti *poetae novi* (il cui maggiore rappresentante è Catullo, e che, a loro volta, si ispiravano ai poeti ellenistici del secolo III a.C.), i quali, abbandonati i generi letterari tradizionali – la tragedia, la commedia, il poema epico –, componevano poemetti o poesie di breve estensione, i cui temi erano l'amore, la bellezza della natura, leggende mitologiche, oppure epigrammi di argomento scherzoso. La poesia dei «poeti nuovi» è disimpegnata nei contenuti, ma appassionata, stilisticamente ricercata e preziosa.

Altro elemento di formazione per Virgilio fu l'influenza della filosofia epicurea appresa in Campania, e del poema *De rerum natura* ("Sulla natura delle cose") di Lucrezio, ispirato a tale dottrina. Gli ideali epicurei che predicavano la rinuncia alle ambizioni e al desiderio di potere, la liberazione dalle passioni che affliggono l'animo, la scelta di una vita appartata e tranquilla per ritrovare la pace dello spirito, rispondevano ai bisogni degli animi piú sensibili di quel tempo, turbati dai disordini, dalle violenze e dalle guerre.

Le opere

Sotto il titolo di *Appendix vergiliana* è stata tramandata una raccolta di carmi che il poeta avrebbe composto in età giovanile. Sull'attribuzione a Virgilio di queste poesie ancora si discute e le opinioni sono discordi. La maggior parte degli studiosi non le ritiene autentiche, e le considera esercitazioni di anonimi poeti minori, imitatori di Virgilio. Altri ritengono autentiche soltanto una parte di esse.

La raccolta comprende:

Catalepton ("Poesie alla rinfusa", "spicciole"), raccolta di 16 brevi epigrammi, di argomento leggero.

Culex ("La zanzara"), poemetto in esametri nel quale si narra di una zanzara uccisa da un pastore irritato per essere stato punto e svegliato mentre dormiva sotto l'ombra di un albero. Il risveglio lo ha però salvato appena in tempo dal morso di un serpente. Durante la notte, la zanzara venuta in sogno al pastore lo rimprovera per la sua ingratitudine e gli parla dell'oltretomba, chiedendogli sepoltura.

Ciris ("Airone bianco"), poemetto in 540 esametri, in cui si narra la leggenda di Scilla, figlia del re di Megara, che per amore del nemico Minosse il quale assedia la sua città, tradisce il padre e fugge con lui. Abbandonata poi da Minosse, viene mutata in uccello marino.

Dirae ("Imprecazioni"), carme di 183 esametri diviso in due parti, quasi fossero due componimenti: la prima, come preannunciato nel titolo, contiene le maledizioni di un contadino che è stato privato del suo campo in seguito alle confische; nella seconda, un pastore rimpiange l'assenza di Lidia, la donna che ama.

Copa ("L'ostessa"), un breve poemetto in distici elegiaci (esametri alternati a pentametri) la cui protagonista è un'ostessa che, cantando e ballando, invita i viandanti a ristorarsi nella sua taverna.

Moretum ("Focaccia"), in 124 esametri, poemetto in cui viene descritta minutamente la preparazione di una focaccia a base di formaggio, aglio ed erbe piccanti.

Aetna, poemetto scientifico-didascalico, in 645 esametri, sull'Etna e sui vulcani in generale.

Maecenas o *in Maecenatem*: due carmi in distici elegiaci nei quali si elogia Mecenate.

Priapea: tre poesie scherzose in onore di Priapo, dio campestre.

Le Bucoliche

La prima opera sicuramente virgiliana è una raccolta di dieci carmi intitolata *Bucoliche* (*Bucolica*, sott. *carmina*, aggettivo derivante dal greco *bukólos*, "mandriano", "pastore"), cioè "canti di pastori". Ogni singolo carme è stato tramandato con il nome di «ecloga», altro termine greco (*ekloghé*) che significa "componimento scelto", o piú genericamente "breve componimento poetico". Ma in seguito il termine è stato usato al plurale per designare l'intera opera, indistintamente intitolata *Ecloghe* o *Bucoliche*.

All'interno della raccolta i componimenti non sono disposti in ordine cronologico, ma seguono un criterio architettonico che tiene conto della varietà, della simmetria o della corrispondenza di temi.

La poesia bucolica ha origine nell'ambiente pastorale greco, nei canti dei pastori della regione d'Arcadia, che spesso gareggiavano tra loro accompagnandosi con il suono di semplici strumenti. L'Arcadia diventa poi idealizzazione di una vita semplice e serena a contatto con una natura incontaminata; la poesia che si ispira a questo mondo illusorio e di evasione diviene genere letterario soprattutto per merito di Teocrito, poeta greco del secolo III a.C., autore degli *Idilli*, una raccolta di brevi poemetti, molti dei quali di argomento pastorale.

Il modello delle *Bucoliche* è sicuramente l'opera di Teocrito, ma esse si distaccano nettamente dal realismo del poeta greco per una maggiore stilizzazione e per la raffinata eleganza, oltre che per il continuo emergere, sotto quella assoluta perfezione formale, dei sentimenti piú vivi e inquietanti della natura umana: il dolore per il distacco dalla propria terra, l'intensa partecipazione ai riti e ai cicli della natura, l'amore per gli animali, gli affetti familiari, le sofferenze amorose, la corrispondenza degli stati d'animo con il paesaggio. Il mondo bucolico non è soltanto cornice alle vicende dei protagonisti, ma anche l'àmbito in cui si riflette la loro vita interiore: la natura non è distaccata e assente, ma partecipe del dolore e dell'amore degli uomini e degli animali. Un perfetto equilibrio fra arte e vita, verità e finzione.

Le composizioni piú note delle *Bucoliche* sono la I, la IV e la IX.

La prima è costituita da un dialogo fra due pastori-contadini: Melibeo, costretto a lasciare i suoi campi espropriati e assegnati a un rozzo veterano, e il vecchio Titiro, che, grazie all'intervento di un «giovane» conosciuto nella grande città di Roma, è stato risparmiato da tale doloroso distacco. Vicende attuali e in parte autobiografiche del poeta si riflettono in questa prima ecloga, ma attualità e autobiografismo appaiono ancora piú espliciti nella nona che, sempre sotto forma di dialogo fra due pastori entrambi dediti alla poesia e al canto, ripropone il doloroso tema della confisca delle terre di cui è stato vittima questa volta un poeta, Menalca.

Dopo aver sperato di conservare la sua proprietà grazie alla fama della sua poesia, questi non solo è stato costretto a cederla a uno sconosciuto, ma, venuto in alterco con lui, ha addirittura rischiato di perdere la vita. È chiara l'allusione alla vicenda personale di Virgilio che dopo aver creduto di poter conservare le sue terre, è stato poi deluso vedendo minacciati o addirittura confiscati i suoi beni.

Nella quarta ecloga, dedicata al console Asinio Pollione, Virgilio, lasciati i temi pastorali, profetizza il ritorno della mitica età dell'oro. Tale palingenesi è collegata all'imminente nascita di un bambino (*puer*), intorno al quale molto si è discusso. Si è ipotizzato fosse il figlio di Asinio Pollione, o un auspicato figlio di Ottaviano, o semplicemente un simbolo del tempo che ricomincia il suo ciclo; arbitrariamente si è anche pensato all'identificazione del *puer* con Gesú: quest'ultima interpretazione contribuí a creare la leggenda di Virgilio mago e profeta del Cristianesimo. L'ecloga è piuttosto espressione di un'ansia di rigenerazione e di salvezza, dopo il periodo di crisi che ha travagliato il mondo romano e le discordie interne degenerate in guerre fratricide.

Le *Bucoliche* ebbero larga diffusione presso i contemporanei, furono recitate in teatro con grande successo e furono adottate come libro di testo nelle scuole mentre il poeta era ancora in vita. Furono lette e ammirate durante tutto il Medioevo e nel Rinascimento furono apprezzate per la loro eleganza stilistica, influenzando la poesia pastorale del Quattrocento.

Le Georgiche

Questa seconda opera virgiliana (escludendo le presunte opere giovanili) è un poema epico-didascalico in quattro libri, il cui argomento è sintetizzato dal poeta nei versi introduttivi: «Che cosa fecondi le messi, sotto quale stella / convenga arare la terra, o Mecenate, unire agli olmi le viti, / come si accudisca ai buoi e si curi l'allevamento delle greggi, / quanta esperienza si debba dedicare alle frugali api, / di qui l'inizio del canto» (Libro I, 1-5). Come preannunciato, gli argomenti trattati nel poema sono la coltivazione dei cereali (Libro I), la coltura degli alberi e della vite (Libro II), l'allevamento del bestiame (Libro III), l'apicoltura (Libro IV). Alla trattazione piú strettamente tecnica e didascalica si alternano brani descrittivi e narrativi, piú o meno estesi, che assumono il carattere di *excursus*, «digressioni», che sono le parti piú celebri e poetiche dell'opera (per esempio, nel Libro II sono inserite le lodi dell'Italia e l'elogio della vita agreste; nel Libro III, v'è una digressione sull'amore, considerato dal poeta come una forza irrazionale e devastante che sconvolge e travolge uomini e animali; nel IV troviamo la leggenda di Orfeo ed Euridice).

L'opera, suggerita al poeta da Mecenate, non fu scritta soltanto per soddisfare le richieste di un «potente», e venire incontro alle esigenze della politica augustea – che progettava un piano di riassestamento e risanamento dell'agricoltura danneggiata dagli arruolamenti forzati, dalle devastazioni delle guerre civili, dalla confisca delle terre distribuite ai veterani –, ma anche e soprattutto perché il ritorno alla terra, ai valori piú autentici della tradizione romana, a una civiltà contadina che si basasse sulla frugalità, laboriosità, religiosità, auspicati dal programma restauratore di Augusto, trovavano una corrispondenza, sul piano personale, con gli ideali e la sensibilità di Virgilio. L'interesse umano e la voce piú intima e profonda della natura finiscono per prevalere sull'iniziale finalità didascalica e sullo studio scientifico dei fenomeni della natura stessa.

Le *Georgiche* sono dunque il poema della terra e del lavoro. Alla visione idealizzata della vita pastorale delle *Bucoliche*, concepita come ozio, canto, riposo dello spirito, si sostituisce la realtà della vita attiva del contadino.

L'idea-guida è anche questa volta il bisogno di pace e di serenità; queste appaiono come premesse di un ritorno alla terra e alla campagna, vista non piú come luogo di placidi incanti e di dolci amori, ma nella sua dura realtà quotidiana, costellata di difficoltà, e di doveri legati ai cicli stagionali: nulla si ottiene dalla terra che non sia attraverso la fatica e talora la sofferenza. Le forze della natura minacciano, spesso sconvolgono e distruggono le opere degli uomini, ma il lavoro per opporsi a esse è nello stesso tempo strumento di redenzione morale, di progresso e condizione indispensabile per raggiungere una vera identità umana. Contro ogni avversità, l'uomo può trionfare attraverso il sacrificio e il duro lavoro: *labor omnia vincit improbus* ("il faticoso lavoro vince su tutto", I, 145).

*L'*Eneide

Quando Virgilio si accinse a scrivere il suo poema, la leggenda di Enea discendente dal mitico Dardano, figlio di Zeus, già esisteva, anzi ne esistevano molte versioni che avevano le loro radici nell'*Iliade* di Omero: «...destino è per lui di salvarsi, / perché non isterilita, non cancellata perisca la stirpe / di Dardano», cosí afferma Poseidone, il dio del mare, intervenendo per sottrarre da sicura morte Enea che aveva sfidato a duello l'invincibile Achille (*Iliade* XX, 301 e sgg.). Già nei primi versi dell'*Eneide* Virgilio rivela il senso di quella lontana profezia: «Canto le armi e l'uomo che per primo dalle terre di Troia / raggiunse esule l'Italia per volere del Fato... / e molto avendo sofferto in guerra, pur di fondare / la città, e introdurre nel Lazio i Penati, di dove la stirpe / latina, e i padri albani e le mura dell'alta Roma». La missione riservata dal Fato a Enea è, dunque, fondare una nuova città e portare nel Lazio i Penati, protettori di Troia. Qui dalla stirpe di Enea sarebbero discesi i re Albani, e Romolo il fondatore di Roma, destinata a dominare il mondo.

L'arrivo degli esuli Troiani nella terra italica non è un'invasione bensí un ritorno, perché il loro capostipite Dardano, secondo la leggenda, era originario di *Chorytum* (forse l'odierna Cortona) un territorio che poi diverrà etrusco.

La leggenda di Enea, figlio della dea Venere, e quindi il

poema di Virgilio, è un motivo di orgoglio e un'esigenza politica di Augusto, che può cosí vantare l'origine divina della sua stirpe, la *gens Iulia* (dal nome di Iulo, figlio di Enea).

Rispetto alla tradizione latina che aveva narrato in termini epici avvenimenti della storia romana (ricordiamo Nevio, autore del *Bellum Poenicum* e Ennio degli *Annales*), nell'*Eneide* il mito costituisce il nucleo del poema; nell'antichità remota si cercano le cause di avvenimenti, riti, costumi della storia contemporanea. Considerando le vicende di Roma come il compiersi di un grande progetto voluto dal Fato, annunciato da oracoli, profetizzato da Anchise nell'Elisio, istoriato nel grande scudo forgiato per Enea da Vulcano, il poeta evita di parlare in modo diretto di avvenimenti contingenti: l'intento celebrativo, pur presente nell'opera, è soffocato dall'umana e complessa vicenda di Enea.

LA STRUTTURA DELL'OPERA. L'*Eneide* è un poema in versi suddiviso in dodici canti. Il metro usato è l'esametro, tipico della poesia epica. Come suggerisce il titolo, il protagonista è Enea, l'eroe sfuggito alla distruzione e all'incendio di Troia per mano degli assedianti Greci. La narrazione si svolge intorno a due temi: il viaggio di Enea da Troia alle spiagge italiche attraverso varie peripezie (Libri I-VI), e la guerra scatenatasi all'arrivo dell'eroe nel Lazio (VII-XII).

Virgilio introduce subito il lettore nel cuore dell'azione presentandoci il protagonista, al settimo anno dopo la caduta di Troia, in balia di una violenta tempesta scatenata dalla dea Giunone. Approdati sulla costa africana, Enea e i suoi compagni sono benevolmente accolti da Didone, regina di Cartagine, alla quale l'eroe – iniziando dalla fatale notte della distruzione di Troia – racconta le sue avventurose vicende e le tappe del suo viaggio: la Tracia, le isole di Delo e di Creta nel mare Egeo, le Strofadi nel mare Ionio, Butroto in Epiro, Scilla e Cariddi, Drepano all'estremità occidentale della Sicilia e infine il lido africano dove la tempesta lo ha sbattuto allontanandolo dall'Italia, meta del suo viaggio. Didone arde di amore per quel profugo illustre, al quale offre se stessa e il suo regno. Ma la felicità è di breve durata. Giove, per mezzo del dio-messaggero Mercurio, ricorda a Enea la missione che gli è stata affidata, e il devoto esecutore della volontà divina, soffocando i propri sentimenti, si prepara ad abbandonare la regina. Didone dapprima implora, poi impreca, infine si dà la morte. Enea riprende la via del mare. La sua prima sosta è di nuovo a Drepano in Sicilia ove celebra i giochi funebri in onore di Anchise, morto l'anno precedente. Il resto del viaggio non ha ostacoli, e, fatta eccezione per la morte del timoniere Palinuro caduto in mare, la navigazione procede tranquilla. Giunto a Cuma in Campania, l'eroe interroga l'oracolo della Sibilla e accompagnato da lei scende nei regni dell'oltretomba dove incontra l'ombra del padre che gli preannunzia il glorioso destino che attende la sua discendenza.

Con il Libro VII inizia la seconda parte del poema, che narra l'arrivo di Enea nel territorio dell'antico Lazio, e la guerra fra Troiani e Latini. Latino, re del Lazio, memore di un antico vaticinio che gli ha predetto un genero straniero e una discendenza gloriosa, accoglie benignamente Enea e gli consente di stabilirsi nel suo territorio. Ma la figlia di Latino, Lavinia, è già promessa in matrimonio a Turno, giovane re dei Rutuli. Giunone, servendosi dell'aiuto dell'infernale furia Aletto, fomenta odio nella regina Amata, contraria alle nozze della figlia con uno straniero, e desiderio di vendetta in Turno. È la guerra. Tutto il Lazio si mobilita, i popoli italici si radunano sotto i loro capi fra i quali spiccano Turno, Mezenzio, Messapo, la vergine Camilla. Enea, in cerca di alleati risale il corso del Tevere e si reca presso il re Evandro a Pallanteo, una città di pastori sulle verdi pendici del Palatino, là dove un giorno sorgerà Roma. Il racconto del conflitto è ricco di momenti drammatici e di atti di eroismo o di ferocia dall'una e dall'altra parte. La voce di Virgilio si leva alta e dolente per cantare gli orrori della guerra, e piangere il triste destino di giovani vite spezzate: Lauso, Pallante, Eurialo, Niso, Camilla. La narrazione procede spedita verso il punto culminante del conflitto fra Troiani e Latini: il duello finale fra Turno ed Enea. Con la morte di Turno si chiude il poema.

I PERSONAGGI. Accanto alla figura del protagonista, il pio Enea («pio» perché obbediente agli dei anche quando essi gli impongono di essere spietato), nato da una concezione tragica della vita che è per Virgilio continua ricerca, dolore e accettazione della crudele necessità della morte, si muovono altre figure tratteggiate con profonda umanità e straordinaria ricchezza di risvolti psicologici. Didone, creatura tragica e lirica, dotata di coraggio, bellezza, forza d'animo, passione amorosa, generosità; Eurialo e Niso, i due giovani amici che sacrificano la loro vita per amore di gloria; Pallante e Lauso, i giovani figli di due re che combattono su fronti opposti e che la morte in combattimento strappa anzitempo alla vita; Mezenzio, un tiranno disumano e feroce, che alfine vinto dal dolore per la perdita del figlio, affronta la morte per mano di Enea; la giovane Camilla, guerriera italica ispirata alle leggendarie figure delle Amazzoni, esempio di virile coraggio, ma anche di femminile vanità che le sarà fatale; la ninfa Giuturna, che rimpiange di essere stata resa immortale da Giove, nel desiderio di morire insieme a Turno, l'amato fratello che ha tentato inutilmente di sottrarre al destino di morte a lui riservato; Turno, l'antagonista di Enea nel Lazio, audace, forte, generoso, ma infine vinto dalla crudeltà del destino che vuole Enea vincitore. E Amata e Lavinia e Creusa e Palinuro, la madre di Niso, Andromaca, tutte creature profondamente umane nate dal genio poetico di Virgilio e dal suo continuo interrogarsi sul significato della vita e della morte.

RAPPORTI CON LA POLITICA IMPERIALE. Come già si è detto, con la vittoria su Antonio ad Azio nel 31 a.C., Ottaviano pone fine alla lunga fase delle guerre civili che avevano sconvolto tutto il secolo I a.C. (Mario contro Silla, Cesare contro Pompeo, Ottaviano contro Antonio). Ottenuta la pace egli si propone di attuare un programma di restaurazione morale riportando l'ordine, difendendo le tradizioni italiche, i valori del passato, rinnovando antichi culti, propugnando la sacralità della famiglia, la moralità dei costumi, mettendo freno al lusso, dando nuova vitalità all'agricoltura, esaltando la vita semplice dei campi.

L'*Eneide* si inserisce in questo contesto storico ed è in sintonia con il programma di Augusto, giacché Virgilio recupera il mito delle origini di Roma, delle sue antiche tradizioni e dei suoi valori, esaltandoli attraverso le vicende del protagonista Enea, ma anche dei popoli italici che si battono per la loro terra. E in seguito, alle doti della stirpe di Enea si uniranno le qualità delle fiere popolazioni italiche. La gente troiana si fonderà con l'italica e nascerà il cittadino e soldato romano che assommerà in armonioso equilibrio le qualità dei due popoli.

L'*Eneide* si colloca nel genere letterario piú tradizionale, quello epico, ma Virgilio, venendo meno al codice eroico, non esalta tanto le virtú guerresche, né la guerra che è vista piuttosto come una dura necessità per raggiungere pace e giustizia, quanto l'umanità di chi soffre per il dolore che queste comportano: *sunt lacrimae rerum et mentem mortalia tangunt*, "si compiangono le sventure, e gli eventi mortali commuovono l'animo", egli fa dire a Enea che osserva le vicende della caduta di Troia effigiate sui muri del tempio di Cartagine (Libro I, 462). L'*Eneide* – se si eccettuano i versi del sesto canto ove il padre Anchise, incontrato da Enea nei Campi Elisi, fa una lunga profezia sulle glorie della *gens Iulia*, e consacra i Romani innalzandoli al ruolo di dominatori del mondo, è tutt'altro che un poema trionfale, e può persino sembrare un «poema dei vinti», in cui risuonano accenti di dolore per l'atrocità della guerra, e della Storia che, per compiersi, richiede tante vittime innocenti, oscure o illustri. Non è un caso che i momenti di piú alta ispirazione coincidano con la morte in combattimento di eroi italici schierati contro Enea, e che il poema si concluda con la morte del giovane condottiero rutulo Turno.

MODELLI OMERICI. Modelli per Virgilio furono senza dubbio i due poemi omerici *Iliade* e *Odissea*. L'*Iliade* narra la guerra scatenatasi fra Greci e Troiani a causa del rapimento di Elena sposa di Menelao, re di Sparta, da parte del troiano Paride. L'*Odissea* ha come tema l'avventuroso viaggio di ritorno di Ulisse alla sua isola, Itaca, dopo la distruzione di Troia. Virgilio, concentrando in una sola opera i due motivi, quello della guerra e quello dell'avventura, ne inverte l'ordine. Le analogie con Omero sono molte (non è qui il caso di elencarle); esse sono però generalmente formali ed esteriori. L'*Eneide* mostra elementi di assoluta originalità rispetto al modello omerico: accanto all'ammirazione per il valore guerriero v'è nel poema la costante attenzione ai moventi psicologici, ai travagli dello spirito, alle leggi misteriose che dominano i fatti e il divenire della Storia.

L'originalità di Virgilio rispetto ai modelli omerici appare ancora piú evidente nella seconda parte del libro con l'arrivo di Enea nel Lazio. Torna qua e là il Virgilio delle *Bucoliche* e delle *Georgiche* con l'aspirazione a una vita di primitiva semplicità nel culto e nel rispetto delle antiche virtú, e il cantore della dolcezza della campagna e della natura: la grande pianura attraversata dal Tevere, il fiume dalla «amena corrente, con rapidi vortici e biondo di molta rena» (Libro VII, 31) che scorre tra il lieve ondeggiare dei pioppi riflessi sulla corrente; il risveglio di Enea al mattutino canto degli uccelli nella modesta reggia di Evandro, re di pastori e contadini, generoso e ospitale; i verdi boschi che fanno da sfondo alle violente battaglie della seconda parte del poema; l'immensità del mare, le aurore rosate che allontanano «dal cielo l'umida ombra» (Libro III, 589), e i tramonti quando «il sole cade ed i monti si adombrano opachi» (Libro III, 158) le notti silenziose «quando tace ogni campo, i greggi, e i variopinti uccelli» (Libro IV, 525).

Notizia

«Raccontare» l'*Eneide* può avere un senso solo se la lettura in prosa di questo straordinario poema dell'antichità classica – pervaso com'esso è di tanta dolcezza e di tanto dolore –, costituisca per i giovani un approccio alla successiva conoscenza del poema com'è stato scritto da Virgilio, senza la presuntuosa «mediazione» di uno scrittore moderno. Del resto questa iniziativa si presenta di ardua realizzazione, fin dall'inizio: lo stile virgiliano è inimitabile, in primo luogo per la sua perfetta essenzialità e trasparenza «attica», un punto d'arrivo, reso ancora piú affascinante – oltre che dalla maestosa soavità dell'esametro – dalla formidabile capacità virgiliana di far spesso coincidere una frase di senso compiuto con un solo verso esametrico, o di spezzare la frase con un «a capo» che conferisce drammaticità alla descrizione di un episodio guerresco o del segreto stato d'animo di un personaggio.

Per non farla lunga: con Virgilio non si può gareggiare. Lo si può solo servire, aiutando i giovani ad avvicinarsi a tanta altezza, drammaticità e complessità di sentimenti e di eventi, oltre che a tanta limpidezza, armonia, raffinatezza di espressione linguistica.

Questo libro vuole appunto essere un «servizio» reso a chiunque intenda arricchirsi penetrando nel mondo incantato – anche se a volte terribile – di cui questo poema è materiato.

I brani di poesia, che si alternano a quelli di prosa, cioè i passi «propriamente» di Virgilio (sia pure in traduzione italiana per rendere ancora piú agevole l'approccio), sono stati scelti senza criteri particolari: unico criterio (oltre a quello di riprodurre i brani piú famosi), quello di sentire con onestà, nei punti piú alti dell'ispirazione di Virgilio, l'inadeguatezza a «raccontare» ciò che Virgilio aveva cantato con una intensità e una perfezione tali che sarebbe stato sciocco volerlo trasferire a un livello di prosa moderna inevitabilmente piú basso.

Se si è riusciti in questo nostro intento puramente didattico, giudicheranno in primo luogo i ragazzi che avranno la bontà – spero non l'obbligo – di leggere questo libretto.

L. C.

Luca Canali racconta l'Eneide

Libro I.

Dall'alto dell'Olimpo[1], con sguardo che annulla le distanze ed è incapace di perdono, Giunone[2] scruta furente la piccola flotta degli esuli troiani guidati da Enea, che naviga sul Tirreno alla ricerca d'una nuova patria[3]. Troia[4] è stata distrutta e incendiata, i Greci dopo lungo assedio l'hanno presa e saccheggiata, hanno rapito le donne, ucciso il re stesso della città, il vecchio Priamo[5], davanti agli occhi di Ecuba, sua sposa. Ma la regina degli dei non è ancora paga nel suo insaziabile desiderio di vendetta che la spinge ora a cercare l'alleanza con Eolo[6], cui è affidato il potere sui venti, di solito tenuti a freno, pur riottosi e ruggenti, in un «chiuso carcere» di rocce, ma a volte scatenati a seminare ovunque distruzione e morte. Eolo accoglie Giunone con rispetto, ascoltan-

1 *Olimpo*: il monte piú alto della Grecia dove, secondo il mito, risiedevano gli dei Celesti (Apollo, Bacco, Cerere, Diana, Giunone, Marte, Mercurio, Minerva, Vesta, Venere, Vulcano) e il loro re, Giove; sull'Olimpo dimoravano anche altre divinità minori.

2 *Giunone*: per i Greci Hera; figlia di Saturno e di Rea, sorella di Giove. Dopo aver sposato Giove, divenne regina degli dei e madre di alcuni di essi. Era la dea protettrice delle nozze (e come tale invocata col nome di *Pronuba*) e delle nascite (per questo chiamata anche *Lucina*).

3 *Enea... patria*: dalla distruzione della sua patria, Troia, sono trascorsi sette anni. Enea ha appena lasciato la Sicilia dove ha incontrato Aceste (il re di origine troiana, fondatore della città di Segesta) e sta navigando sul mar Tirreno diretto in Italia, alla ricerca della nuova patria predestinata. Le avventure a lui occorse nei precedenti anni saranno oggetto della narrazione che egli farà a Didone, regina di Cartagine, quando giungerà sulle coste libiche, in seguito a una violenta tempesta.

4 *Troia*: città della Troade, nella Frigia (regione dell'Asia Minore) a poca distanza dall'Ellesponto (l'attuale stretto dei Dardanelli). Situata alle pendici del monte Ida, divenne una città fiorente grazie alla posizione geografica che la rese un importante centro di scambi commerciali tra Oriente e Occidente. Fu distrutta dai Greci dopo un assedio durato dieci anni, intorno al 1250 a.C.

5 *Priamo*: re di Troia. Sotto il suo regno la città raggiunse grande splendore. Generò cinquanta figli e altrettante figlie, fra i quali Ettore, Paride, Cassandra, Polidoro, Troilo, Cassandra, Polite.

6 *Eolo*: re dei venti, che egli teneva imprigionati in una caverna situata in una delle isole a nord della Sicilia, da lui dette Eolie (oggi Lipari).

done le parole insinuanti sotto le quali si cela l'ira che le gonfia il cuore da lungo tempo contro l'intera stirpe dardania[7]: da quando cioè il troiano Paride[8] aveva assegnato la palma della bellezza a Venere[9], ferendo l'orgoglio di Giunone stessa e di Minerva[10], e forse, ancor piú, da quando Giove[11], invaghitosi del bellissimo giovinetto troiano Ganimede[12], l'aveva fatto rapire da un'aquila e portare a volo sull'Olimpo per poter cosí tenerlo accanto a sé come coppiere degli dei. Ora, a tutto ciò si è aggiunta la consapevolezza che Cartagine[13], città da Giunone prediletta, in futuro sarebbe stata distrutta dai discendenti del troiano Enea e di suo figlio Iulo[14].

7 *dardania*: sta per troiana, da Dardano, figlio di Giove e di Elettra, capostipite dei Troiani, detti perciò Dardani, o Dardanidi. Dardano, giunto dall'Italia in Frigia, fondò una città e sposò la figlia del re del luogo Teucro (per questo i Troiani sono talvolta detti Teucri). Dai discendenti di Dardano, Troo e Ilo, deriva il nome della città di Troia detta anche Ilio (vedi anche nota 9, Libro III p. 37).

8 *Paride*: figlio di Priamo e di Ecuba. Scelto come arbitro della «gara di bellezza» che la Discordia aveva acceso fra le dee Venere, Minerva e Giunone (gettando una mela d'oro, «pomo della discordia», con la scritta «alla piú bella» durante un banchetto nuziale cui non era stata invitata), Paride premiò Venere ed ebbe da lei la promessa che sarebbe stato amato dalla donna piú bella del mondo. Fu inviato in seguito da Priamo come ambasciatore a Sparta presso il re Menelao; innamoratosi della bellissima moglie di lui, Elena, la condusse con sé in patria, causando cosí la lunga guerra mossa contro Troia dai sovrani greci confederati.

9 *Venere*: per i Greci Afrodite; figlia di Giove e della ninfa Dione secondo Omero, nata dalla spuma del mare secondo Esiodo, fu la dea della bellezza e dell'amore. Tra i suoi figli vi erano: Enea, nato dall'unione con Anchise; Imene, il dio delle nozze, dall'unione con Bacco; Cupido dall'unione con il dio Marte.

10 *Minerva*: per i Greci Atena; nata secondo la leggenda dalla testa di Giove, fu rappresentata soprattutto come dea guerriera, ma fu considerata anche dea della giustizia, della sapienza, delle arti.

11 *Giove*: per i Greci Zeus; figlio di Rea e di Saturno. Fratello di Giunone, Nettuno, Plutone, Demetra e Vesta. Spodestato dal regno suo padre, egli divenne re degli dei e signore del mondo. Concesse a Nettuno il regno del mare e a Plutone il regno dei morti. Sposò la sorella Giunone e da lei ebbe i figli Ebe, Marte, Vulcano. Amò altre dee e molte donne mortali, dalle quali ebbe numerosi figli. Era signore dei fulmini, delle tempeste e delle piogge.

12 *Ganimede*: figlio dell'antico re troiano Troo, fu fatto rapire da Giove che si era invaghito di lui, e portato sull'Olimpo dove divenne coppiere degli dei in sostituzione di Ebe, figlia prediletta di Giunone; questo duplice affronto accrebbe l'odio di Giunone per i Troiani.

13 *Cartagine*: questo il nome della città fondata – secondo leggenda – da Didone, fuggita da Tiro, sulla costa africana (l'odierna Tunisia); data la sua posizione geografica, la città divenne ricca, fiorente e rivale di Roma (vedi anche nota 49, p. 11).

14 *discendenti... Iulo*: cioè dai Romani. Giunto nel Lazio, Enea fondò la città di Lavinio; suo figlio Iulo, invece, la città di Albalonga. Sul trono di Albalonga (l'odierna Albano) si susseguirono dodici re, fino a Proca, padre di Numitore e Amulio. Numitore salí al trono, ma il fratello Amulio spodestò il fratello, ne uccise l'unico figlio e costrinse la figlia Rea Silvia (detta anche Ilia, vedi nota 42, p. 10) a farsi vestale (sacerdotessa della dea Vesta); ma Rea Silvia, amata da Marte, generò due gemelli:

Cosí la regina degli dei parla a Eolo:

«...Poiché il padre degli dei e re degli uomini
ti assegnò di placare i flutti o di alzarli col vento,
una gente a me ostile naviga il mare Tirreno,
portando Ilio in Italia e i vinti Penati[15]:
infondi violenza ai venti e subissa e travolgi le navi,
o incalzali, disperdili, e dissemina i corpi nel mare.
Ho sette e sette ninfe[16] dal bellissimo corpo,
delle quali la piú bella di tutte d'aspetto, Deiopea,
ti unirò in stabile connubio e la consacrerò come tua,
affinché per tali tuoi meriti trascorra con te
l'intera vita e ti renda padre di una bella prole».
Cosí Eolo in risposta: «Tua cura, o regina,
indagare che cosa desideri; mio compito accogliere
gli ordini. Tu mi concili quanto possiedo di regno,
e lo scettro di Giove, e mi concedi di sedere ai banchetti degli [dei,
tu fai di me il signore dei nembi e delle tempeste».
Appena detto ciò, capovolta la lancia, percosse
il cavo monte nel fianco: e i venti, quasi schierati,
per dove s'apre un varco, si slanciano e spazzano la terra
in un turbine. Irrompono sul mare e tutto dalle sedi profonde
insieme l'Euro e il Noto lo sconvolgono e l'Africo[17] denso
di bufere, e rovesciano vasti flutti sulle rive.
Segue un clamore di uomini e uno stridore di funi.
Le nubi d'improvviso strappano alla vista dei Teucri

Romolo e Remo. Romolo fondò Roma. Iulo, nel corso del poema, a volte è designato da Virgilio con il nome di Ascanio. Per non ingenerare confusione nel lettore sarà qui usato sempre il nome di Iulo, anche quando nel testo virgiliano compare quello di Ascanio. Allo stesso modo per la regina di Cartagine, sarà sempre usato il nome di Didone, anche se nel testo latino alcune volte compare quello di Elissa (il nome ufficiale, fenicio).

15 *portando.... Penati*: cioè per fondare in Italia una nuova Troia e portarvi i suoi Penati. Italia era in origine il nome con cui si indicava la punta estrema della penisola italiana; solo in seguito il nome si riferí all'intera penisola a sud della Liguria e della Gallia Cisalpina (regione tra le Alpi e gli Appennini). Dopo il 49 a.C. anche la Gallia Cisalpina era compresa nel territorio italico. I Penati erano invece gli dei tutelari della casa, della famiglia, dello Stato. Enea portò in salvo, sottratte alle fiamme della città, le statuette dei Penati di Troia.

16 *ninfe*: divinità minori, personificazioni femminili di elementi o realtà della natura (acque, monti, valli, fiumi, mari). Dotate di lunga vita, ma non immortali, erano generalmente divinità benefiche. Le ninfe dei monti erano dette oreadi, quelle dei mari nereidi, quelle dei fiumi naiadi, quelle degli alberi driadi.

17 *Euro... Africo*: il primo è un vento che spira da sud-est, detto anche Scirocco; il secondo un vento che spira da sud, detto anche Austro; il terzo un vento che spira da sud-ovest, detto anche Libeccio.

il cielo e il giorno; grava una nera notte sul mare.
Tuona la volta del cielo e l'etere balena di fitte
folgori, e tutto minaccia agli uomini una morte imminente.
Subito ad Enea le membra si sciolgono con un brivido;
geme, e tendendo alle stelle le mani giunte,
dice cosí: «O tre e quattro volte beati
quelli che incontrarono la morte davanti allo sguardo
dei padri sotto le alte mura di di Troia! o fortissimo
della stirpe dei Danai[18], Tidide[19]!, non avrei potuto anch'io
cadere sui campi iliaci, e spirare per tua mano,
dove il terribile Ettore giace per il colpo dell'Eacide[20],
e il grande Sarpedone[21], e ghermiti sottacqua, il Simoenta[22]
trascina tanti scudi e elmi e forti corpi di guerrieri!?»
A lui che gridava cosí, una stridula raffica d'Aquilone[23]
squarcia la vela di fronte, e solleva i flutti alle stelle.
S'infrangono i remi, la prua si rigira ed espone
il fianco alle onde: incalza un monte d'acqua scosceso.
Alcune navi pendono sulla cresta dei flutti; a quelle l'onda
spalanca la terra fra le acque; infuria un ribollire di sabbia.
Il Noto afferra e travolge tre navi su scogli
nascosti – rocce tra le onde, che gli Italici chiamano Are[24],
immane dorso a fior d'acqua –, tre l'Euro sospinge
dal largo nelle secche delle dune, miserevole vista,
e caccia nei bassifondi e cinge d'un argine di sabbia.
Una, che trasportava i Lici e il fido Oronte[25],
davanti ai suoi occhi un enorme maroso colpisce
piombando a poppa: il nocchiero è sbalzato e precipita
a capofitto; l'ondata la fa mulinare tre volte
nel medesimo luogo, e un rapido vortice la inghiotte

18 *Danai*: cosí sono detti i Greci, da Danao, re di Argo, famosa città della Grecia.

19 *Tidide*: patronimico di Diomede, figlio di Tideo, uno dei piú valorosi guerrieri greci. Secondo il racconto di Omero (Libro v dell'*Iliade*) durante la guerra di Troia si scontrò in duello con Enea e lo ferí.

20 *Ettore... Eacide*: Ettore era figlio primogenito di Priamo e di Ecuba. Marito di Andromaca e padre di Astianatte, era eroe valoroso e marito e padre affettuoso. Morí (*Iliade*, Libro xxii) per mano del valoroso eroe greco Achille, figlio della ninfa Teti e di Peleo qui chiamato Eacide, da Eaco, figlio di Giove e nonno paterno di Achille.

21 *Sarpedone*: figlio di Giove, capo dei Lici, alleati dei Troiani. Morí durante la guerra di Troia, ucciso da Patroclo.

22 *Simoenta*: fiume della Troade.

23 *Aquilone*: vento che spira da nord, detto anche Grecale.

24 *Are*: sono state identificate con alcuni scogli affioranti dalle acque del mare a poca distanza dal lido di Cartagine.

25 *Lici... Oronte*: popoli della Licia, regione dell'Asia minore, alleati dei Troiani durante la guerra contro i Greci. Dopo la distruzione di Troia, i sopravvissuti si misero in viaggio al seguito di Enea, guidati da Oronte.

nel mare. Appaiono pochi naufraghi che nuotano sul vasto
[gorgo,
e armi di guerrieri, e tavole, e i tesori troiani sulle onde.
Già la tempesta soverchia la robusta nave di Ilioneo,
e quella del forte Acate, e quella che portava Abante,
e quella del vecchio Alete[26]; tutte, sconnesse le giunture
dei fianchi, imbarcano acqua nemica, e si schiudono in fessure.

[vv. 65-123]

Ma Nettuno[27], suprema divinità delle acque, sorpreso e adirato per quella tempesta che sconvolge a sua insaputa il mare, emerge dal profondo e scorge la flotta di Enea dispersa e semidistrutta dall'infuriare dei flutti. Chiama a sé l'Euro e lo Zèfiro[28], e dopo averli aspramente rimproverati, ordina loro di portare un suo messaggio a Eolo: non invada il dominio altrui, giacché le distese marine non gli appartengono, e si accontenti del suo potere sui venti. Al tempo stesso, piú rapido della parola, placa le onde e ordina a Tritone e Cimotoe[29], divinità a lui soggette, di disincagliare le navi confitte sugli scogli, adoprandosi egli stesso a liberare quelle arenate nelle secche.

Soltanto sette sembrano scampate alla furia delle onde. I loro equipaggi stremati dirigono la rotta verso le coste della Libia[30], riuscendo a sbarcare in un porto naturale, un'insenatura protetta al centro da un isolotto e ai lati da due alte rupi selvose. Una grotta formata da scogli sporgenti accoglie i superstiti, rianimati alla vista di una fonte di acqua dolce e sedili di pietra che rivelano quel luogo come una tranquilla dimora delle ninfe. Altri preferiscono distendersi sulla spiaggia, mentre Acate, fedele compagno e amico di Enea, accende un fuoco di foglie e di stecchi, apprestandosi a essiccare il frumento messo in salvo dal naufragio ma bagnato d'acqua

26 *Ilioneo... Alete*: tutti i nomi si riferiscono a fedeli compagni di Enea, ciascuno comandante di una nave.

27 *Nettuno*: per i Greci Poseidone; vedi nota 11, p. 4.

28 *Zèfiro*: vento che spira da ovest, detto anche Favonio.

29 *Tritone e Cimotoe*: Tritone era una divinità marina, figlio di Nettuno e suo trombettiere. Metà uomo (il capo e il busto) metà pesce (parte inferiore del corpo), con il suono del suo corno di conchiglia calmava le tempeste. Si chiamavano tritoni anche le divinità marine simili a lui nell'aspetto. Cimotoe era invece una ninfa marina, che faceva parte del corteggio di Nettuno.

30 *Libia*: anticamente tutta l'Africa settentrionale era chiamata Libia.

marina, e a tostarlo e tritarlo per un pasto di fortuna, che valga tuttavia a ritemprare le forze.

Enea frattanto s'inerpica sullo scoglio e scruta
sul mare tutto l'ampio orizzonte, se mai
scorga qualcuno, Anteo sbattuto dal vento e le frigie biremi,
o Capi, o in cima alla poppa le armi di Caico[31].
Nessuna nave in vista; distingue tre cervi
erranti sulla riva; l'intero branco li segue
da tergo, e pascola per le valli in lunga fila.
Allora si fermò, e strinse nel pugno l'arco
e le rapide frecce, armi che il fido Acate portava,
e prima abbatte i tre capi, che ergevano
alte le teste con corna ramose, poi scompiglia con dardi
il branco e tutta la turba incalzandola per boschi frondosi;
e non smette, prima di distendere a terra, vincitore,
sette grandi corpi, e di uguagliare nel numero le navi.
Allora raggiunge il porto e spartisce fra tutti i compagni.
Poi divide il vino che l'ottimo Aceste
aveva versato negli orci sulla riva trinacria[32], e donato
ai partenti. L'eroe parlando lenisce gli animi afflitti:
«Compagni – poiché conosciamo le passate sventure –, voi
che ne avete sofferte altre peggiori, un dio esaurirà anche queste.
Sfidaste la furia di Scilla[33] e gli scogli dal cupo
fragore, e provaste le rupi ciclopiche[34]: rinfrancate
gli animi, scacciate il mesto timore: forse
un giorno vi sarà dolce ricordare le presenti vicende.
Per vari casi, per tanti rischi di eventi
nostra meta è il Lazio[35], laddove i fati ci indicano
sedi tranquille; là è stabilito che il regno

[31] *Anteo... Caico*: Anteo, Capi e Caico sono compagni di Enea e comandanti della flotta troiana che Enea credeva scomparsi nei flutti.

[32] *trinacria*: antico nome della Sicilia, dalla sua forma triangolare.

[33] *Scilla*: originariamente era una ninfa, amata invano da Glauco; fu poi trasformata da Circe in un terribile mostro con sei zampe e sei teste con altrettante bocche provviste di tre file di denti. Dimorava su uno scoglio presso lo stretto che divide la Sicilia dalla penisola italica (lo stretto di Messina) di fronte a un altro scoglio dove era sempre in agguato la mostruosa Cariddi, figlia della Terra e di Nettuno. Cariddi tre volte al giorno succhiava l'acqua del mare e la risputava con tale violenza da sconvolgere le acque. Le navi che passavano nello stretto erano destinate ad affondare nei gorghi provocati da Cariddi, e i naviganti a essere divorati da Scilla.

[34] *rupi ciclopiche*: isolotti tra le odierne Catania e Acireale, ove si riteneva abitassero i Ciclopi (per i quali vedi nota 35, Libro III, p. 45). Ancora oggi si chiamano «Scogli dei Ciclopi».

[35] *Lazio*: il Lazio antico era costituito dalla pianura compresa fra il Tevere, l'Aniene, l'Appennino e il mar Tirreno fino a Terracina; era abitato dai Latini. Al tempo di Enea, re del Lazio era Latino.

di Troia risorga. Resistete, e serbatevi alla fortuna».
Dice cosí, e affranto da gravi pensieri
simula speranza in volto, preme in cuore profondo
dolore. Quelli si accingono alla preda e al pasto imminente:
strappano le terga dal costato e mettono a nudo le viscere;
alcuni le tagliano in pezzi e le infiggono tremolanti agli spiedi;
altri collocano caldaie sulla riva, e provvedono al fuoco.
Poi ristorano le forze con il vitto, e sparsi per l'erba
si saziano di vecchio Bacco[36] e di grassa selvaggina.
Dopo che fu spenta la fame dai cibi, e allontanate
le mense, con lungo discorrere rievocano i compagni perduti,
esitanti tra la speranza e il timore, o che li credano in vita,
o che soffrano la morte, e sebbene chiamati non odano.

[vv. 180-219]

Giove intanto dall'alto della sua sede celeste guarda assorto l'ampia distesa delle terre libiche e i mari sottostanti. Lo riscuote da quella pensierosa contemplazione l'amatissima figlia Venere, lamentando la triste sorte dei Troiani, ai quali per l'ostinata inimicizia di Giunone, è reso sempre piú arduo, e a momenti sembrerebbe impossibile, raggiungere la terra predestinata. Perché tante avversità? E quando la fine degli affanni e l'inizio di quel futuro glorioso che attende Enea e i suoi discendenti?

Giove con il suo sorriso che «rasserena il cielo e le tempeste», sfiora con un lieve bacio la fronte della figlia e le risponde cosí:

«Risparmia il timore, Citerea[37]: rimangono immoti
per te i fati dei tuoi: vedrai la città e le promesse
mura di Lavinio[38], porterai sublime alle stelle
del cielo il magnanimo Enea; nessuna intenzione mi muta.
Egli – ti parlerò poiché quest'ansia ti assilla,

36 *Bacco*: per i Greci Dioniso; figlio di Giove e di Semele. Dio del vino, da lui prodotto per la prima volta e diffuso fra gli uomini in tutto il mondo. Per influenze orientali il suo culto assunse caratteristiche orgiastiche. Il dio era sempre accompagnato dalle Menadi (dette anche Baccanti), donne invasate che si abbandonavano a feste orgiastiche celebrate ogni tre anni sui monti. A Roma era anche chiamato Libero. Il nome Bacco è qui usato come sinonimo di vino.

37 *Citerea*: epiteto di Venere, nata secondo la leggenda dalla spuma del mare nei pressi dell'isola di Citera, non lontana dalle coste della Laconia (a sud del Peloponneso).

38 *Lavinio*: nome della città che Enea fondò nel Lazio, dopo aver sposato Lavinia, figlia di Latino.

e svolgendoli piú a lungo aprirò i segreti dei fati –
farà terribile guerra in Italia, batterà popoli
fieri, e porrà costumi e mura alla sua gente,
finché la terza estate lo vedrà regnare nel Lazio,
e saranno trascorsi tre inverni per i Rutuli domati.
Ma il piccolo Ascanio, cui ora si aggiunge il nome
di Iulo[39] – Ilo finché la potenza ilia regnò –,
colmerà nel dominio trenta grandi giri
di anni, volgendosi i mesi, trasferirà il regno dalla sede
di Lavinio, e con grande forza munirà Alba la Lunga[40].
Qui sarà il regno per trecento anni interi
sotto la gente ettorea[41], finché la regina sacerdotessa
Ilia[42], gravida di Marte[43], partorirà una duplice prole.
Allora, lieto del fulvo manto della lupa nutrice,
Romolo[44] accoglierà la gente, fonderà marziali[45]
mura, e dal suo proprio nome li chiamerà Romani.
Ad essi non pongo limiti né durata di potenza;
ho assegnato dominio infinito. Ed anche l'aspra Giunone,
che ora con il terrore travaglia il mare, la terra e il cielo,
muterà in meglio i propositi, e con me sosterrà
i Romani, signori del mondo, stirpe togata[46]...»

[vv. 257-282]

39 *Ascanio... Iulo*: il figlio di Enea era chiamato anche Ilo, nome di un insigne progenitore della stirpe troiana. Il nome Iulo, probabilmente una modifica del nome Ilo, è stato creato da Virgilio per unire la *gens Iulia* (alla quale apparteneva Augusto) all'illustre dinastia troiana e a Enea, che aveva come genitrice la dea Venere.

40 *Alba la Lunga*: città fondata da Iulo e divenuta capitale del nuovo regno, al posto di Lavinio. Iulo fu il primo re. Da Romolo suo discendente, dopo trecento anni sarebbe stata fondata Roma.

41 *ettorea*: sta per troiana, da Ettore, il piú famoso degli eroi troiani.

42 *Ilia*: vestale, figlia di Numitore re di Albalonga, chiamata nella tradizione piú comune Rea Silvia. Amata da Marte, generò i due gemelli Romolo e Remo, che per ordine di Amulio, fratello di Numitore e usurpatore del regno, furono abbandonati in una cesta sul Tevere. Trascinata dalla corrente, la cesta si fermò sulla riva del fiume, ai piedi del colle Palatino, e i due gemelli incolumi furono allattati da una lupa, poi allevati da un pastore. Ilia fu fatta uccidere da Amulio.

43 *Marte*: per i Greci Ares; figlio di Giove e Giunone, dio della guerra. Amò Venere ed ebbe da lei il figlio Amore, chiamato anche Cupido. Dall'unione con la vestale Rea Silvia generò Romolo e Remo, per questo a Roma era invocato con il titolo di «padre dei Romani».

44 *Romolo*: insieme al fratello Remo uccise l'usurpatore Amulio e rimise sul trono di Albalonga il nonno Numitore. I due gemelli decisero di fondare una nuova città, ma venuti in contesa fra loro, Romolo uccise Remo e fondò Roma ai piedi del colle Palatino e ne fu il primo re. Alla sua morte (si diceva che fosse scomparso durante un temporale e portato sull'Olimpo dal padre Marte) fu divinizzato e venerato col nome di Quirino.

45 *marziali*: da Marte.

46 *stirpe togata*: la toga era un elemento caratteristico dell'abbigliamento dell'uomo romano.

Per rassicurare ancor piú Venere, il sovrano degli dei ordina all'altro suo figlio, l'alato Mercurio[47], di scendere nella Libia e di predisporre favorevolmente l'animo dei Tirii[48] e della regina Didone[49] nei confronti dei Troiani appena sbarcati.

Enea, celate le navi in un piccolo golfo protetto dalle fitte ombre di un bosco, e accompagnato da Acate, si avvia ad esplorare quei luoghi sconosciuti. Durante il cammino s'imbatte in una giovane cacciatrice che dice di essere in cerca delle sue compagne: ma la bellezza e lo splendore che alonano la sua persona – la chioma al vento e le fluenti pieghe della tunica raccolte a lato a scoprirle le levigate ginocchia –, e soprattutto il suono della sua voce non ingannano Enea che, pur non riconoscendo in lei sua madre Venere, comprende di essere in presenza di una dea, e le chiede sotto quali cieli egli sia giunto.

La divina cacciatrice, senza tuttavia rivelare la propria vera natura, risponde:

«...Vedi un regno punico, i Tirii e la città di Agenore[50]
ma la terra è dei Libici, popolo indomabile in guerra;
ne regge il comando Didone, partita dalla città di Tiro
per sfuggire al fratello. Lunga l'offesa, lungo
l'intreccio: ma seguirò i sommi capi degli eventi.
Le era sposo Sicheo, il piú ricco di terra
tra i Fenici[51], diletto alla misera per grande amore;
a lui il padre l'aveva affidata intatta, e a lui congiunta
nei primi auspici. Ma regnava su Tiro il fratello

47 *Mercurio*: per i Greci Hermes; figlio di Giove e di Maia (una delle sette figlie del gigante Atlante, trasformate nelle costellazioni Pleiadi), era messaggero degli dei; nella mano stringeva una verga (caducèo), e indossava ai piedi i calzari alati (talari). Dio astuto e senza scrupoli, fu considerato il protettore dei commerci, dei traffici, dei viaggiatori, delle invenzioni.

48 *Tirii*: gli abitanti di Cartagine, la nuova città fondata dalla loro regina Didone sulla costa africana, provenivano da Tiro, importante città fenicia; sono anche chiamati Fenici o Cartaginesi o Punici (dal latino *Poeni*, Fenici).

49 *Didone*: figlia di un sovrano di Tiro, cui Virgilio attribuisce il nome di Belo. Il fratello di Didone, Pigmalione, salito sul trono di Tiro alla morte del padre, fece uccidere Sicheo, marito della sorella per impossessarsi delle sue ricchezze. Fuggita dalla sua città e seguíta da altri Fenici a lei fedeli, trovò rifugio sulle coste libiche e fondò la città di Cartagine, su un piccolo pezzo di terra concesso a lei da un re del luogo, Iarba.

50 *Agenore*: mitico fondatore di Tiro e capostipite dei Fenici.

51 *Fenici*: abitanti della Fenicia, regione costiera della Siria, le cui principali città erano Tiro e Sidone.

Pigmalione, efferato piú di ogni altro nel delitto.
Si levò tra essi il furore. Egli, empio, davanti
alle are, accecato dalla brama dell'oro, di nascosto prevale
col ferro sull'indifeso Sicheo, incurante dell'amore
della sorella; e celò a lungo il misfatto, molto simulando
malvagio, e con vana speranza illuse la misera amante.
Ma venne in sogno a Didone l'immagine dello sposo insepolto[52],
levando il volto pallido in mirabile modo;
svelò le crudeli are e il petto trafitto dal ferro,
e tutto scoprí il delitto segreto della casa.
Allora la persuade ad affrettare la fuga e ad uscire dalla patria,
e, aiuto per il viaggio, dischiude dalla terra gli antichi
tesori, una quantità ignota d'argento e d'oro.
Sconvolta da ciò, Didone prepara la fuga e i compagni.
Si raccolgono coloro che avevano un crudele odio
o un aspro timore del tiranno; s'impadroniscono di navi
già allestite per caso; le caricano d'oro; si portano per mare
le ricchezze dell'avido Pigmalione; a capo dell'impresa una
[donna.
Giunsero ai luoghi laddove adesso tu scorgi
mura possenti, e sorgere la rocca della nuova Cartagine,
e acquistarono il suolo, dal nome del fatto Birsa[53],
quanto potessero recingere con una pelle di toro.
Ma voi chi siete, da quali terre veniste,
e dove vi dirigete?». A lei che diceva cosí,
egli sospirando e traendo la voce dal profondo del petto:
«O dea, se io proseguissi rievocando dalla prima origine,
e tu avessi tempo di ascoltare la storia dei nostri travagli,
Vespero[54] prima, chiuso l'Olimpo, seppellirebbe il giorno.
Noi dall'antica Troia, se giunse ai vostri orecchi
il nome di Troia, portati per mari diversi,
la tempesta a suo arbitrio sospinse sulle spiagge libiche.
Sono il pio Enea, che porto con me sulle navi
i Penati sottratti al nemico, noto per fama oltre le stelle.

52 *insepolto*: per tutti i popoli antichi era considerata una grave colpa negare la sepoltura ai defunti, ai quali, se insepolti, era vietato l'accesso ai regni dell'oltretomba.

53 *Birsa*: dal greco "pelle". Si allude qui alla leggenda secondo la quale Didone, giunta sulle coste libiche, per costruire una nuova città, aveva chiesto e ottenuto dal re Iarba un pezzo di terra grande quanto poteva essere contenuto da una pelle di bue. Didone aveva fatto tagliare la pelle in tante sottilissime strisce che legate insieme, avevano circoscritto un'estensione di terreno sufficiente alla costruzione della città che fu chiamata Cartagine.

54 *avessi tempo... Vespero*: non basterebbe cioè l'intera giornata. La stella di Venere, quando appare nel cielo sul far della sera, è chiamata Vespero, al mattino Lucifero.

Cerco la patria Italia, e la culla della mia razza
discesa dal sommo Giove[55]. M'imbarcai con venti navi sul mare
frigio, guidato dalla madre dea, seguendo i fati
prefissi; ne restano appena sette, sconnesse dalle onde
e da Euro. Ignoto, derelitto, percorro i deserti della Libia,
respinto dall'Europa e dall'Asia[56]...»

[vv. 338-385]

Cercando di non mostrare il dolore che le parole del figlio le procurano, ma continuando a interpretare il personaggio di vergine cacciatrice, Venere cerca di rassicurare Enea sulla sorte dei compagni che egli crede perduti. Poi lo esorta a proseguire verso la reggia di Didone, e gli indica un prodigio che in quel momento sta avvenendo: dodici candidi cigni sfuggiti all'assalto di un'aquila, discendono al suolo, scherzano fra loro con ali scroscianti, quindi, levatisi di nuovo in volo, formano un circolo ed effondono canti. Si tranquillizzi dunque Enea: quel prodigio significa appunto che anche le navi scomparse sono in salvo con tutti i loro equipaggi. Ciò detto, la dea s'invola sfolgorante lasciando dietro di sé un celestiale profumo d'ambrosia[57]. Enea ha ora la certezza di non aver sbagliato: non ha incontrato una cacciatrice, o una divinità minore, bensí sua madre, Venere stessa. Rivolto a lei, ormai divenuta invisibile nel cielo, con affettuoso ma vibrante rimprovero lamenta di non poterle parlare come ogni figlio fa con la propria madre.

Avvolti e resi invisibili da una fitta nebbia che Venere ha fatto calare intorno a loro per proteggerli, Enea e Acate si avviano verso la città, dove fervono alacri lavori di costruzione.

Enea ammira le moli, un tempo capanne,
ammira le porte e lo strepito e i lastrici delle vie.
I Tirii si affannano ardenti, parte ad erigere le mura

[55] *Cerco... Giove*: i progenitori dei Troiani venivano dall'Italia ed Enea discendeva da Giove sia per parte di padre che di madre. Infatti il padre Anchise aveva come progenitore Giove (Giove-Vulcano-Erittonio-Troo-Assaraco-Capi-Anchise) e la madre Venere era figlia di Giove.

[56] *percorro... Asia*: Enea era fuggito da Troia (nell'Asia) e ora vagava, respinto da molti luoghi d'Europa.

[57] *ambrosia*: cibo degli dei. Le colombe andavano a prenderla nel lontanissimo giardino delle Esperidi. Bevanda degli dei era invece il nettare.

e a costruire la rocca e a rotolare a braccia macigni,
parte a scegliere un luogo per la casa e a recingerlo d'un solco;
scelgono leggi e magistrati e il santo senato;
qui alcuni scavano il porto, qui altri
gettano le profonde fondamenta del teatro, e dalle rupi
tagliano enormi colonne, alto ornamento alle scene future.
[...]
V'era, in mezzo alla città, un bosco rigoglioso
d'ombra, dove prima gettati dalle onde e dal turbine
i Punici scavarono il segno che aveva indicato Giunone
regale, il teschio d'un cavallo da guerra[58]; cosí la stirpe
sarebbe famosa in guerra e prospera in pace per secoli.
Qui la sidonia[59] Didone fondava un tempio maestoso
a Giunone, opulento di offerte e del nume della dea,
a cui sui gradini sorgevano soglie di bronzo,
e travi connesse di bronzo, e strideva il cardine a bronzei
battenti. In questo bosco dapprima l'apparire d'un fatto
inatteso lení il timore, ed Enea osò sperare
salvezza e avere migliore fiducia nelle avverse vicende.
Infatti mentre osserva tutto nel tempio maestoso,
aspettando la regina, mentre ammira tra sé
la fortuna della città, e la mano degli artefici e l'industria
delle opere, vede per ordine le iliache battaglie[60]
e la guerra già nota per fama in tutto il mondo,
gli Atridi[61], e Priamo, e Achille, a entrambe le parti crudele[62].
Ristette e disse in lagrime: «Qual luogo ormai, Acate,
o regione della terra non riempie il nostro travaglio?
Ecco Priamo. Anche qui il valore si pregia.
Si compiangono le sventure e gli eventi umani commuovono
l'animo. Lascia il timore; la fama ti porterà salvezza».

[vv. 421-463]

58 *teschio... guerra*: un oracolo di Giunone aveva esortato i Fenici fuggiaschi a fondare la loro nuova città dove avessero trovato un teschio di cavallo. Una testa di cavallo era anche impressa sulle monete cartaginesi.

59 *sidonia*: sta per fenicia. Sidone era un'importante città fenicia.

60 *vede... battaglia*: le scene della guerra di Troia sono rappresentate sulle pareti del tempio.

61 *Atridi*: i fratelli Agamennone e Menelao, detti Atridi perché figli di Atreo; Agamennone, re di Micene, fu a capo delle forze greche nella guerra di Troia.

62 *Achille... crudele*: infatti Achille uccise Troilo ed Ettore, figli di Priamo, e allo stesso tempo fu in forte contesa con Agamennone perché costui gli aveva portato via la schiava Briseide (*Iliade*, Libro 1) e con Menelao che appoggiava le ragioni del fratello. Achille, offeso dall'affronto subito, si ritirò dal combattimento. L'amico Patroclo, indossate le sue armi, affrontò in duello Ettore, ma fu da lui sconfitto. Achille, tornato allora a combattere, fece strage di molti Troiani e, affrontato Ettore in duello, lo uccise.

Ancora protetto dalla densa nebbia, Enea, turbato e commosso, ma insieme confortato da quelle visioni, continua a osservare, istoriati sulle pareti di quel luogo solenne, altri episodi dolorosi della guerra da cui egli e i suoi compagni sono scampati: la furia di Achille tornato in campo a vendicare il suo fraterno amico Patroclo ucciso in duello da Ettore, campione e guida dell'esercito troiano; Reso[63], re dei Traci, massacrato dal crudele Diomede; Troilo, il piú giovane dei figli di Priamo, colpito a morte da Achille e trascinato in una scia di polvere dai suoi stessi cavalli senza piú guida; la lunga teoria di donne troiane che, supplici, disciolte le lunghe chiome, si battono il petto atterrite dalla sorte che le attende, riservate alla violenza dei vincitori greci, all'esilio e alla schiavitú in terra straniera; l'eroismo di Pentesilea, vergine guerriera, regina delle Amazzoni[64]; e – una scena orrenda – il corpo di Ettore trascinato intorno alle mura di Troia, legato al carro del vincitore Achille.

Mentre al dardanio Enea appaiono queste cose mirabili,
mentre stupisce, immobile, fisso nel solo sguardo,
la regina entrò nel tempio, la bellissima Didone,
stretto intorno a lei un grande stuolo di giovani.
Quale sulle rive dell'Eurota o per i gioghi del Cinto[65]
Diana[66] guida le danze, e mille Oreadi seguendola
da una parte e dall'altra si addensano, ella sorregge la faretra
alla spalla, e avanzando sovrasta tutte le dee:
(una gioia penetra nel silenzioso cuore di Latona[67]:)
tale era Didone, tale lieta incedeva tra i suoi,
sorvegliando le opere preparatrici del regno futuro.

63 *Reso*: re di Tracia, durante la guerra di Troia giunse con il suo esercito in aiuto dei Troiani.

64 *Pentesilea... Amazzoni*: le Amozzoni erano un mitico popolo composto esclusivamente da donne guerriere che abitavano sulle rive del Tormedonte (in Cappadocia). Pentesilea, la loro regina, soccorse i Troiani nella guerra contro i Greci e fu uccisa da Achille che, tuttavia, contemplandole il viso, fu preso da improvviso ma vano amore.

65 *Eurota... Cinto*: fiume della Laconia il primo; monte dell'isola di Delo il secondo.

66 *Diana*: per i Greci Artemide; figlia di Latona e Giove; sorella gemella di Apollo. Venerata in tutta la Grecia. Dea della caccia, fu generalmente rappresentata come una vergine munita di arco e di frecce.

67 *Latona*: per i Greci Leto; figlia del titano Ceo e di Febe, fu amata da Giove ed ebbe da lui i due gemelli Apollo e Diana. Al momento del parto, nessuna terra volle accoglierla temendo l'ira della gelosa Giunone. Fu infine ospitata dall'isola di Delo ove dette alla luce i due gemelli.

Allora sulle soglie della dea, sotto la volta del tempio,
cinta d'armati, alta sul trono si assise.
Dava leggi e diritti agli uomini, divideva la fatica
delle opere in giuste parti, o la traeva a sorte:
quando Enea d'improvviso tra un grande accorrere vede
avvicinarsi Anteo e Sergesto e il forte Cloanto[68],
e altri dei Teucri, dispersi in mare dal fosco
turbine e sviati lontano su altre rive.
Egli restò stupefatto e Acate con lui
commosso da letizia e timore; ardevano avidi di stringere
le destre; ma l'ignota vicenda conturba gli animi.
Si tengono celati, e spiano, avvolti nella nube,
la sorte degli uomini, in quale lido ormeggino la flotta,
e la causa della loro venuta; andavano infatti prescelti da tutte [le navi,
chiedendo grazia, e tra le grida muovevano al tempio.
Dopo che entrarono e fu data facoltà di parlare,
Ilioneo, il piú autorevole, con animo pacato comincia...

[vv. 494-521]

Anzitutto Ilioneo prega la regina di concedere un'ospitale sosta alle navi scampate dalla furia del mare che forse ha disperso o inghiottito molti suoi compagni e il loro stesso capo Enea. Si appella poi alle leggi dell'umana pietà che mai devono essere disprezzate se non si vuole incorrere nella punizione degli dei, attenti giudici del bene e del male. Chiede inoltre che ai superstiti sia concesso di trarre in secco le navi per riparare i danni subíti durante la tempesta. Se poi, contro la propria luttuosa persuasione, il Fato[69] concederà di ritrovare salvo Enea, essi riprenderanno tutti insieme il viaggio alla volta dell'Italia; se invece il capo dei Troiani e suo figlio Iulo fossero scomparsi tra i flutti, essi, mesti sopravvissuti, faranno di nuovo rotta verso la Sicilia, dove, prima di intraprendere quella traversata, erano stati accolti con generosa amicizia dal re Aceste, di origine troiana.

Allora, con il volto reclino, Didone parla brevemente:
«Liberate il cuore dal timore, o Teucri, e allontanate gli affanni.

68 *Anteo... Cloanto*: compagni di Enea.

69 *Fato*: dal verbo latino *fari*, "pronunciare", *fatum*, "ciò che è stato pronunciato", "stabilito"; il fato è una forza incontrastabile, superiore al volere degli stessi dei: è il destino immutabile, stabilito da sempre, contro il quale nessuno può opporsi, neppure Giove. Corrisponde alla *Moira* dei Greci.

Un duro stato e la novità del regno mi obbligano
a tali misure, e a vegliare con guardie su tutti i confini.
Chi ignora la stirpe degli Eneadi[70] e la città di Troia,
e le gesta, e gli eroi, e gli incendi di tale guerra?
Non abbiamo i cuori cosí ottusi noi Punici,
o tanto remoto dalla tiria città il sole
aggioga i cavalli. Sia che desideriate la grande Esperia
e i campi saturnii, o le terre di Erice[71] e il re Aceste,
vi congederò sicuri di aiuto e vi soccorrerò di mezzi.
Volete ugualmente con me risiedere in questo regno?
La città che fondo è vostra; tirate in secco
le navi; troiano o tirio, per me non vi sarà differenza.
E fosse presente, spinto dal medesimo Noto,
il re Enea! Ma certo invierò per le spiagge
uomini fidati e ordinerò di esplorare gli estremi
confini della Libia, se si aggiri naufrago per città o per selve».
Eccitati nell'animo da queste parole, il forte
Acate e il padre Enea da tempo ardevano di lacerare
la nube. Per primo Acate si rivolge ad Enea:
«O figlio della dea, quale decisione ti sorge
nell'animo? vedi tutto sicuro, la flotta e i compagni
recuperati. Manca uno soltanto[72], che vedemmo sommerso
tra i flutti; il resto corrisponde alle parole della madre».
Aveva appena detto ciò, quando d'un tratto
la nube che li avvolge si squarcia e si dissolve nel cielo aperto.
Ristette Enea e rifulse in una chiara luce,
simili il volto e le spalle a un dio; infatti la madre
aveva ispirato nel figlio la bella chioma
e il purpureo fiore di gioventú e la lieta grazia negli occhi:
quale aggiunge bellezza all'avorio l'arte, o da biondo
oro è ravvolto l'argento o il marmo pario[73].
Allora saluta cosí la regina, e a tutti inatteso
parla ad un tratto:

[vv. 561-595]

[70] *Eneadi*: cioè dei Troiani; altrove è usato nel senso di discendenti di Enea.

[71] *Esperia... Erice*: con Esperia i Greci si riferivano alla «terra che sta a occidente», ossia l'Italia; con campi saturnii si allude ai campi del Lazio di cui Saturno fu re; Erice infine era un monte e una città della Sicilia occidentale ove sorgeva un tempio dedicato a Venere. Qui il termine è usato per indicare genericamente tutta la Sicilia.

[72] *Manca... soltanto*: si allude qui a quell'Oronte che Enea stesso aveva visto inghiottito dai flutti durante la tempesta. Come aveva preannunciato a lui Venere, tutte le sue navi e i suoi compagni sono salvi. Soltanto Oronte, che non era di stirpe troiana, è stato travolto dai flutti insieme ai suoi compagni lici.

[73] *marmo pario*: marmo prezioso proveniente dall'isola greca di Paro.

«Ecco, sono io il troiano Enea, scampato alle onde libiche», e rivolto a Didone prosegue con parole di ringraziamento per la generosità mostrata verso i suoi compagni, sventurati relitti della guerra, stremati da avverse vicende in terra e in mare, e bisognosi di tutto. Soltanto gli dei, se il loro volere tutela i buoni – aggiunge –, potranno degnamente rendere il giusto premio a lei, regina dal grande cuore; quanto a lui, finché i fiumi correranno al mare, i monti copriranno d'ombra le valli e le stelle brilleranno nel cielo, ricorderà sempre e ovunque il nome di Didone.

Nell'animo della regina, al turbamento e allo stupore per l'improvvisa comparsa di Enea, di cui aveva udito parlare con rispetto perfino dai suoi stessi nemici, si aggiungono l'ammirazione per l'aspetto dell'eroe e la pietà per le sue innumerevoli traversie. Riuscendo a dominare l'emozione, con voce ferma esprime di nuovo la sua volontà di essere di aiuto ai Troiani, giacché lei stessa, non ignara della sventura, ha appreso l'arte di comprendere e alleviare le sofferenze altrui. Come immediato gesto solidale ordina che siano portati ai naufraghi sulla riva cibi d'ogni genere affinché possano ritemprarsi con un solido pasto. Per quanto riguarda Enea, lo invita a un banchetto nella reggia.

L'interno del palazzo è sontuoso: vi si possono ammirare ampie sale, soffitti dorati, lampade splendenti di luce che pendono dalle travi. Nel salone dei conviti, suppellettili fastose, ampi letti triclinari[74] coperti da soffici tappeti ricamati di porpora[75], mense imbandite con vasellame cesellato d'oro e d'argento, coppe incastonate di gemme, adorne di serti di fiori.

Con sollecitudine paterna Enea va col pensiero al figlio lasciato sulla nave, e senza indugio invia Acate a rassicurarlo e a condurre anche lui alla presenza di Didone. Né vuole essere da meno della regina: ordina perciò che le si portino in dono alcuni preziosi oggetti scampati all'incendio di Troia e alla furia del mare.

Venere, frattanto, con l'ansietà di tutte le madri per i figli

[74] *letti triclinari*: letti disposti intorno alla tavola; i commensali mangiavano sdraiati sul fianco sinistro, prendendo i cibi dalla tavola con la mano destra. Virgilio attribuisce impropriamente ai Cartaginesi un'usanza romana.

[75] *porpora*: sostanza che i Fenici estraevano da un mollusco e usavano per tingere i tessuti del caratteristico colore rosso-violaceo. La parola indicava anche il tessuto già colorato.

che debbano affrontare una mutevole sorte, e temendo le insidie di Giunone che «non rimarrà in ozio in cosí grande nodo di eventi», chiama in soccorso Cupido – il dio dall'aspetto di fanciullo alato, munito di faretra e di frecce con le quali colpisce il cuore degli uomini suscitando in essi la passione d'amore –, e gli chiede di assumere per una notte l'aspetto di Iulo, recandosi nella reggia per suscitare nell'animo di Didone un'ardente passione per Enea. Lei stessa, affinché non compaiano al fianco di Enea due Iulii, il vero e il falso, fa discendere nelle membra del vero Iulo un placido sonno, e stringendolo delicatamente tra le braccia lo porta in un ameno angolo di bosco sul promontorio Idalio[76].

Sotto le sembianze di Iulo, Cupido entra nella reggia ove Tirii e Troiani sono adagiati intorno alle mense. L'arrivo del ragazzo provoca immediatamente un lieto scompiglio: tutti accorrono ad ammirare i doni portati dalle navi, fra i quali risplendono un mantello intessuto d'oro e un velo fregiato di fulgenti ricami di foglie d'acanto, un tempo ornamenti della bellissima Elena, causa di tanti lutti per Greci e Troiani.

Didone, incantata da doni di cosí nobile e tragica provenienza, e colma di orgoglio e trepidazione per la vicinanza di Enea, accoglie con affettuoso slancio l'adolescente Iulo, e lo vuole al suo fianco. Ha cosí inizio la sua rovinosa passione: nulla infatti lei potrà contro la potenza del dio dell'Amore che si cela dietro le innocenti sembianze di Iulo. Già dopo qualche istante l'immagine del suo sposo Sicheo, cosí tragicamente scomparso, svanisce dai suoi occhi e dal suo cuore da tempo disavvezzo all'amore, e perciò tanto piú vulnerabile nei confronti d'un sentimento fatale.

> Dopo la prima pausa del banchetto, e allontanate le mense,
> collocano grandi crateri e coronano i vini[77].
> Nasce nella sala uno strepito, e fanno echeggiare
> la voce per gli ampi atrii; pendono le lampade accese
> dagli aurei soffitti, e le torce vincono con la fiamma la notte.
> Qui la regina chiese e riempí di vino una coppa

[76] *Idalio*: monte nell'isola di Cipro, cara a Venere che godeva qui di un grande culto; per questo la dea era chiamata anche «idalia» o «ciprigna».

[77] *coronano i vini*: nei banchetti o durante le libagioni rituali, si usava ornare le coppe con ghirlande di fiori o di rami fronduti.

pesante di gemme e d'oro, che Belo e tutti i discendenti
di Belo usavano, si fece silenzio nella casa: «O Giove
– dicono infatti che tu dài diritti agli ospiti[78] –,
fa che questo giorno sia lieto ai Tirii
e ai profughi di Troia, e che i nostri nipoti lo ricordino.
Assista Bacco dispensatore di gioia, e Giunone benigna;
e voi, o Tirii, affollate giulivi il convegno».
Disse, e per prima libò sulla mensa l'omaggio
dei vini e, libato, gustò con la superficie delle labbra.
Poi lo porse a Bizia[79] invitandolo a bere; quegli sollecito
bevve la coppa spumante, e tuffò il viso nel pieno oro.

[vv. 723-739]

Ad allietare ancor piú il banchetto, Iopa[80] dalla lunga chioma prende la sua cetra dorata e canta la luna errabonda, i percorsi del sole, l'origine del genere umano e degli animali, della pioggia e del fuoco, la bellezza e i moti delle due Orse[81].

Troiani e Tirii applaudono, mentre la notte segue alla sera senza che Didone si stanchi di chiedere a Enea di parlare di Priamo e di Ettore, di Achille e di Diomede. Infine fa la richiesta che piú le sta a cuore – a quel cuore già ferito dal dardo di Cupido –: udire dalle labbra dell'affascinante protagonista, che ora le siede al fianco, la sua personale vicenda durante quei sette anni di peregrinazioni e avventure che avevano preso inizio dalla distruzione di Troia.

78 *diritti agli ospiti*: Giove era protettore degli ospiti, dei supplici, dei fuggiaschi.
79 *Bizia*: Cartaginese ospite di Didone.
80 *Iopa*: cantore alla corte di Didone, alunno del gigante Atlante. I cantori o i citaredi usavano portare i capelli lunghi, come Apollo, il dio delle arti.
81 *Orse*: le due costellazioni dette Orsa maggiore e Orsa minore.

Libro II.

Alle parole di Didone seguono attimi di silenzio e di attesa. Tutti gli sguardi sono ora fissi su Enea.

La notte è già alta e le stelle conciliano il sonno, ma non per l'eroe che si accinge a rievocare il succedersi degli eventi della guerra perduta, benché il suo animo inorridisca al ricordo della furia dei vincitori e della triste sorte dei vinti. L'esordio della narrazione non può essere che la rievocazione del perfido inganno ordito dall'astuzia di Ulisse[1] e messo in atto dalle menzogne di Sinone[2].

«Trascorsi ormai anni d'inutile assedio» esordisce Enea, «perduta la speranza di conquistare la città con le armi, i Greci ricorsero a un perfido stratagemma. Costruito un enorme cavallo di legno, celarono nel suo capace ventre scelti guerrieri e lo abbandonarono sulla spiaggia, quasi si trattasse di un voto offerto agli dei. Salpate le ancore, finsero di partire definitivamente, perduta la speranza di piegare la resistenza troiana. In realtà, raggiunta l'isola di Tenedo a poche miglia da Troia, invece di proseguire il viaggio si celarono con l'intera flotta in una baia di essa. All'alba, i primi di noi che si destarono scorsero con gioioso stupore la spiaggia e le acque deserte. Dalle porte della città spalancate una folla festante si riversò sulla riva, aggirandosi intorno all'immane cavallo che dominava il paesaggio sino al giorno prima brulicante di guerrieri in sanguinosa lotta fra loro, e ora tranquillo e solitario. Anch'io ero fra loro. Increduli ci aggirammo per i luoghi delle passate battaglie e degli attendamenti ora scomparsi. Ma i piú rimasero attoniti davanti al misterio-

1 *Ulisse*: re di Itaca, figlio di Laerte e di Anticlea. Partecipò alla guerra di Troia, e ideò la costruzione del cavallo di legno che portò alla fatale distruzione della città. È rappresentato da Virgilio con un certo disprezzo, come astuto orditore d'inganni.

2 *Sinone*: soldato greco che, con le sue abili menzogne, indusse i Troiani a introdurre il cavallo all'interno della città.

so cavallo, incerti sul da farsi. La presenza di quell'insolito dono votivo – cosí almeno credemmo – lasciato sulla nostra terra dal nemico in fuga, incombeva come un lugubre presagio di un'imminente tragedia. Il popolo troiano era diviso in opposti pareri: alcuni avrebbero voluto sospingerlo fin dentro le mura, altri squarciarne il ventre a colpi d'ascia ed esplorarne i nascondigli, altri, piú direttamente, gettarlo in mare o bruciarlo».

Per primo accorre, davanti a tutti, dall'alto
della rocca Laocoonte[3] adirato, seguito da una grande turba;
e da lungi: «Sciagurati cittadini, quale cosí grande follia?
Credete partiti i nemici? o stimate alcun dono
dei Danai privo d'inganni? Cosí conoscete Ulisse?
O chiusi in questo legno si tengono nascosti Achei[4],
o questa macchina è fabbricata a danno delle nostre mura,
per spiare le case e sorprendere dall'alto la città,
o cela un'altra insidia: Troiani, non credete al cavallo.
Di qualunque cosa si tratti, ho timore dei Danai
anche quando recano doni». Disse, e avventò con vigore
gagliardo la grande asta al fianco della fiera ed al ventre
dalle curve giunture. Quella s'infisse vibrando e dall'alvo
percosso risuonarono le cavità e diedero un gemito le caverne.
E se i fati degli dei, se la nostra mente non era funesta,
egli ci aveva sospinti a violare il nascondiglio argolico[5] con il [ferro;
oggi Troia si ergerebbe, e tu, alta rocca di Priamo[6], dureresti [ancora.
Intanto dei pastori dardanidi traevano al re
con grande clamore un giovane,
con le mani legate sul dorso, che ignoto s'era offerto
a chi veniva, per tramare proprio questo, aprire
Troia agli Achei, risoluto d'animo e pronto ad entrambe
le sorti, ordire inganni o incontrare sicura morte.
Per desiderio di vedere, la gioventú troiana s'affolla
ed accorre da tutte le parti, e gareggiano a schernire il [prigioniero.

[3] *Laocoonte*: sacerdote di Nettuno e fratello di Anchise.
[4] *Achei*: con il termine Achei (o Achivi) Virgilio, come già Omero, indica tutti i Greci.
[5] *argolico*: sta per «greco», da Argo, città del Peloponneso, ritenuta la piú antica della Grecia.
[6] *rocca di Priamo*: la rocca di Troia.

Ora ascolta le insidie dei Danai e dal crimine di uno solo,
[conoscili tutti.
Infatti, come ristette in vista nel mezzo, turbato,
inerme, e volse intorno lo sguardo sulle schiere frigie:
«Ahi, quale terra ora» disse, «quali mari
possono accogliermi, e che cosa ormai mi resta,
sventurato che non ha luogo tra i Danai, e gli stessi
Dardanidi ostili richiedono una pena di sangue?».
Al lamento mutano gli animi e tutto l'impeto s'arresta.
Lo esortiamo a dirci da che sangue nacque,
e a rivelarci che cosa rechi e con quali speranze si consegnò
[prigioniero.
[Egli, deposto infine il timore, parla cosí:]
«Ti confesserò la verità, o re, qualunque cosa accada»
disse, «e non negherò di essere di argolica gente;
questo per primo; e se la sorte fece sventurato Sinone,
non lo farà, malvagia, anche vano e mendace.
Se per caso, parlando, udisti il nome di Palamede[7],
stirpe di Belo[8], dall'inclita fama, che sotto
una falsa accusa, poiché si opponeva alla guerra,
i Pelasgi[9] misero a morte, incolpevole, con indegno giudizio,
ed ora lo piangono spento, saprai che a lui
mi mandò compagno e consanguineo il mio povero padre,
a combattere in questi luoghi fin dai primi anni.
Finché Palamede partecipava da pari al potere ed aveva
[influenza
nei concili dei re, anch'io ebbi una qualche rinomanza
ed onore. Dopo che per l'invidia del perfido Ulisse
– espongo note vicende – scomparve dalle regioni
terrestri, afflitto traevo la vita nelle tenebre e nel pianto,
e mi dolevo della sventura dell'amico innocente.
Né tacqui, folle, e se la sorte lo avesse voluto,
se mai fossi tornato vincitore nella patria Argo,
mi promisi vendicatore, e con le parole suscitai aspri odii.
Di qui il principio della mia rovina, di qui sempre

7 *Palamede*: figlio di Nauplio, re dell'Eubea, aveva smascherato la finta pazzia escogitata da Ulisse per non andare in guerra; l'eroe, costretto a partire, durante l'assedio di Troia si vendicò di Palamede accusandolo di segreti accordi con il nemico e di aver ricevuto oro da Priamo. Palamede fu condannato a morte e lapidato dai Greci. Naturalmente Sinone non era parente di Palamede, ma lo dichiarò per dar credito al suo racconto e al presunto odio che Ulisse nutriva per lui.

8 *stirpe di Belo*: stirpe di origine divina.

9 *Pelasgi*: altro nome con il quale erano chiamati i Greci. I Pelasgi erano antichissimi popoli della Grecia, anteriori alla venuta degli Indoeuropei.

Ulisse ad atterrirmi con nuove calunnie, a spargere
ambigue voci tra il popolo, e cercare sagace i mezzi d'offesa...»

[vv. 40-99]

Con un sottile gioco di perfidia e l'arte diabolica di chi sa dosare le proprie parole e interromperle al momento opportuno per acuire l'interesse e la curiosità di chi ascolta, Sinone interruppe il racconto per poi riprenderlo dietro le insistenti esortazioni dei presenti, continuando a recitare la parte di innocente vittima dei potenti: mescolando verità a menzogne, narrò che i Greci, scoraggiati da quella interminabile guerra senza risultato, avevano già meditato piú volte di tornare in patria, ma erano sempre stati dissuasi dalle avverse condizioni del mare e da venti contrari; consultato l'oracolo di Apollo[10], avevano ricevuto un crudele responso: «Col sangue e con il sacrificio d'una vergine[11], o Danai, placaste i venti quando decideste di far vela verso le terre iliache; di nuovo col sangue dovete propiziarvi il ritorno, sacrificando la vita di uno di voi». A tale responso un lungo brivido era corso nelle membra di tutti noi: ognuno temeva di poter essere la vittima designata. L'indovino Calcante[12], cui i nostri capi erano ricorsi per ascoltarne il verdetto, ritiratosi per dieci giorni in assoluta solitudine, aveva rifiutato di indicare la vittima richiesta. Infine, per istigazione di Ulisse, aveva fatto il mio nome. «Tutt'altro che rassegnato alla sorte di capro espiatorio» aggiunse Sinone, «riuscii a liberarmi dei legami che già mi tenevano avvinto e fuggii dal campo acheo nascondendomi fra i canneti e le giuncaie d'una palude. Lí rimasi finché non scorsi le vele delle nostre navi spiegate al vento anche senza aver compiuto il sacrificio».

10 *oracolo di Apollo*: l'oracolo era il responso di un dio alle richieste dei fedeli che si rivolgevano a lui per consigli e presagi, espresso dalla voce di un sacerdote o di una sacerdotessa invasati dalla presenza del dio nel loro corpo. Con questo termine ci si riferisce anche al santuario stesso in cui venivano date le risposte. L'oracolo piú antico di Apollo si trovava nell'isola di Delo.

11 *Col sangue... vergine*: quando la flotta greca, radunata nel porto di Aulide, stava per partire alla volta di Troia, un'ostinata bonaccia teneva ferme le navi nel porto. L'oracolo di Apollo, consultato, dette un terribile responso: Agamennone, capo della spedizione greca, avrebbe dovuto sacrificare la figlia Ifigenia per placare la dea Artemide, offesa perché Agamennone aveva ucciso una cerva a lei sacra. Si dice che la dea, mossa a pietà, al momento del sacrificio avesse sostituito con una cerva la fanciulla e l'avesse portata in salvo in uno dei suoi templi consacrandola sua sacerdotessa.

12 *Calcante*: indovino al seguito dell'esercito greco durante la guerra di Troia.

Concluso così il suo racconto, Sinone s'inginocchiò implorando pietà e giurando di aver detto soltanto la verità. E fu così abile da sollecitare i più nobili sentimenti di ognuno: l'amor di patria, il pensiero del vecchio padre e dei diletti figli che egli mai più avrebbe potuto rivedere, e sui quali si sarebbe certamente abbattuta la vendetta dei Greci. Accecati dalla gioia per la insperata pace, oltre che dal profluvio di parole di quel miserabile lordo di fango e di sangue, prestammo fede alle sue menzogne. Il re Priamo in persona, sceso tra la folla, gli rivolse parole amiche, chiedendo quale fosse il reale significato del cavallo di legno. Senza perdersi d'animo, Sinone rispose con un'altra fandonia, più credibile delle altre perché contenente una parte di verità: Ulisse, il più astuto, e Diomede, il più violento dell'esercito greco, alcune settimane prima erano riusciti a penetrare di nascosto nella città assediata e, ancora più audacemente, nel tempio di Minerva, dal quale avevano trafugato il Palladio[13], simulacro della dea, dal cui possesso dipendeva, secondo un antico responso, l'inespugnabilità di Troia. Il furto sacrilego era in effetti accaduto. Ma partendo da esso, Sinone concluse il suo discorso con una ingegnosa invenzione: portata la statua nel campo acheo – egli disse –, erano accaduti minacciosi prodigi, che certo manifestavano l'ira della divinità offesa. Minerva, abitualmente favorevole ai Greci, s'era dunque volta contro di loro, e Calcante aveva vaticinato che Troia non avrebbe potuto essere espugnata se prima gli Achei non fossero tornati in patria a riconsacrare il Palladio e a prendere nuovi auspicî[14]; ottenuto così il perdono divino, essi avrebbero potuto tornare a Troia e infine espugnarla e distruggerla: questo il motivo della improvvisa partenza. Quanto alla presenza del gigantesco cavallo sulla riva, Sinone compì il suo capolavoro di perfidia: ci confidò che se il cavallo fosse stato introdotto nella città, ne avrebbe per sempre garantito la salvezza, in sostituzione del Palladio rapito.

13 *Palladio*: statuetta lignea raffigurante l'immagine della dea Minerva, che i Greci chiamavano anche Pallade. La leggenda diceva che era un dono di Giove ai progenitori dei Troiani e che la città non sarebbe mai stata presa dal nemico finché i suoi abitanti fossero stati in possesso di questa sacra immagine. Perciò al tempo della guerra di Troia, Ulisse e Diomede, con un gesto sacrilego, la portarono via dal tempio in cui era custodita.

14 *auspicî*: ricercare il volere divino attraverso l'interpretazione di alcuni segni celesti e dei sogni, o attraverso l'osservazione delle viscere degli animali immolati alle

Per queste insidie ed astuzia dello spergiuro Sinone
la cosa fu creduta, e presi con inganni e forzate lagrime
coloro che non furono domati dal Tidide,
dal larisseo[15] Achille, da dieci anni, da mille navi.
Qui un nuovo avvenimento, piú grande
e molto piú orrendo, si offre agli sventurati, e turba i cuori
sorpresi. Laocoonte, sacerdote di Nettuno tratto a sorte,
immolava un grande toro presso le are solenni.
Ma ecco da Tenedo[16] in coppia per le profonde acque tranquille
– inorridisco a raccontarlo – due serpenti con immense volute
incombono sul mare, e parimenti si dirigono alla riva;
i petti erti tra i flutti e le creste sanguigne
sovrastano le onde; tutta l'altra parte
sfiora il mare da tergo e incurva in spire gli enormi dorsi;
scroscia il gorgo schiumante. E già approdavano,
e iniettati di sangue e di fuoco gli occhi che ardevano,
lambivano con lingue vibrate le bocche sibilanti.
Fuggiamo esangui a quella vista. I serpenti con marcia sicura
si dirigono su Laocoonte; e prima l'uno e l'altro
serpente avvinghiano i piccoli corpi dei due figli
e li serrano, e a morsi si pascono delle misere membra;
poi afferrano e stringono in grandi spire
lui che sopraggiunge in aiuto e brandisce le armi;
avvintolo due volte alla vita, e attortisi al collo
due volte con le terga squamose, sovrastano con il capo
e con l'alte cervici. Egli si sforza di svellere
i nodi con la forza delle mani, cosparso le bende[17] di sangue
corrotto e di nero veleno, e leva orrendi clamori
alle stelle: quali i muggiti d'un toro ferito che fugge
dall'ara, e scuote via dal collo la scure malcerta.
Strisciando in coppia i due draghi fuggono verso l'alto
santuario e muovono verso la rocca della crudele Tritonide[18];
si acquattano ai piedi della dea e sotto il cerchio dello scudo.

[vv. 195-227]

divinità o del volo degli uccelli e dei loro comportamenti. I sacerdoti esperti in questa arte, chiamata arte divinatoria, erano chiamati àuguri o aruspici.

15 *larisseo*: chiamato cosí da Larissa, città della Tessaglia, che faceva parte del regno di Peleo, padre di Achille.

16 *Tenedo*: isola della Troade.

17 *bende*: chiamate anche infule, erano costituite da un tessuto di lana bianca con il quale i sacerdoti avvolgevano il capo come un turbante. Esse erano il simbolo dell'inviolabilità dei sacerdoti. Anche le vittime sacrificate agli dei erano coperte da bende.

18 *Tritonide*: o Tritonia, soprannome di Minerva di incerto significato. Forse da Tritone, una palude libica le cui acque erano predilette dalla dea.

Sembrava di udire ancora nell'aria le urla dell'audace sacerdote di Nettuno, e tutti noi sgomenti interpretammo quell'atroce morte come il castigo divino per l'atto sacrilego da lui compiuto. Molti chiesero allora che si aprisse un varco nelle mura affinché quella imponente «macchina fatale» potesse essere introdotta nella città.

Trainato da funi, e scivolando su rulli, il cavallo avanzò minaccioso. Quattro volte si arrestò traballante sul limitare delle porte, e ogni volta dal suo ventre si udí levarsi un sinistro risuonare di bronzo. Ma la folla, oltre che accecata dalla gioia, era anche resa sorda dal timore dell'ira divina. Solo Cassandra[19], la sacerdotessa di Apollo destinata a non essere mai creduta, predisse terribili sventure, ma anche questa volta la sua voce restò inascoltata, mentre il popolo, in preda a una pazza euforia, esultava ormai soltanto per la fine della guerra e l'avvento d'una pace cosí a lungo desiderata.

Il mostro infausto, seguíto da una folla festante, fu trainato fin sulla rocca della città. Dopo lunghe ore di smodata allegria, calarono le tenebre della notte. Tutti giacevamo ebbri di vino o vinti dal sonno, e in ogni caso ignari della tragedia che stava per abbattersi su di noi.

Un bagliore di fiamma s'innalzò ad un tratto dalla nave di Agamennone celata con tutte le altre nella rada alle spalle di Tenedo: era il segnale convenuto. Sinone, lui sí ben desto, strisciò furtivo tra le case silenziose, raggiunse l'acropoli, e spalancò il varco celato da tavole impeciate che si apriva sul ventre del cavallo. Da quell'ampia botola, simili a un fiume in piena che rompa gli argini, traboccò una schiera di guerrieri, che uniti a quelli sbarcati di nuovo dalle navi, si avventarono sulla città dormiente e indifesa. Mentre i Greci davano inizio al massacro, anch'io, stremato da quella giornata di violente emozioni, dormivo d'un sonno di pietra, ma al tempo stesso pieno d'incubi: mi apparve il fantasma di Ettore, lordo di sangue e di polvere, come lo avevamo visto dopo il colpo mortale infertogli da Achille. Queste, nel sogno o nell'incubo, furono le sue parole piene d'angoscia: «Fuggi dalla città, ormai preda della furia nemica e delle fiamme, porta in salvo i Penati, e cerca una nuova patria».

19 *Cassandra*: figlia di Priamo e di Ecuba. Nei poemi omerici è ricordata come la piú bella delle figlie di Priamo, ma non si accenna alle sue doti profetiche.

Mi destai di soprassalto, e scorsi ovunque altissime lingue di fuoco che si riflettevano fin nel mare lontano. Incurante dell'esortazione di Ettore, e obbedendo a un disperato impulso guerriero, mi cinsi delle armi, e radunato un gruppo di uomini destati anch'essi dal ruggito delle fiamme e dalle urla della strage, decisi di tentare insieme a essi un'estrema difesa.

L'antica città, dominatrice per tanti anni, precipita
moltissimi corpi giacciono qua e là senza vita,
per le vie, per le case e sulle soglie consacrate degli dei.
Non solo i Teucri pagano pene di sangue;
talvolta anche ai vinti ritorna nell'animo il valore
e cadono i vincitori danai. Crudele ovunque il dolore,
ovunque il terrore, e molteplice immagine di morte.
Per primo incontriamo Androgeo[20], accompagnato
da una grande turba di Danai, che ignaro ci crede una schiera
alleata, e per primo ci si rivolge con parole amiche:
«Affrettatevi, guerrieri. Che lenta pigrizia vi attarda?
altri fanno saccheggio e bottino di Pergamo; voi
ora soltanto venite dalle alte navi?».
Disse, e subito – infatti non avevamo dato risposte
abbastanza fidate – si sentí caduto tra nemici.
[...]
Irrompiamo all'attacco, li circondiamo con folte armi,
e li abbattiamo inesperti del luogo e presi da terrore.
Spira favorevole la sorte alla prima impresa.
Qui esultante del successo e animoso Corebo[21]:
«Compagni» disse, «per dove la prima sorte
indica una via di salvezza e si mostra propizia,
seguiamola: scambiamo gli scudi, e adattiamoci le insegne
dei Danai. Inganno o valore, chi indagherebbe in un nemico?
Essi ci daranno le armi». Cosí disse e il chiomato
elmo di Androgeo e la bella insegna dello scudo
indossa, e si aggiusta al fianco la spada argiva.
Rifeo, e Dimante[22] e tutti i giovani lieti
lo imitano; ciascuno si arma delle spoglie recenti.

[vv. 363-395]

Molti Greci caddero sotto i nostri colpi, molti altri furono

20 *Androgeo*: guerriero greco.
21 *Corebo*: venuto dalla Frigia a Troia per amore di Cassandra.
22 *Rifeo, e Dimante*: guerrieri troiani.

ricacciati fin sulle navi. Pur sapendo che non è lecito nutrire speranze quando gli dei sono avversi, confidavamo ora nel nostro travestimento. Ma due eventi resero vana quella nostra astuzia: si offrí al nostro sguardo una scena orribile: Cassandra era trascinata fuori del tempio di Minerva, le mani imprigionate da stretti nodi, la chioma sciolta, gli occhi rivolti al cielo per chiedere inutilmente protezione agli dei. Corebo, giunto dalla Frigia per esserle vicino, disperato e furioso per il brutale ratto dell'amata, si lanciò con i compagni all'inseguimento dei rapitori, ma subí un duplice assalto: dal tetto del tempio gli stessi Troiani, scambiandoli per Greci a causa delle mutate armature, saettarono contro di loro un nugolo di dardi; a terra, i Greci, riconosciutili come nemici, li assalirono con furia e li abbatterono uno dopo l'altro. Io solo scampai al massacro», commenta tristemente Enea, ripensando a quella che poteva sembrargli l'onta della propria salvezza. Poi riprende il racconto:

«Il Fato riservava a me una diversa sorte. Volai alla reggia intorno alla quale infuriava uno scontro feroce. I Greci cercavano di scalare le mura e scardinare le porte, la guarnigione troiana difendeva il palazzo scagliando dal tetto e dalle finestre quanto potesse frenare l'impeto degli assalitori, tegole, travi, fregi di marmo. Penetrai attraverso un passaggio segreto, a me solo noto: quello tante volte usato da Andromaca, sposa di Ettore, quando si recava con il piccolo Astianatte[23] in visita ai suoceri, il re Priamo e la regina Ecuba. Attraverso esso corsi trafelato fino alla parte piú alta della reggia, e insieme ad altri pochi compagni riuscii a far crollare sugli assalitori una torre dalla quale si dominava l'intero abitato e il mare ora di nuovo brulicante di navi. Ma infine la porta del palazzo crollò sotto i colpi di ariete; guidati da Pirro[24], il selvaggio figlio di Achille, i Greci irruppero nelle vaste sale, e fra le urla delle donne in fuga uccisero chiunque incontrassero, giungendo fin sulla soglia della sala del trono, dove Priamo e Ecuba attendevano con fermezza il compiersi della loro sorte.

23 *Astianatte*: detto anche Scamandrio dal nome del fiume di Troia Scamandro. Figlio di Ettore e Andromaca, fu gettato dai Greci (si dice da Neottolemo, figlio di Achille) dalle mura di Troia. Secondo un'altra tradizione sopravvisse alla distruzione della città e fondò un'altra Troia.

24 *Pirro*: nome con cui era chiamato Neottolemo, figlio di Achille e Deidamia.

Come vide il disastro della città conquistata e le soglie
della reggia infrante e il nemico nelle stanze, invano,
carico d'anni, circonda le spalle tremanti
con le armi a lungo desuete, e cinge l'inutile ferro,
e muove deciso a morire nel folto dei nemici.
In mezzo al palazzo, sotto l'aperta volta del cielo,
v'era un altare imponente, e un vetusto alloro
il quale si protendeva sull'ara e avvolgeva d'ombra i Penati.
Ecuba e le figlie invano intorno agli altari,
giunte precipitose come colombe nella fosca bufera,
sedevano strette fra loro e abbracciate alle statue degli dei.
Come vide Priamo, vestito delle armi dei giovani,
«Quale funesto pensiero, infelicissimo sposo, t'indusse
a cingerti di queste armi e dove ti precipiti?» disse;
«il momento non richiede un simile aiuto, né tali
difensori, neanche se ora ci fosse il mio Ettore.
Alfine rifugiati qui; quest'ara proteggerà
tutti, o morirai con noi». Avendo parlato cosí,
trasse a sé il vegliardo e lo pose sul sacro soglio.

[vv. 507-525]

Ma entrambi dovettero assistere ad un atroce spettacolo: il loro figlio piú giovane, Polite, inseguito lungo le stanze deserte e i portici della reggia, nella disperata ricerca d'un rifugio, si diresse d'istinto verso i vecchi genitori, quasi potesse trovare in essi aiuto e salvezza. Ma Pirro lo raggiunse e afferratolo per la lunga chioma lo trafisse senza pietà.

Sconvolto dal dolore e dall'ira, Priamo non riuscí a frenarsi e inveí con violenza contro colui che aveva osato uccidere un figlio davanti agli occhi del padre, mostrandosi indegno di essere stato generato da Achille, il quale invece lo aveva accolto con rispetto quando egli si era recato nella sua tenda per chiedergli la restituzione della salma di Ettore. Con un estremo disperato gesto il vecchio re scagliò contro Pirro una lancia, ma quella per il debole impulso ricevuto sfiorò appena il crudele e arrogante nemico che non smentí la sua fama: afferrò anche il vegliardo per la chioma canuta, e trascinatolo presso un altare, costringendolo a calpestare il sangue del figlio, con disumano sarcasmo, prima di colpirlo pronunciò questa frase: «Andrai dunque messaggero a mio padre Achille a riferirgli quanto io sia piú efferato di lui!». Questa la triste fine di un grande re, dominatore di tanti popoli d'Asia, il cui corpo senza vita fu poi trascinato sul lido, e lí decapitato con truce barbarie.

Quel misfatto scosse profondamente il mio animo, e mi fulminò il pensiero di mio padre Anchise, vecchio come Priamo, del figlio Iulo, della sposa Creúsa. Alla furia che mi aveva guidato finora si sostituirono pietà e rimorso. Corsi trafelato verso la mia casa. Ma il desiderio di vendetta suscitato dall'inganno dei Greci e dalla distruzione della città non si era ancora placato: correvo dunque per raggiungere e difendere i miei, quando presso il tempio di Vesta[25] scorsi la bella spartana Elena che nelle tenebre squarciate dai bagliori degli incendi cercava di celarsi in qualche angolo remoto per sfuggire all'odio dei Troiani, lei prima causa della guerra, e quello dei Greci che la disprezzavano come moglie infedele di Menelao[26] e traditrice della sua patria per amore del troiano Paride. Mi arrestai ansimante e senza dubbio l'avrei uccisa senza lasciarmi piegare dalle sue implorazioni, se in un'aureola di luce non mi fosse apparsa Venere, che con dolcezza materna riuscí a placare la mia furia, esortandomi a raggiungere piuttosto i miei cari in grave pericolo. «È il Fato a volere la rovina della tua città, gli dei stessi aiutano i Greci», concluse. A quelle parole, il fumo tenebroso dell'ira si dissolse davanti ai miei occhi, e potei cosí scorgere gli dei all'opera per la distruzione di Troia: Nettuno schiantava le mura con il suo tridente, Giunone davanti alle porte Scee[27] incitava le schiere di Greci alla lotta, Minerva era piantata sulla rocca con lo scudo dal quale sfolgorava lo sguardo micidiale della Gorgone[28] a incenerire gli uomini. Giove stesso incitava i Greci a radere al suolo quanto ancora restava della sventurata città.

Giunsi alle soglie della casa paterna,
all'antica dimora, il padre, che per primo volevo

[25] *Vesta*: per i Greci Hestia; dea protettrice del focolare domestico e dello Stato. Nei templi a lei dedicati ardeva un fuoco eterno curato da sacerdotesse a lei consacrate, le vestali, che godevano di speciali privilegi, ma dovevano mantenere la loro verginità, pena la morte. Presso il suo focolare trovavano rifugio i perseguitati, i fuggitivi, i condannati.

[26] *Menelao*: sposo di Elena, aveva ereditato dal padre di lei, Tindaro, il regno di Sparta. In seguito al rapimento di Elena da parte di Paride, egli mosse guerra a Troia.

[27] *Scee*: cosí erano chiamate le porte di Troia, che si aprivano sulle sue poderose mura, costruite secondo la leggenda da Nettuno.

[28] *Gorgone*: si tratta di Medusa, la piú terribile delle Gorgoni, tre mostruose sorelle dalla testa irta di serpenti. Era in grado di pietrificare chiunque la guardasse.

portare in salvo sugli alti monti e per primo cercavo,
rifiuta di continuare la vita, distrutta Troia,
e di patire l'esilio. «Voi che avete il sangue
intatto dagli anni» dice «e salde le forze del proprio
vigore, voi pensate alla fuga.
Se i Celesti avessero voluto protrarmi la vita,
mi avrebbero salvato la casa. Già fu abbastanza e troppo
vedere una distruzione e sopravvivere alla caduta della città.
Partite salutandomi al pari d'un corpo sepolto.
[...]»
Noi invece, sciogliendoci in lagrime, e la sposa Creusa
e Ascanio e tutta la famiglia, esortavamo il padre
a non travolgere tutto con sé assecondando il fato che urgeva.
[...]
Allora mi cinsi di nuovo la spada e imbracciai
con la sinistra lo scudo e mi spingevo fuori della casa.
Ma ecco la sposa abbracciandomi i piedi sulla soglia
mi si avvinghiava e tendeva al padre il piccolo Iulo:
«Se vai a morire, prendi anche noi con te per tutte le sorti.
Se invece esperto riponi qualche speranza nelle armi,
difendi prima la casa. A chi lasci il piccolo Iulo,
e il padre, e la sposa un giorno detta tua?».
Gridando cosí riempiva tutta la casa di gemiti,
quando improvviso e mirabile a dirsi appare un prodigio.
Tra le mani e gli sguardi dei mesti genitori,
ecco dalla sommità del capo di Iulo appare
un tenue raggio effondere luce, ed innocua al contatto la fiamma
lambire la morbida chioma e ravvivarsi intorno alle tempie.
Atterriti trepidiamo di paura e scuotiamo i capelli
che bruciano e con acqua cerchiamo di estinguere il fuoco sacro.
Ma il padre Anchise sollevò lieto gli occhi
alle stelle e tese al cielo le mani e la voce:
«Giove onnipotente, se alcuna preghiera ti piega,
guardaci; ciò solamente, e se meritiamo la tua pietà,
dacci ancora un segno, o padre, e conferma gli auspicî».

[vv. 634-691]

Un tuono seguí a quelle parole: era certamente la conferma richiesta. Nello stesso tempo una stella cadente solcò il cielo, e scomparendo dietro il monte Ida[29] sembrò indicarci

[29] *monte Ida*: parte di una catena montuosa della Frigia, situata al confine con il territorio della Troade (da non confondersi con l'omonimo monte Ida, al centro di Creta, dove si diceva fosse nato Giove).

la via. A cosí evidenti segni augurali, mio padre, alfine piegato, si disse pronto a lasciare la città, riponendo ogni speranza di rinascita per il popolo troiano nel nipote Iulo. Fu lui stesso a prendere con sé le immagini dei Penati, che a me non era lecito toccare con mani ancora insanguinate.

Prendemmo dunque la via dell'esilio: io recando Anchise sulle spalle, il piccolo Iulo stretto al fianco, la sposa Creúsa a qualche passo dietro di noi. Il luogo d'incontro fissato per tutti gli altri profughi fu il tempio, ora abbandonato, sacro a Cerere, fuori città.

Procedevo timoroso, sussultando a ogni rumore, a ogni alito di vento. Ad un tratto, credendomi inseguito, accelerai il passo senza accorgermi che Creúsa non ci seguiva piú. Soltanto quando fummo giunti al luogo stabilito, dove s'erano già radunati altri superstiti, mi accorsi della sua scomparsa. Disperato, con la spada in pugno, seguendo a ritroso la strada percorsa la cercai dovunque fra le rovine, le fiamme, i cadaveri. Mi spinsi fino alla nostra casa, che disperato vidi già invasa dai Greci. Rasentai il palazzo regale e il tempio di Giunone, al cui interno una lunga fila di donne troiane prigioniere, alcune con i loro figli stretti al seno, attendevano la loro sorte di schiavitú. Accumulato in mezzo al tempio scorsi tutto ciò che di prezioso i Greci avevano razziato nelle case, negli altri templi, nei forzieri della reggia. Fenice[30] e Ulisse, come belve ringhiose, facevano la guardia ai prigionieri e a quei tesori.

Malgrado la vicinanza di tanti nemici, tenendomi stretto alle mura e celandomi in ogni anfratto, presi a invocare a gran voce il nome di Creúsa.

Mentre deliravo cosí e smaniavo senza tregua tra le case
della città, mi apparve davanti agli occhi l'infelice simulacro
e l'ombra di Creúsa, immagine maggiore di lei.
Raggelai, e si drizzarono i capelli e la voce s'arrestò nella gola.
Allora parlò cosí confortando i miei affanni:
«Perché abbandonarsi tanto ad un folle dolore,
o dolce sposo? Ciò accade per volere divino;
non puoi portare via con te Creúsa,
no, non lo permette il sovrano del superno Olimpo.

30 *Fenice*: precettore di Achille, nell'*Iliade* è rappresentato come un vecchio saggio; quindi è improbabile, o quantomeno strano, che si tratti della stessa persona.

Lunghi esilii per te, e da solcare la vasta
distesa marina; in terra d'Esperia verrai,
dove tra campi ricchi d'uomini fluisce con placida
corrente l'etrusco Tevere; là ti attendono lieti
eventi, e un regno e una sposa regale. Raffrena
le lagrime per la diletta Creúsa: non vedrò le superbe
case dei Mirmidoni o dei Dolopi[31], non andrò a servire donne
greche, io, dardana, e nuora della dea Venere;
la grande Madre degli dei mi trattiene in queste terre.
E ora addio, serba l'amore di nostro figlio».
Com'ebbe parlato cosí, mi lasciò in lagrime,
desideroso di dirle molto, e svaní nell'aria lieve.
Tre volte tentai di cingerle il collo con le braccia:
tre volte inutilmente avvinta l'immagine dileguò
tra le mani, pari ai venti leggeri, simile a un alato sogno.

[vv. 771-794]

Solo in parte placato da quelle parole, anzi sarebbe piú giusto dire rassegnato, tornai al luogo d'incontro con quanti, disperati, sconvolti, e disorientati dagli eventi di quella notte tremenda e dalla perdita di tanti loro cari, avessero voluto fuggire, guidati da me, verso una nuova patria, destinata, ma ancora ignota».

[31] *Mirmidoni... Dolopi*: popoli della Tessaglia, assai ostili ai Troiani.

Libro III.

«Mi feci dunque animo e presi il comando di quanti, scampati alla strage, ora si affidavano a me con tanta fiducia da farmi sentire il peso di una cosí grande responsabilità. Ci mettemmo in cammino e raggiungemmo le pendici del monte Ida, dove ci accampammo e prendemmo subito ad abbattere robusti tronchi per approntare una piccola flotta sulla quale affrontare le vicissitudini che ora ci attendevano in mare. Riuscimmo cosí ad allestire venti navi, e prendemmo il largo lasciando per sempre la terra frigia con le lagrime agli occhi al momento di veder scomparire all'orizzonte i porti, le rive, i campi ove era sorta Troia, con l'amara consapevolezza di essere null'altro che esuli in balia d'una sorte misteriosa, accettata soltanto in obbedienza alle decisioni del Fato.

Nostro primo approdo fu la terra tracia[1], sacra a Marte, abitata da un popolo bellicoso, ma credevamo, a noi legato da antichi vincoli di ospitalità. Illudendomi che quella potesse essere la mèta vaticinata dal destino diedi inizio alla fondazione d'una nuova città.

Mentre mi apprestavo a celebrare sacrifici in onore degli dei perché ci fossero propizi, mi avvicinai a un tumulo dal quale sporgevano virgulti di corniolo e di mirto. Ne recisi alcuni per adornarne gli altari, ma con orrore vidi stillare da essi gocce di nero sangue. Pur se còlto da sacro terrore, mi ostinai a ripetere il gesto, ma quando vidi di nuovo sangue colare dai virgulti recisi, sconvolto, supplicai le ninfe agresti, e invocai Marte, protettore di quelle terre, affinché quel misterioso prodigio non si rivelasse infausto.

1 *terra tracia*: regione a nord della Grecia.

...s'ode anche un lacrimoso gemito
dalla base del cumulo, e una voce uscendone raggiunge gli
[orecchi:
«Perché laceri uno sventurato, o Enea? Risparmia un cadavere;
risparmia di profanare le pie mani. Troia mi ha generato
non estraneo a te, e il sangue che vedi non sgorga dal legno.
Oh fuggi terre crudeli, fuggi un avido lido.
Sono Polidoro[2]. Qui mi trafisse e mi coprí
una ferrea messe di dardi e crebbe di acute aste».
Allora, oppresso la mente dubbiosa dall'orrore,
stupii, mi si drizzarono i capelli, e la voce si arrestò nella gola.
Lui, Polidoro, un giorno, con grande quantità d'oro,
l'infelice Priamo aveva affidato in segreto
da allevare al re tracio[3], quando ormai disperava
delle armi dei Dardani, e vedeva la città assediata.
Quello, appena furono infrante le forze dei Teucri e la fortuna
si ritrasse, seguendo le sorti di Agamennone e le armi [vincitrici,
offende ogni legge; uccide Polidoro, e s'appropria
con violenza dell'oro. A cosa non spingi i cuori mortali,
o esecrabile fame dell'oro? Dopo che il terrore lasciò
le mie ossa, agli scelti capi del popolo e per primo al padre
riferisco i prodigi degli dei, e chiedo il parere.
Tutti hanno il medesimo proponimento, allontanarsi dalla
[terra scellerata,
lasciare il rifugio contaminato, e affidare le navi ai venti.
Dunque prepariamo le esequie a Polidoro: si ammucchia
una massa di terra per il tumulo; si ergono ai Mani[4]
are meste di livide bende e di nero cipresso,
e intorno le donne di Ilio, sciolte secondo l'uso
le chiome; offriamo tazze schiumanti di tiepido latte
e coppe di sacro sangue[5], e chiudiamo l'anima
nel sepolcro, e gridiamo a gran voce l'estremo saluto.

[vv. 39-68]

[2] *Polidoro*: il minore dei figli di Priamo. Mandato dal padre in Tracia presso il re Polimestore, subito dopo la caduta di Troia era stato barbaramente ucciso e lasciato insepolto dal re tracio stesso. Omero, invece, lo fa morire sotto le mura di Troia per mano di Achille (*Iliade*, xx). Virgilio ha seguito la tradizione dei tragici greci, soprattutto di Euripide (*Ecuba*).

[3] *re tracio*: Polimestore, vedi sopra (nota 2).

[4] *Mani*: anime dei morti, intese in senso collettivo o individuale. Erano onorati con atti di culto domestico (offerta di vivande e fiori) oppure in occasione di feste ufficiali, durante le quali si chiudevano i templi, non si celebravano i matrimoni e si sospendevano gli affari.

[5] *are meste... sacro sangue*: gli altari allestiti accanto al tumulo erano coperti da drappeggi scuri, e le coppe erano piene di sangue delle vittime immolate. Il rituale funebre descritto da Virgilio (con anacronismo) è quello tipico romano.

Abbandonata la Tracia, secondo approdo fu l'isola di Delo[6], dove sorge un tempio dedicato ad Apollo. Narra la leggenda che l'isola, un tempo galleggiante, aveva accolto Latona quando la dea, perseguitata dalla gelosia di Giunone, era fuggita in cerca di un luogo segreto per dare alla luce Apollo e Diana concepiti da un amplesso con Giove. In seguito Apollo, per gratitudine alla terra che lo aveva accolto fanciullo, l'aveva resa stabile ancorandola al fondo del mare.

Anio[7], sacerdote e re dell'isola, legato da antica amicizia ad Anchise, ci accolse fraternamente. Guidati da lui, entrammo nel tempio per chiedere agli dei l'assenso al nostro stanziamento in quel luogo. E interrogammo l'oracolo per avere nuove indicazioni sulla nostra meta finale.

A quella richiesta, le porte del tempio, l'alloro sacro al dio, e l'intero edificio furono scossi da un tremito seguíto da un rombo assordante. Prostrati a terra potemmo ora ascoltare la voce del dio risuonare dal tripode di bronzo[8] ed esortarci a cercare la vera ma ancora remota patria dei nostri avi. Dalla voce della sacerdotessa invasata dal dio ascoltammo di nuovo la predizione d'un futuro glorioso per la nostra stirpe «destinata a dominare il mondo». Rallegràti e insieme turbati, continuammo a chiederci quale fosse la terra verso la quale orientare le vele. Il padre Anchise, volgendo il pensiero alle vicende dei nostri progenitori, ma ancora una volta inducendoci involontariamente in errore, sentenziò che nostra «antica madre» era Creta giacché, secondo una leggenda, Teucro, capostipite della gente troiana, proveniva da quell'isola[9].

6 *Delo*: isola del mar Egeo, sede di uno dei piú antichi e famosi templi della Grecia, dedicato ad Apollo, che dava i suoi oracoli attraverso la voce di una sacerdotessa. In età classica l'oracolo di Delo divenne meno importante, sostituito da quello di Delfi (città greca della Focide).

7 *Anio*: figlio di Apollo, sacerdote di Delo, aveva in altri tempi ospitato Anchise, il quale lo aveva consultato prima dello scoppio della guerra di Troia.

8 *tripode di bronzo*: largo vaso di bronzo posto su un trepiede, sul quale sedeva la sacerdotessa interprete della volontà di Apollo. Il tripode era anche un sedile a tre piedi.

9 *secondo una leggenda... quell'isola*: Teucro era nato a Creta dal padre Scamandro. Padre e figlio si trasferirono in Frigia, sulle coste intorno al capo Reteo, territorio chiamato poi Troade; Scamandro cadde nel fiume Xanto che da lui prese il nome anche di Scamandro, e Teucro divenne re della regione. La figlia di Teucro (secondo la tradizione seguita da Virgilio) sposò poi Dardano che era giunto in Frigia dall'Italia. Da uno dei discendenti di Dardano e della figlia di Teucro fu fondata la città di Troia.

Inoltre da Creta era giunto fra noi il culto della dea Cibèle[10], la Grande Madre degli dei.

E alla volta di Creta salpammo pieni di rinnovata speranza. Con veloce e felice navigazione costeggiammo le numerose isole dell'Egeo, e confortati dalla limpidezza del cielo e dal vento favorevole, approdammo all'isola sicuri di potervi stabilire la nostra sede definitiva, ponendo cosí fine a ogni travaglio.

Di nuovo, come in Tracia, tratte in secco le navi, insieme a tutti i compagni cominciai a edificare una piccola città, deciso a chiamarla Pergamo, come l'antica rocca di Troia.

Trascorsero mesi sereni. La nostra vita si organizzava, seppure lentamente, si celebravano matrimoni, si costruivano case, si coltivavano campi, si stabilivano leggi. Ma anche qui un terribile evento ci convinse di aver errato ancora una volta nell'identificare in quell'isola la nostra meta: sorse e rapidamente si diffuse una implacabile pestilenza, uomini e animali morivano ovunque, l'ardore d'un sole inclemente bruciava i campi e distruggeva le messi.

Anchise, riconoscendo il proprio errore, ritenne che si dovesse tornare a Delo per consultare di nuovo il dio. Ma la notte che precedeva la partenza mi apparvero in sogno i Penati, i quali finalmente mi rivelarono quale fosse la meta ultima del nostro peregrinare:

«...V'è un luogo, i Greci lo chiamano con il nome di Esperia,
antica terra, potente d'armi e di feconde zolle;
la abitarono uomini enotrii[11]; ora si dice che i figli
abbiano chiamato Italia la gente dal nome di un capo[12]:
queste le nostre sedi; di qui Dardano sorse,
e Iasio[13] padre: da questo progenitore la nostra stirpe.
Alzati, avanti, e lieto riferisci al padre

10 *Cibèle*: il culto della dea Cibèle, originario della Frigia e diffuso anche a Creta, fu introdotto a Roma agli inizi del secolo III a.C. La dea identificata con Rea, moglie di Saturno e madre di Giove, era detta la Grande Madre degli dei. La venerazione della dea si accompagnava a riti di tipo orgiastico. Celebre era il santuario sul monte Ida nella Troade (per questo fu detta anche Madre Idea).

11 *enotrii*: abitanti dell'Enotria, regione costiera dell'Italia meridionale. Il nome Enotria fu spesso usato per indicare la penisola italica.

12 *Italia... capo*: da Italo, mitico re degli Enotri.

13 *Iasio*: fratello di Dardano, il quale era figlio di Giove ed Elettra: è incerto se anche il padre di Iasio fosse Giove o Corito, sposo di Elettra. Qui «padre» è inteso nel senso di «antenato».

vegliardo queste parole indubitabili: ricerchi Corito[14]
e le terre ausonie[15]. Giove ti nega i campi dittei[16]».
Attonito a tale visione e alla voce degli dei
– quello non era sonno, mi sembrava di riconoscere davvero
aspetti e velate chiome e volti presenti[17];
sgorgava gelido sudore da tutto il corpo –,
strappo il corpo dal giaciglio e tendo supine
al cielo con la voce le mani, e intemerate offerte
libo ai bracieri. Compiuto lieto il sacrificio,
informo Anchise, e chiarisco per ordine l'evento.
Egli riconosce la duplice prole e i due genitori[18],
e sé di nuovo ingannato da un errore di antichi luoghi.
Allora ricorda: «O figlio, provato dagli iliaci fati,
sola mi profetava queste vicende Cassandra.
Ora la rammento prevedere tali destini alla nostra
stirpe, e spesso invocare l'Esperia e i regni italici.
Ma chi pensava che i Teucri verrebbero alle spiagge
d'Esperia? o chi allora credeva alle profezie di Cassandra?
Cediamo a Febo[19], e ammoniti seguiamo migliori segni».
Disse cosí; e tutti obbediamo alle parole, esultanti.
Abbandoniamo ancora una sede, e, lasciati pochi, apriamo
le vele, e nel cavo legno corriamo il vasto mare.

[vv. 163-191]

La navigazione procedette dapprima senza difficoltà. Ma ad un tratto presero a soffiare venti impetuosi, le acque ne furono sconvolte, grandi nuvole nere oscurarono il giorno, fulmini squarciarono il cielo. Palinuro, esperto timoniere della mia nave, non riusciva a tenere la rotta. Per tre giorni navigammo avvolti da una fitta nebbia senza riuscire a intra-

14 *Corito*: l'odierna Cortona, città natale di Dardano, cosí chiamata dal nome dello sposo di Elettra.

15 *terre ausonie*: cioè le spiagge italiche. L'Italia era anche chiamata Ausonia, dagli Ausoni, popolazione dell'Italia centrale.

16 *dittei*: cioè cretesi, dal nome della ninfa Dicte che, per sfuggire alle insidie amorose di Minosse, re di Creta, si gettò in mare da un monte che da lei prese il nome di monte Ditte.

17 *Attonito... presenti*: Enea non ha sognato, ma ha avuto un'apparizione. A parlargli infatti sono gli stessi Penati di Troia, i cui simulacri erano stati salvati dalle fiamme.

18 *Egli riconosce... genitori*: due infatti sono i progenitori della stirpe troiana: Teucro, che proveniva da Creta (da qui l'errore di Anchise) e Dardano che proveniva dall'Italia, «l'antica madre» come ha detto l'oracolo, la terra promessa dal Fato.

19 *Febo*: epiteto di Apollo, «lo splendente». Il dio fu spesso identificato con la divinità solare. La parola è anche sinonimo di sole.

vedere neppure la luce d'una stella. Solo il quarto giorno ci apparve in lontananza una terra dal profilo montuoso: ne salivano al cielo volute di fumo, segnali di vita. Ammainate le vele, i marinai si misero ai banchi dei remi, e con possente voga presero a fendere l'acqua tornata calma e azzurra. Presto raggiungemmo la riva: eravamo approdati alle isole Stròfadi, regno delle Arpie[20], mostri alati dal viso di donna e corpo d'uccelli rapaci. Sul lido pascolavano buoi e capre incustodite. Abbattuti alcuni capi di bestiame, ci disponemmo a sfamarci con le loro carni arrostite. Ma subito udimmo un furioso battere d'ali e rauche strida. Erano le Arpie, che rese furiose dalla nostra occupazione del loro regno e dalla razzia del loro armento, piombarono su di noi afferrando con gli artigli i cibi già sulle mense e insozzando con i loro escrementi quelli che non erano riuscite a sottrarre alla nostra fame. Ci rifugiammo allora in un luogo difeso all'intorno da fitti alberi, e di nuovo accendemmo il fuoco e apparecchiammo le mense. Ma le Arpie, facendosi strada con violenti colpi d'ala fra la cortina di fronde, tornarono all'assalto. Snudammo allora le spade per affrontarle, ma nulla potemmo contro di loro: le loro penne dure come l'acciaio, le rendevano invulnerabili. Infine Celeno, una di quelle mostruose creature, prima di rialzarsi in volo pronunziò una sinistra profezia: «Giungerete nell'Italia, o Troiani, perché cosí vogliono gli dei, ma prima dovrete patire tremende sofferenze, e costretti dalla fame dovrete divorare perfino le mense». Costernati e sgomenti, deposte le armi, prendemmo allora a implorarle affinché ci concedessero il loro perdono.

Riprendemmo il mare. Al largo scorgemmo le isole di Zacinto, Dulichio, Same, Nerito[21], e gli scogli di Itaca, ma badammo bene a tenerci lontani dal regno del feroce Ulisse. Compiuta una breve sosta ad Azio[22], ci rimettemmo in viaggio. Il sole aveva intanto percorso il grande cerchio dell'anno, e ormai una gelida tramontana sconvolgeva i flutti. Ci

20 *Stròfadi... Arpie*: nelle Stròfadi, isolette del Mar Ionio, fra la costa del Peloponneso e l'isola di Zacinto, abitavano – secondo il mito – le Arpie, ossia gli esseri mostruosi descritti qui di seguito.

21 *Zacinto... Nerito*: isole del mar Ionio.

22 *Azio*: promontorio dell'Epiro, regione nord-occidentale della penisola greca che si affaccia sul mar Ionio (odierna Albania). Enea ne costeggia le coste e tocca i porti di Azio e Butroto. Nelle acque antistanti il porto di Azio, nel 31 a.C., Ottaviano sconfisse in uno scontro navale Antonio e Cleopatra.

affrettammo perciò a raggiungere le spiagge dell'Epiro, facendo scalo nel porto d'una città chiamata Butroto.

Qui un'incredibile fama di eventi colpisce gli orecchi:
il priamide Eleno[23] regna su città greche,
entrato in possesso della sposa e dello scettro dell'eacide[24] [Pirro,
Andromaca di nuovo passata a un marito conterraneo.
Rimasi stupito; il petto acceso da amore
mirabile, parlare all'uomo, conoscere i grandi eventi.
Avanzo dal porto, lasciando le navi e la riva,
mentre per caso nel bosco, dinanzi alla città, presso l'onda
d'un falso Simoenta, Andromaca libava rituali vivande
e mesti doni al cenere e invocava i Mani
sul tumulo d'Ettore, che aveva consacrato vuoto
con verde zolla, e due are, causa di lagrime.
Come mi vide sopraggiungere e scorse d'attorno
armi troiane, smarrita, sconvolta dal grande prodigio,
impietrí nel guardare, il calore le lasciò le ossa;
vacilla, e a stento, trascorso gran tempo, parla:
«Reale è il tuo aspetto, reale messaggero mi giungi,
o figlio della dea? E vivi? oppure, se la luce vitale
disparve, Ettore dov'è?[25]» disse, e versò lagrime
e riempí l'intero luogo di grida. Rispondo appena
rare parole a quella furiosa e turbato schiudo le labbra:
«Sí, vivo, e trascino la vita per tutti gli estremi
pericoli; non dubitare, vedi cose reali.
Ahimè, che sorte ti accolse strappata ad un grande
sposo? o quale abbastanza degna fortuna ritorna?
Andromaca d'Ettore, serbi le nozze di Pirro?».
Reclinò il volto e parlò con voce sommessa:
«O unica felice tra tutte la vergine priamea[26],
fatta morire sul tumulo del nemico, ai piedi

23 *Eleno*: figlio di Priamo e di Ecuba, dotato di virtú profetiche. Dopo la distruzione di Troia, fu fatto prigioniero dai Greci e divenne schiavo di Pirro (figlio di Achille) che aveva fondato un regno in Epiro e aveva sposato Andromaca (moglie di Ettore). Dopo la morte di Pirro Eleno sposò Andromaca e successe a Pirro nel regno.

24 *eacide*: Pirro, figlio di Achille, detto anch'egli, come il padre, eacide perché nipote di Eaco.

25 *Reale... dov'è?*: Andromaca crede che Enea e i Troiani, apparsi all'improvviso, siano ombre evocate dalle sue preghiere e dai suoi sacrifici; dunque ella pensa subito a Ettore e domanda dove egli sia.

26 *vergine priamea*: si allude alla figlia di Priamo, Polissena, della quale s'innamorò Achille che la chiese in sposa. Mentre si celebravano le nozze, Paride con una freccia uccise l'eroe greco. Dopo la caduta di Troia, Pirro immolò la fanciulla sulla tomba del padre Achille.

delle alte mura di Troia, che non sopportò sorteggio,
né prigioniera toccò il giaciglio d'un padrone vincitore!
Noi, incendiata la patria, portate per mari lontani,
forzate alla schiavitú, sopportammo l'insolenza del figlio
di Achille, giovane superbo: il quale in seguito,
mirando a Ermione[27] ledea e alle nozze spartane,
trasmise in possesso me serva al servo Eleno.
[...]
Alla morte di Neottolemo, una debita parte del regno
passò a Eleno, che dal nome troiano di Caone[28]
chiamò i campi caonii e tutta la terra Caonia,
ed eresse sulle cime Pergamo e questa rocca iliaca.
Ma a te che venti, che fati assegnarono il corso?...»

[vv. 294-337]

Andromaca, ancora in lagrime, aveva appena finito di parlare, quando sopraggiunse Eleno. Anch'egli non riuscí a celare la commozione, e con parole miste al pianto ci guidò alla reggia. Percorrendo le strade di Butroto, ove Eleno regnava con saggezza e nel rispetto delle tradizioni troiane, avemmo tutti l'illusione di essere tornati in patria: tutto era stato costruito sul modello della perduta Troia; anche i nomi rievocavano la nostra antica città: Pergamo, la rocca, Scamandro, il fiume, Scee le porte. Con il rispetto dovuto a ospiti d'eccezione, Eleno ordinò che fossero imbandite ricche mense, il vino fosse versato in coppe finemente lavorate, i cibi disposti su vassoi d'oro. Malgrado la serenità del luogo e l'affabilità dell'accoglienza, il mio animo era ancora turbato dalla profezia di Celeno. La voce stridula dell'Arpia nella oscura predizione di nuovi dolori e persino di stenti che ci avrebbero costretto a divorare le mense, risuonava ancora alle mie orecchie. Mi rivolsi perciò a Eleno, esperto nell'arte profetica, chiedendogli di decifrare il nostro futuro. Con l'animo disposto ad altre luttuose rivelazioni, gli chiesi quali terre avremmo dovuto evitare e quali ostacoli avremmo incontrato prima che la nostra missione potesse considerarsi compiuta.

Dal vaticinio di Eleno mi aspettavo incoraggiamento e se-

27 *Ermione*: figlia di Menelao re di Sparta e di Elena, a sua volta figlia di Leda e Giove. In quanto nipote di Leda, è detta ledea.

28 *Caone*: fratello di Eleno; perí in un naufragio o, secondo un'altra versione del mito, si sacrificò per scongiurare una pestilenza, o ancora fu ucciso involontariamente da Eleno. Da lui la regione dell'Epiro fu detta Caonia.

renità. Le sue parole mi colmarono invece di angoscia: egli infatti confermò il nostro approdo in Italia, ma il viaggio sarebbe stato ancora lungo e costellato di vicende e situazioni rischiose. L'arrivo stesso nella terra tanto desiderata sarebbe stato funestato da gravi difficoltà, e persino da un'altra guerra. Eleno aggiunse che il termine delle nostre peregrinazioni, ma non dei pericoli, ci sarebbe stato segnalato da una visione: nel Lazio, giunti alla foce d'un fiume, avremmo scorto adagiata sulla riva una scrofa bianca intenta ad allattare i suoi trenta piccoli nati. Anche la rotta da seguire ci fu indicata: «Evitate la costa orientale dell'Italia» ci disse Eleno, «abitata da Greci ostili, e dirigetevi verso la Sicilia, evitando il passaggio fra Scilla e Cariddi – orridi mostri che distruggono le navi e dilaniano i marinai –, circumnavigando la grande isola e risalendo lungo le coste tirrene fino a Cuma[29]. Presso il lago Averno[30], là dove tra fitti boschi si cela l'ingresso ai tristi regni dell'oltretomba, dal fondo di una spelonca la Sibilla[31] vi darà oscuri responsi che occorrerà interpretare. Ma avrete da lei ragguagli sui popoli d'Italia e sulla guerra che vi attende». Infine una sua fervida esortazione: «Al fine di propiziarvi la dea Giunone, finora a voi ostile, non stancatevi di offrirle frequenti sacrifici rituali».

Dopo che ebbe detto ciò con labbra amiche,
il veggente comanda che si portino alle navi doni
pesanti d'oro e d'avorio intagliato, e stipa le chiglie
d'una grande quantità d'argento e di bacini dodonei[32],
e una lorica[33] intrecciata tre volte di maglie d'oro
e il cono d'un elmo eccellente e le creste chiomate,
armi di Neottolemo. Vi sono anche doni appropriati
al padre. Aggiunge cavalli, aggiunge guidatori.

29 *Cuma*: colonia greca della Campania presso il lago Averno dove si credeva fosse l'antro della Sibilla Cumana (vedi anche qui sotto, nota 31) e l'ingresso al regno degli Inferi.

30 *Averno*: lago di origine vulcanica situato in Campania, presso Cuma; le sue acque mandavano odori pestilenziali tanto che nei paraggi non vi erano uccelli (Averno: "senza uccelli"). Si riteneva che nelle vicinanze vi fosse l'ingresso del regno infernale; la parola Averno fu anche usata per indicare il regno infernale stesso.

31 *Sibilla*: con questo termine i Greci indicavano genericamente alcune donne che avevano il dono della profezia quando erano invasate dal dio Apollo. La piú celebre delle sibille fu quella di Cuma. Il suo nome era Deifobe, figlia di Glauco, ma era nota col nome di Sibilla Cumana.

32 *bacini dodonei*: vasi di Dodona, città dell'Epiro.

33 *lorica*: corazza di bronzo per proteggere il petto.

Completa il remeggio, e fornisce i compagni di attrezzi.
[...]
Anche Andromaca, mesta per l'estremo commiato,
reca vesti istoriate di ricami d'oro
e una clamide frigia[34] ad Ascanio, non inferiore nei doni,
e lo colma di tessili offerte e dice cosí:
«Ricevi anche queste, o ragazzo, che ti siano ricordo
delle mie mani, e attestino il lungo amore di Andromaca,
sposa di Ettore. Prendi gli estremi doni dei tuoi,
o unica superstite a me immagine del mio Astianatte.
Cosí aveva il volto, cosí gli occhi e le mani;
e ora crescerebbe con te, uguale d'anni».
Ad essi, partendo, parlavo con dirotte lagrime:
«Vivete felici, o voi dei quali la sorte
già s'è compiuta; noi veniamo chiamati
da un fato all'altro. Avete trovato pace; nessuna distesa
da solcare, o campi d'Ausonia che arretrano sempre
da cercare. Vedete l'immagine dello Xanto e Troia,
fatti dalle vostre mani, spero con migliori
auspicî, e che siano meno accessibili ai Greci.
Se mai entrerò nel Tevere e nei campi vicini al Tevere,
e vedrò le mura assegnate alla mia gente,
le città sorelle un giorno e i popoli vicini d'Epiro
e d'Esperia, che entrambi Dardano accrebbe
e conobbero le stesse sventure, li renderemo un'unica terra...»

[vv. 463-505]

Riprendemmo il viaggio e costeggiando il litorale ci dirigemmo verso settentrione per raggiungere un punto della costa ove il tratto di mare fra l'Epiro e l'Italia è piú stretto. Dopo una giornata di navigazione prendemmo terra; il sole volgeva al tramonto, fitte ombre avvolgevano i monti le cui propaggini si estendevano fino al litorale. Il sonno fluí sui nostri corpi stanchi. Ma a notte alta Palinuro si destò, e osservando il cielo per rilevare la posizione delle stelle e la direzione dei venti, si convinse che era quello un momento propizio per riprendere il viaggio. Con uno squillo di tromba diede il segnale della partenza. Levammo il campo e affidammo le vele ai venti. Al sorgere del sole scorgemmo in lontananza una terra collinosa ancora velata dalla foschia del

34 *clamide frigia*: la clamide è un mantello corto, assicurato con fibule sulla spalla destra. I Frigi usavano ornarlo di ricami.

mattino. L'avvistò per primo Acate. Un grido: «È l'Italia!!»; da tutte le navi si levò allora un clamore di gioia e un saluto: «Italia, Italia».

Il padre Anchise adornò con una corona d'alloro un grande cratere d'argento, lo colmò di vino puro, e invocò gli dei affinché concedessero ancora venti favorevoli. Come per incanto si levò una forte brezza e le vele si volsero a riva.

Ci accolse un porto riparato ai lati da scogli che si protendevano fino al mare, mentre nell'entroterra si estendeva una vasta pianura erbosa ove quattro cavalli bianchi pascolavano in libertà. «I cavalli portano guerra, ma anche pace», esclamò Anchise. Secondo il consiglio di Eleno celebrammo sacrifici in onore di Minerva e di Giunone e riprendemmo il viaggio costeggiando la parte estrema d'Italia. Oltrepassato il golfo di Taranto giungemmo in uno stretto sconvolto dal ribollire delle acque: era il terribile regno di Scilla e Cariddi, ove le onde con immenso fragore s'innalzano fino al cielo per poi ricadere nell'abisso. Tenendoci lontani da quel luogo maledetto, solo a stento riuscimmo a tenere la rotta. A sera, ignari dei luoghi, approdammo nella terra dei Ciclopi[35]. Il porto era vasto e tranquillo, ma vi si udiva il rombo assordante dell'Etna[36] che scagliava al cielo fiamme, fuoco, massi incandescenti e una nera nube di fumo che oscurava la luna e le stelle. Ci inoltrammo in un bosco e vegliammo trepidanti alla visione di quel vulcano che riusciva a ottenebrare il cielo.

E già il domani sorgeva dal primo oriente,
e l'Aurora[37] aveva allontanato dal cielo l'umida ombra:
quando dal bosco all'improvviso avanza, sfinita da un'estrema
magrezza, la figura d'un uomo sconosciuto, di miserabile
aspetto, e supplice tende le mani alla riva.
Ci volgiamo a guardarlo. Un'orribile sporcizia, la lunga

[35] *Ciclopi*: secondo il mito erano giganti con un solo occhio posto in mezzo alla fronte (questo è anche il significato del termine Ciclope, «occhio tondo»). Omero li descrive come giganti antropofagi, dediti alla pastorizia. Piú tardi furono considerati fabbri di Vulcano nella sua officina all'interno del vulcano Etna.

[36] *Etna*: vulcano della Sicilia. Secondo il mito, Encelado, uno dei Giganti che aveva osato dare la scalata all'Olimpo, fu colpito dal fulmine di Giove e, ancora vivo, rinchiuso sotto l'Etna, le cui eruzioni e scosse telluriche si credeva fossero originate dall'agitarsi del gigante per uscire e dalle fiamme che ancora spiravano dalle ferite infertegli dal fulmine di Giove.

[37] *Aurora*: per i Greci Heos; l'aurora era personificata in una divinità. Al mattino, prima del Sole, arrecava luce agli uomini alla guida del suo carro col quale attraversava il cielo.

barba, un vestito connesso da spini; ma per il resto
un greco, un tempo venuto a Troia con le armi patrie.
Egli, appena scorse da lontano aspetti dardanii
e armi troiane, esitò un poco atterrito
alla vista, e trattenne il passo; poi con pianto e preghiere
corse a precipizio sulla riva: «Per le stelle, vi prego,
per gli dei superni, per il nume vitale del cielo,
prendetemi, o Teucri, portatemi in qualunque terra;
ciò basterà. So di essere uno della flotta
dei Danai, confesso di avere assalito i Penati[38] di Ilio.
Per questo, se cosí grave è l'offesa del nostro delitto,
spargetemi a brani nei flutti, annegatemi nel vasto mare.
Se perisco, mi consolerà perire per mano d'uomini».
Disse, e strisciando in ginocchio s'avvinghiava abbracciandoci
[le ginocchia.
Lo esortiamo a dire chi sia, da che sangue sia nato,
e a rivelare quale mai sorte lo incalzi.
Lo stesso padre Anchise porge la mano al giovane
senza alcuna esitazione, e lo rincuora con pegno immediato.
Quello, deposto il timore, dice cosí:
«Sono nato ad Itaca, compagno dell'infelice Ulisse,
di nome Achemenide[39], partito per Troia a causa
della povertà del padre Adamasto – e fosse durata la sorte! –.
I compagni, abbandonando atterriti le crudeli soglie,
immemori mi lasciarono qui nel vasto antro del Ciclope.
[...]
Ma fuggite, sventurati, fuggite, e strappate la fune dalla riva.
Infatti qual è Polifemo che enorme nel vasto
antro chiude le pecore lanose e ne munge gli uberi[40],
altri cento orribili Ciclopi abitano sparsi
per queste curve coste ed errano sugli alti monti.
Già per la terza volta la falce della luna si colma[41]
di luce, da quando trascino la vita nelle selve e nelle tane
e nei covi abbandonati delle belve, e scruto dalla rupe
i vasti Ciclopi, e tremo al suono dei passi e alla voce.
I rami dànno uno sterile vitto, bacche e pietrose
corniole, e le erbe nutrono con le radici divelte.
Tutto esplorando, vidi per prima questa flotta
venire a riva. A lei mi votai, qualunque fosse:

38 *Penati*: qui nel senso di case.

39 *Achemenide*: il personaggio è sconosciuto, probabilmente è invenzione di Virgilio. È comunque un greco di Itaca dimenticato sull'isola dei Ciclopi da Ulisse, in fuga dopo l'accecamento di Polifemo, per il quale vedi nota 42, p. 47.

40 *uberi*: mammelle.

41 *terza volta... colma*: cioè sono trascorsi tre mesi.

mi basta essere riuscito a sfuggire a una razza nefanda.
Voi piuttosto estinguete quest'anima con qualsiasi morte».

[vv. 588-654]

Aveva appena finito di parlare, quando, quasi evocata dalle sue parole, vedemmo la gigantesca figura di Polifemo[42] dirigersi verso la spiaggia sospingendo un gregge di pecore, suo unico conforto da quando Ulisse, con un palo aguzzo, gli aveva accecato l'unico occhio che si apriva sulla sua fronte. Atterriti dalla vista di quel mostro deforme e smisurato che avanzava appoggiandosi a un tronco d'albero digrignando i denti, ci affrettammo di nuovo sulle navi portando con noi Achemenide, una volta nostro nemico, ora soltanto compagno di viaggio bisognoso della nostra pietà. Remando con energica lena ci allontanammo dalla riva mentre Polifemo, brancolando, entrava fra le onde finché l'acqua gli giunse fino al collo, tentando di afferrarci con la sua mano enorme; quando sentí che gli eravamo ormai sfuggiti, lanciò un urlo rauco cosí possente da far tremare il mare e la terra. A quel grido accorsero gli altri Ciclopi, che ora in gran numero popolavano la spiaggia, fortunatamente senza alcuna possibilità di raggiungerci. Tuttavia volgevano verso di noi il loro occhio minaccioso, confabulando fra loro con ira e scuotendo le enormi teste dalle chiome fluenti e scomposte. A noi che li osservavamo da lontano apparivano simili a querce o ad alti cipressi la cui chioma fosse scossa dal vento.

Volgemmo ora la rotta verso la parte inferiore dell'isola, oltrepassammo Ortigia[43], doppiammo il capo Pachino con le sue alte rupi, e piegando sulla costa orientale oltrepassammo Gela, cosí detta dal fiume che la bagna, poi Agrigento dalle maestose mura, Selinunte ricca di palme. Superato il capo Lilibeo[44], approdammo a Drepano[45]. Qui, a rendere piú profonda la mia tristezza, il vecchio padre Anchise, conforto

42 *Polifemo*: il piú noto dei Ciclopi. Figlio di Nettuno e della ninfa Toosa, dimorava in un isolotto roccioso della Sicilia insieme ad altri Ciclopi. Ulisse durante il viaggio di ritorno in Grecia dopo la distruzione di Troia, sbarcato sull'isola, riuscí a sfuggire alla ferocia del gigante accecando con una trave infuocata il suo occhio (*Odissea*, IX).

43 *Ortigia*: isoletta posta di fronte al promontorio Plemirio, nel golfo di Siracusa (Ortigia era anche l'antico nome dell'isola di Delo).

44 *Lilibeo*: oggi capo Boeo, presso Marsala.

45 *Drepano*: odierna Trapani.

in ogni difficile momento della mia vita, mi abbandonò rapito dalla morte, proprio nel momento in cui le sorti sembravano volgere al meglio».

Enea ora tace: il lungo racconto delle sue peregrinazioni si conclude con tale luttuoso evento, piú doloroso di tutte le avversità profetizzate da Eleno e dall'Arpia Celeno.

Libro IV.

Nel silenzio di quell'uditorio che ha seguíto il racconto con vibrante attenzione, aleggia ora un'ammirazione pacata e serena, soprattutto perché la conclusione di tutti quei drammatici eventi appare felice: Enea e i Troiani sono in salvo, quasi fraterni ospiti. Un solo animo arde, e ardendo soffre, quello di Didone, affascinata dal valore e dalle sofferenze dell'eroe straniero. Ciò esalta e insieme tormenta la regina: essere stata colpita dal fulmine dell'amore che già la pervade di gioiosa speranza, ma desta in lei dolorosi sentimenti di colpa.

La notte il suo sonno è pieno di incubi. Si desta all'alba, stremata come al momento di rifugiarsi nel suo letto, fra le coperte che per tanto tempo l'hanno scaldata nella sua solitudine di vedova ancora innamorata del suo sposo ucciso. Mentre ora...

Levatasi, apre il suo cuore all'amata sorella Anna[1], o, meglio, parla alla sorella cercando di mentire a se stessa, almeno in parte: confessa il proprio turbamento, l'ammirazione, e le emozioni del suo corpo oltre che del suo animo alla presenza di quello straniero tanto valoroso, quanto adorno del fascino della sua tormentata esperienza. Terribile per lei riconoscere «i segni dell'antica fiamma»; ma consolante – solo in apparenza tuttavia, e senza alcuna convinzione – la propria ferma volontà di restare ugualmente fedele alla memoria di Sicheo. Ma sulla mezza verità e sulla mezza menzogna di quella condizione psicologica, cala come un colpo di spada ad esaltare la verità e a svelare la menzogna: una frase di Didone stessa, anticipatrice della conclusione tragica di quella vicenda umana provocata tuttavia dalla spietata volontà dei Celesti: «Se

[1] *Anna*: sorella di Didone, di lei non si sa nulla; probabilmente una creazione virgiliana secondo il *topos* letterario classico della sorella buona e confidente della protagonista.

non avessi in odio il talamo[2] e le fiaccole nuziali, forse per questo unico uomo potrei soccombere alla colpa».

In realtà Didone sa che a quella colpa non riuscirà a sottrarsi: la sua resa è già prevista in un'altra frase che la sorella ascolta benevola: «Dopo la morte del mio sposo Sicheo... Enea soltanto è riuscito a scuotere i miei sensi». Ma la regina cerca ancora di far animo a se stessa con un anatema tanto violento, quanto presto vanificato: «La terra si apra sotto di me, e il fulmine mi sprofondi fra le ombre, prima che io violi il pudore. Il primo uomo che mi uní a sé, abbia per sempre il mio amore e lo conservi in eterno nel sepolcro».

Anna, senza comprendere il travaglio della sorella e trasformandosi involontariamente in strumento della sua rovina, risponde con piatto buonsenso alla richiesta di aiuto implicita nelle parole di Didone:

«...O piú cara della luce alla sorella,
ti consumerai sola e dolente per l'intera giovinezza,
e non conoscerai i dolci figli né i doni di Venere[3]?
Credi che di ciò si curino le ceneri e i Mani sepolti?
Sia, un giorno nessun marito ti piegò affranta,
né in Libia, né prima in Tiro; hai spregiato Iarba
e gli altri capi che nutre l'Africa, terra
ricca di trionfi: resisterai anche a un amore gradito?
Non ti viene in mente nei campi di chi sei stanziata?
Da una parte città getule[4] stirpe invincibile in guerra,
e sfrenati Numidi ti attorniano, e le inospitali Sirti[5];
dall'altra una regione desolata dalla sete, e per largo tratto
i furenti Barcei[6]. Che dire delle guerre che sorgono da Tiro
e delle minacce del fratello[7]?
Penso davvero che, àuspici gli dei e propizia Giunone,
le navi iliache seguirono questa rotta col vento.

[2] *talamo*: sinonimo di nozze. Il talamo nell'antica Grecia era la stanza nuziale, la parola poi è passata nell'uso poetico e letterario a indicare il letto nuziale o le nozze stesse.

[3] *doni di Venere*: i piaceri dell'amore. Venere era dea dell'amore.

[4] *città getule*: città a sud della Numidia e di Cartagine, abitate da popoli bellicosi, i Getúli, dei quali era re Iarba.

[5] *Numidi... Sirti*: i primi erano gli abitanti della Numidia, regione dell'Africa settentrionale, a ovest di Cartagine, abili e fieri cavalieri; le due Sirti, maggiore e minore (gli odierni golfi di Sidra e di Gabes) sulle coste libiche e tunisine, erano temute dagli antichi a causa delle loro pericolose secche.

[6] *Barcei*: abitanti della Cirenaica (regione della costa settentrionale africana) noti per la loro natura bellicosa.

[7] *fratello*: Pigmalione (vedi nota 49, Libro I, p. 11).

Quale vedrai questa città, sorella, e quale regno
sorgere per tale connubio! Con l'aiuto delle armi dei Teucri
per quali grandi eventi si leverà la punica gloria!
Ma tu invoca il favore degli dei e, compiuti sacrifici,
prolunga l'ospitalità, e intreccia cause d'indugio,
mentre imperversa sul mare l'inverno e il piovoso Orione[8],
e le navi sono sconnesse, e il cielo è tempestoso».

[vv. 31-53]

L'infelice regina ha ormai negli occhi e nel cuore soltanto Enea, dal quale, sin dall'indomani, non riesce a stare lontana: lo guida a visitare la città che sta sorgendo, le ampie vie, i solenni templi, le belle case; gli mostra le ricchezze portate con sé da Tiro, dà nuovi banchetti, sollecita l'ospite a narrare altri particolari della sua navigazione alla ricerca d'una nuova patria, mentre Enea parla lo guarda estatica, pende dalle sue labbra, l'emozione le serra la gola. Quando poi, al termine della giornata, tutti si allontanano dalla reggia, che resta deserta e avvolta nel silenzio della notte, lei sola veglia tormentata dalla passione, vaga per le sale, si abbandona sul seggio poco prima occupato da Enea, cerca inutilmente con lo sguardo l'eroe, evoca la sua immagine e quella di Iulo cosí somigliante al padre. Quella repentina e rovinosa passione le sottrae interamente il fervore che l'aveva guidata nella costruzione della città. Non si interessa piú ai lavori delle mura, delle torri, del porto, evita persino di curare l'amministrazione e la difesa del suo nuovo regno.

Dall'Olimpo Giunone la scorge inerte e insieme agitata da quei sentimenti che le tolgono persino la volontà di celarli. La dea escogita allora un piano che persuada Venere a una tregua nel comune interesse di Enea e di Didone: propone di favorire uno stabile connubio fra la regina e il suo ospite. In tal modo la sposa di Giove crede di poter sviare la stirpe troiana dall'Italia, escludendola cosí dal futuro di dominatrice del mondo e dal fatale compito di distruggere Cartagine.

Venere, benché comprenda l'astuzia della proposta, per il momento la accetta. Il piano per mandarla ad effetto è semplice, e, sotto le apparenze dell'amore, perfido: far sí che l'illegittimo connubio avvenga durante una battuta di caccia.

[8] *Orione*: cacciatore della Beozia ucciso da Diana e trasformato in una costellazione ritenuta foriera di piogge e di tempeste.

Frattanto l'Aurora sorgendo lascia l'Oceano.
Scelti giovani, levatosi il sole, escono dalle porte;
reti a maglie, a laccio, spiedi di largo ferro;
galoppano cavalli massilî[9], e cani dal fiuto sottile.
I principi punici aspettano presso le soglie la regina
che indugia nel talamo; bellissimo di porpora e d'oro
attende il destriero dal sonoro zoccolo e morde focoso
il freno schiumante. Esce, infine, circondata da un grande
stuolo, ornata la clamide sidonia da una balza a ricami.
Ha la faretra d'oro, la chioma annodata d'oro,
una fibbia d'oro allaccia la veste purpurea.
Avanzano anche i compagni frigi e Iulo
lieto. Lo stesso Enea fra tutti gli altri
bellissimo s'aggiunge compagno e unisce le schiere.
[...]
Dopo che giunsero sugli alti monti e negli impervi covi,
ecco le capre selvagge, cacciate dalla cima d'una roccia,
correre per i gioghi; da un'altra parte i cervi
attraversano di corsa le aperte pianure e addensano
i branchi in fuga polverosa e lasciano i monti.
Esulta il fanciullo Ascanio, in mezzo alle valli, dell'alacre
cavallo, e ora gli uni o gli altri sopravanza al galoppo,
e spera d'incontrare, tra bestie imbelli, un cinghiale
schiumante, o un fulvo leone che discenda dal monte.
Frattanto il cielo comincia a turbarsi con un grande
fragore, seguono rovesci di pioggia misti a grandine;
sparsi i tirii compagni e i giovani troiani
e il dardanio nipote di Venere[10] cercarono con timore ripari
diversi nei campi; precipitano i torrenti dai monti.
Didone e il capo troiano giungono nella stessa spelonca.
Per prima la Terra[11] e Giunone pronuba[12] danno
il segnale; rifulsero folgori e l'etere consapevole
nel connubio, ulularono dalle piú alte vette le ninfe.
Quello fu il primo giorno di morte, e la prima
causa di sventure. Didone non si preoccupa di apparenze
o di fama, ormai non medita un amore furtivo;
lo chiama connubio; vela con questo nome la colpa.

[vv. 129-172]

9 *galoppano... massilî*: i Massilî erano popoli della Numidia, famosi per la perizia dei cavalieri.

10 *dardanio... Venere*: cioè Iulo, in quanto figlio di Enea (figlio di Venere).

11 *Terra*: per i Greci Gea; divinità primordiale, madre di tutti gli esseri e di molte divinità.

12 *pronuba*: epiteto di Giunone, protettrice delle nozze.

La fama dell'amore di Didone per Enea si diffonde per tutte le terre della Libia. Passando di bocca in bocca, la notizia è appresa da Iarba, re dei Getúli, colui che, accolta Didone profuga da Tiro, le aveva concesso di fondare la città di Cartagine sul suo territorio, sperando invano di farne la sua sposa. Furente per l'affronto subíto da quella bellissima donna che gli ha preferito l'esule sbarcato sui lidi africani, quel bollente re si rivolge a Giove, e rozzamente gli ricorda quanti solenni riti, sacrifici e sacri banchetti egli stesso e l'intero suo popolo abbiano dedicato alla sua divinità. Aggiunge parole aspre rimproverandogli di aver tollerato, lui padre degli uomini e degli dei, che un troiano dalla fama di duro guerriero, ora invece simile a un effeminato cortigiano, giaccia con la chioma profumata nel letto di una donna per amor suo divenuta incurante di tutto, persino del proprio popolo e della propria reputazione.

Udite queste recriminazioni, Giove volge lo sguardo alla terra di Libia, dove Enea gli appare anch'egli preso dalla passione d'amore e dimentico della propria missione. Chiama dunque a sé Mercurio, messaggero degli dei, e gli ordina di scendere a volo nella città libica recando a Enea un severo messaggio: poiché Venere ha assicurato che suo figlio sarebbe stato degno dell'alta missione assegnatagli, e anzi proprio perché egli assolvesse questo alto compito lo ha salvato dalle armi greche, se egli si sottrarrà alla gloria di cosí grandi imprese, tradirà non solo i suoi compagni di esilio, ma anche la fiducia degli dei, il volere del Fato, e persino suo figlio Iulo, privandolo d'un fulgido avvenire; riprenda dunque subito la navigazione verso la mèta destinata.

Mercurio allaccia ai piedi gli alati calzari d'oro, impugna il cadúceo, la verga che ha il potere di dare e togliere il sonno e richiamare in vita le anime dei morti, e sollevandosi prima in rapido volo sulle vette del monte Atlante[13], e gettandosi poi a precipizio verso il mare, sorvola veloce la distesa delle acque e approda in terra di Libia, dove ora è l'ospite troiano – con l'aspetto d'un principe consorte, una spada d'oro al fianco, e sulle spalle un mantello di porpora orlato da ricami d'oro – a dirigere i lavori di fortificazione e ampliamento della città dei Tirii.

[13] *Atlante*: monte appartenente alla catena montuosa dell'Africa nord-occidentale.

All'udire i rimproveri di Giove e il beffardo commento di Mercurio alla sua nuova condizione di schiavo d'amore, Enea sente i capelli drizzarglisi sul capo per la vergogna, e la voce arrestarglisi in gola.

Arde di fuggire e di lasciare le dolci terre,
attonito all'alto ammonimento e all'ordine degli dei.
Ahi, che fare? con quali parole oserà
circuire la regina in delirio? come inizierà il discorso?
Divide il veloce animo di qua, di là,
e lo trae in diverse parti e lo volge ad ogni espediente.
Questa a lui che esitava sembrò la decisione migliore:
chiama Mnèsteo e Sergesto e il forte Seresto[14]:
apprestino in silenzio la flotta e raccolgano i compagni
sulla riva, preparino gli attrezzi e dissimulino la causa
di quei mutamenti; egli frattanto, mentre la dolcissima
Didone, ignara, non pensa che un amore cosí grande s'infranga,
tenterà la via, il momento piú agevole di parlarle,
il modo piú adatto all'impresa. Subito tutti
obbediscono lieti al comando ed eseguono gli ordini.
Ma la regina presentí – chi ingannerebbe un'amante? –
e colse per prima le trame e le mosse future,
già temendo perché troppo sicura. La stessa empia Fama[15]
riporta alla furente che armavano la flotta, pronti a partire.
Infuria smarrita nell'animo e ardente delira
per tutta la città, come una Tiade eccitata
al destarsi dei riti, quando udito Bacco la stimolano
le orge triennali e la richiama con grida il notturno Citerone[16].
Infine si rivolge per prima ad Enea con queste parole:
«Speravi, o perfido, di poter dissimulare una tale
infamia, e di allontanarti senza parole dalla mia terra?
Non ti trattiene il nostro amore e la mano che un giorno
mi desti, e Didone ostinata a morire amaramente?
Sotto le stelle invernali prepari la flotta,
e ti appresti a prendere il largo in mezzo agli aquiloni,
o spietato? Se tu non cercassi terre straniere
e ignote dimore, e sopravvivesse l'antica Troia,

[14] *Mnèsteo... Seresto*: tre fedeli compagni di Enea.

[15] *Fama*: la fama per gli antichi era una divinità, figlia della Terra. Dall'aspetto di mostro alato fornito di occhi, orecchie e bocche nascoste in ognuna delle sue penne, volava giorno e notte diffondendo le notizie.

[16] *Tiade... Citerone*: durante le feste di Bacco, in Beozia, si toglievano dal tempio del dio gli arredi sacri che erano portati in processione di notte sul monte Citerone. Durante la processione le Baccanti (chiamate anche Tiadi o Menadi) correvano freneticheinneggiando a Bacco.

andresti a Troia con le navi sul mare tempestoso?
Fuggi me? Ti prego per queste lagrime, per la tua destra
– poiché null'altro ho lasciato a me sventurata –,
per il nostro connubio, per l'iniziato imeneo[17], se bene
di te meritai, o qualcosa di me ti fu dolce,
abbi pietà della casa che crolla, e abbandona,
se ancora valgono le preghiere, questo pensiero.
Per te le libiche genti e i principi dei Numidi
mi odiano, sono ostili i Tirii; si estinse, sempre per te,
il pudore, e la fama di prima, per cui sola andavo alle stelle.
A chi mi lasci morente, ospite?
(Questo è l'unico nome che mi resta dello sposo).
Che cosa aspetto? forse che il fratello Pigmalione distrugga
le mie mura, o mi tragga prigioniera il getulo Iarba?
Almeno se stringessi fra le braccia un figlio avuto da te
prima della fuga, se giocasse per me nella corte
un piccolo Enea che almeno richiamasse te nel volto,
certo non mi sentirei sorpresa e abbandonata del tutto».

[vv. 281-330]

Con l'animo fisso al messaggio di Giove, Enea resta immobile e silenzioso. Per la regina non c'è scampo: le sue parole imploranti, e al tempo stesso piene del risentimento che l'ingratitudine o l'indifferenza provocano nell'animo di una donna innamorata, aggiungono dolore a dolore nell'animo di Enea, ma non possono mutare la sua decisione di affrettare la partenza. La sua risposta non può dunque che essere determinata dalla volontà di tornare fedele esecutore dei dettami del Fato. Ed egli è persino crudele nel giustificarsi: «Se potessi essere io a scegliere la mia sorte» egli dice, «vorrei poter tornare nella mia città, a vegliare le reliquie dei miei cari». E aggiunge: «Non disperarti, e non turbarmi con le tue lagrime». Alla sbiadita ovvietà di quelle parole, Didone infine esplode furente:

«...Naufrago, bisognoso di tutto,
ti accolsi e, folle, ti posi a parte del regno;
salvai la flotta perduta e i compagni dalla morte.
Ahi, l'ira mi arde e mi travolge! Adesso l'àugure Apollo[18],

17 *imeneo*: sinonimo di nozze. Imeneo era il canto corale di giovani e giovinette durante l'accompagnamento della sposa dalla casa paterna alla casa maritale.

18 *àugure Apollo*: Apollo è detto «àugure» in quanto profetizzava il futuro nei suoi templi attraverso la voce di una sacerdotessa o di un sacerdote. Qui Didone fa

e gli oracoli della Licia, e il nunzio degli dei
mandato da Giove porta orribili comandi per l'aria.
Questo travaglia gli dei; un tale affanno conturba
la loro quiete. Ma non ti trattengo, non confuto
le tue parole. Va', insegui l'Italia nei venti,
cerca il regno sull'onde. T'auguro, se i numi pietosi
possono qualcosa, di scontare la pena tra gli scogli,
d'invocare spesso per nome Didone. T'inseguirò lontana
con neri fuochi, e quando la fredda morte avrà separato
le membra dall'anima, ti sarò fantasma dovunque.
Subirai il castigo, malvagio. Saprò, e la fama verrà
tra i Mani profondi[19]». Con ciò interruppe il discorso;
affranta fugge la luce, e si volge, e si sottrae allo sguardo,
lasciandolo molto esitante nel timore e intento a dire
molto. Le ancelle la accolgono, e riportano sul talamo
marmoreo il corpo svenuto e lo adagiano sui cuscini.
Ma il pio Enea, sebbene desideri calmare
la dolente, e confortarla, e allontanare con parole le pene,
molto gemendo e con l'animo vacillante per il grande amore,
tuttavia esegue i comandi degli dei, e ritorna alla flotta.

[vv. 373-396]

Gli equipaggi troiani accolgono lieti i nuovi ordini e compiono le manovre per salpare. Ben presto le navi, spinte in mare, ondeggiano sui flutti pronte a prendere il largo. Dalla città al litorale è tutto un accorrere di uomini, simili a una lunga fila di formiche che vadano per i campi trasportando provviste per l'inverno e incitando le piú pigre.

Didone dall'alto d'una torre osserva disperata quel brulichio di gente che si affretta nei preparativi di quella che sembra una fuga piú che una partenza. Non sa rassegnarsi alla vanità del suo amore divampato dopo anni di solitudine. Ma ora cerca di dominare orgoglio e ira, tentando un'altra via, quella dell'invocazione supplichevole, anche dell'umiliazione se necessario, per non morire straziata dal dolore, reso ancora piú crudele dalla fermezza irremovibile di quell'uomo che le sembra improvvisamente divenuto senza cuore. Affida perciò alla sorella Anna, colei che aveva incoraggiato il suo

riferimento al responso dato a Enea da Apollo (in realtà a Delo e non in Licia, dove pure sorgeva un tempio del dio) che ha imposto all'eroe di portare a termine la sua missione.

19 *Mani profondi*: ossia nel regno dei morti (vedi anche nota 4, Libro III, p. 36).

amore, il difficile compito di recare ad Enea la sua ingenua richiesta: rinvii la partenza di qualche giorno in attesa di venti propizi, affinché lei possa abituarsi all'idea di dover perdere la persona piú amata, e accettare la sventura rassegnandosi all'abbandono.

Ma Enea non ascolta le parole di Anna. Gli dei lo rendono sordo e insensibile: sembra una quercia secolare inutilmente percossa dai venti. Vane erano sgorgate le lagrime di Didone, vane sono ora le preghiere di Anna.

Allora l'infelice Didone atterrita dai fati
implora la morte; odia guardare la volta del cielo.
Perché compia il proposito e abbandoni la luce,
mentre pone doni sulle are che ardono d'incenso,
vede – orribili a dirsi – il latte sacro annerire
e i vini versati mutarsi in sangue corrotto[20].
Non rivelò la visione a nessuno, neanche alla sorella.
Inoltre v'era nel palazzo un tempio marmoreo
in onore dell'antico sposo, che venerava con mirabile amore,
cinto di bianchi velli e di fronde festive;
le sembrò che di qui s'udissero voci e parole di lui
che chiamava, mentre l'oscura notte avvolgeva la terra,
e il gufo solitario sovente dai tetti gemesse
con lugubre verso e volgesse in pianto i lunghi
richiami; e molte predizioni di antichi indovini
la spaventavano con terribile monito. Lo stesso Enea
crudelmente perseguita in sogno la folle; e sempre le pare
di essere lasciata sola, di percorrere priva di compagni
una lunga via e di cercare i Tirii in una terra deserta.
[...]
Appena la invase la follia, e la vinse il dolore,
e decise di morire, escogita tra sé il momento
e il modo, e rivoltasi con parole alla mesta sorella,
cela la decisione nel volto, e rasserena la speranza in fronte.

[vv. 450-477]

Presa la terribile decisione del suicidio, Didone diventa lucida, persino astuta – la lucidità e l'astuzia della follia – per tener celato a tutti il suo desiderio di morte.

«Rallègrati sorella» dice rivolta ad Anna, «ho consultato

20 *vede... corrotto*: il verificarsi di strani fenomeni durante i sacrifici era considerato presagio di sciagure.

una maga esperta di incantesimi. Con le sue arti può fermare l'acqua dei fiumi e il corso delle stelle, liberare i cuori dagli affanni, evocare i Mani, e far discendere gli alberi dai monti». Anna ascolta perplessa, senza sospettare quale sia la decisione della sorella. Quella maga – cosí finge Didone – le ha ingiunto di preparare nell'atrio della reggia un grande rogo sul quale bruciare tutti i ricordi di Enea, i suoi doni, le sue armi, le sue vesti, e lo stesso letto nuziale: soltanto cosí ella potrà liberarsi dalla passione che la rende infelice. Nonostante il pallore del volto della sorella, Anna non immagina la verità, cioè che la regina sta ordinando di preparare il rogo per se stessa.

Viene eretta nell'atrio un'enorme catasta di legno, e la maga stessa dà inizio al rito invocando a gran voce le divinità infernali. Didone purifica le sue mani, sparge farro e sale sull'ara, scioglie i legami dei calzari e della veste, e chiama gli dei a testimoni della sua sorte, sperando nella pietà di quello di essi, se esiste, che protegge gli amanti delusi.

Sopraggiunge la notte, le stelle volgono al tramonto, ovunque regna il silenzio, sono immobili le acque del mare e le fronde degli alberi, uomini e animali placano nel sonno la stanchezza e gli affanni. Soltanto Didone, insonne, vaneggia fra tempeste d'odio e disperazione e memorie d'amore, volgendo questi pensieri in cuore:

«Ebbene, che faccio? Tenterò di nuovo, irrisa,
i pretendenti di prima, e cercherò supplice le nozze
dei Numidi, sposi che già disdegnai tante volte?
Oppure seguirò le navi iliache, ultima schiava
dei Teucri? Davvero mi rallegro di averli salvati un tempo,
e bene resiste per i memori la gratitudine dell'antico fatto!
E ammesso che voglia, chi mi lascerà salire accogliendomi
irrisa sulle navi superbe? Ahimè, non sai, sciagurata,
e ancora non intendi gli spergiuri della stirpe laomedontea[21]?
E allora? da sola accompagnerò nella fuga i marinai esultanti?
O muoverò coi Tirii, e con tutta la folta schiera
dei miei, e di nuovo guiderò sul mare coloro che a stento

21 *laomedontea*: cioè troiana, da Laomedonte, re di Troia, padre di Priamo. I Troiani erano considerati spergiuri e sleali, non solo per il rapimento di Elena da parte di Paride che aveva violato le leggi dell'ospitalità, ma anche per le promesse non mantenute di Laomedonte (Nettuno e Apollo costruirono le mura di Troia, ma Laomedonte non dette loro il compenso stabilito).

strappai da Sidone, e ordinerò di dare le vele ai venti?
Muori piuttosto, lo meriti, e allontana il dolore col ferro.
E tu, vinta dalle mie lagrime, tu per prima,
sorella, opprimi con questi mali me impazzita e mi offri
al nemico. Non ho saputo trascorrere la vita senza nozze,
e senza colpa, come una bestia, ed evitare tali affanni.
Non ho serbato la fede promessa alle ceneri di Sicheo».

[vv. 534-552]

Mentre la tragedia di Didone è sul punto di consumarsi, Enea è immobile sulla poppa della nave tuttora ancorata in porto. Gli ultimi avvenimenti lo hanno provato nel corpo e nell'anima, e ora, nel colmo della notte e in attesa dell'alba, si abbandona ad un sonno profondo. Ma un sogno lo turba: un dio in tutto simile a Mercurio lo rimprovera di nuovo per quel suo indugiare in una terra ormai ostile, giacché la regina, in preda a una cieca collera, trama inganni e vendetta. «Non aspettare l'alba, non fidarti, varia e mutevole cosa è la donna. Parti!» conclude il simulacro di Mercurio prima di scomparire nelle tenebre.

Enea si desta di colpo, e ordina affannosamente ai suoi di prendere posto ai remi, sciogliere le vele e affrettare la fuga. Egli stesso con un colpo di spada recide gli ormeggi, gli equipaggi afferrano i remi, le navi fendono i flutti sconvolgendo la superficie del mare.

Quando l'aurora inonda la terra di nuova luce, dall'alto d'un balcone la regina scorge la spiaggia deserta e la flotta troiana già al largo, a vele spiegate, sempre piú lontana, fino a scomparire del tutto all'orizzonte. Senza piú speranza, in preda a un definitivo sconforto, si rivolge a Giove scagliando una terribile maledizione contro il suo ingrato amante:

... «O Giove» esclama,
«lo straniero se n'andrà schernendo in tal modo il mio regno?
I miei non prenderanno le armi, non accorreranno da tutta la [città,
non strapperanno le navi dai cantieri? Andate, portate
veloci le fiamme, date armi, forzate sui remi!
Che dico? dove sono? che follia mi sconvolge la mente?
Infelice Didone! adesso le empie azioni ti toccano?
Allora dovevano, quando accordavi lo scettro[22].

22 *accordavi lo scettro*: Didone aveva offerto a Enea il suo regno.

Ecco la destra e la lealtà di chi si dice che rechi
con sé i patrii Penati, ed abbia portato in spalla
il padre stremato dagli anni[23]! Non potevo sbranarne
il corpo e disperderlo nell'onde? e uccidere col ferro i compagni
e lo stesso Ascanio, e imbandirlo sulla mensa del padre[24]?
Ma incerta era la lotta. E lo fosse stata! Chi mai,
moritura, dovevo temere? Avessi portato fiaccole
nel campo, e riempito le tolde di fiamme, estinto il figlio
e il padre e la stirpe, gettata sul rogo me stessa!
O sole, che illumini con le fiamme tutte le opere della terra,
e tu, Giunone, autrice e complice dei miei affanni,
Ecate[25] invocata per la città nei notturni trivii ululando,
e Dire[26] vendicatrici, e dei della morente Elissa,
accogliete quello che dico, punite con giusta potenza i malvagi,
e ascoltate le mie preghiere. Se l'infame deve raggiungere
il porto e approdare alla terra e questo richiedono
i fati di Giove, e il termine resta immutabile,
tuttavia travagliato dalle armi e dalla guerra d'un popolo audace,
bandito dalle terre, strappato all'abbraccio di Iulo,
implori aiuto, e veda le immeritate morti
dei suoi, e quando si sia piegato alle leggi d'una pace
iniqua, non goda del regno e del dolce lume;
ma cada prima dell'ora insepolto tra la sabbia.
Di questo vi prego, col sangue effondo quest'ultima voce.
E voi, o Tirii, tormentate con odio la sua stirpe
e tutta la razza futura, offrite un tal dono
alle nostre ceneri. Non vi sia amore né patto tra i popoli.
E sorgi, vendicatore[27], dalle mie ossa,

23 *portato... anni*: si allude al racconto fatto da Enea: nell'ultima notte di Troia era fuggito portando il vecchio padre sulle spalle.

24 *imbandirlo... padre*: riferimento a due miti greci: Atreo imbandí al fratello Tieste il corpo dei suoi figli; Procne offrí in pasto al cognato Tereo il figlio Iti.

25 *Ecate*: divinità femminile di origine orientale. Nel secolo VI a.C. divenne una delle principali divinità della Grecia legata ai misteri orfici. Identificata in seguito con Artemide (Diana per i Romani), con Demetra (Cerere per i Romani) e con Persefone (Proserpina per i Romani), era effigiata con tre teste, e considerata nella triplice veste rispettivamente di dea del cielo, della terra e del mondo sotterraneo. Come dea sotterranea, regnava sulle ombre, evocava gli spiriti e spaventava gli uomini. Nella notte vagava per i trivi (da cui il suo quarto nome, «Trivia»), annunziata dai latrati di cani che la sentivano arrivare.

26 *Dire*: sono le Furie, per i Greci Erinni; divinità del mondo sotterraneo. Secondo la tradizione erano tre: Aletto, Megera e Tisifone. Non c'è concordanza fra gli autori antichi sulla loro origine, ma sembra che fossero piú antiche degli dei dell'Olimpo, figlie del Cielo e della Terra. Punivano gli spergiuri, coloro che avevano violato le leggi dell'ospitalità e vendicavano i delitti fra consanguinei; erano rappresentate con in mano torce e con serpenti intrecciati fra i capelli.

27 *vendicatore*: allusione ad Annibale, generale cartaginese, protagonista delle future guerre tra Roma e Cartagine (le tre guerre puniche).

e perseguita col ferro e col fuoco i coloni dardanii,
ora, in seguito, o quando se ne presenteranno le forze.
Lidi opposti ai lidi, onde ai flutti
auguro, armi alle armi, combattano essi e i nipoti».

[vv. 590-629]

Fingendo di voler cancellare per sempre Enea dal suo cuore col bruciare tutto ciò che è a lui appartenuto, Didone ordina alla sua vecchia nutrice di portare acqua, vittime, bende, e quanto è necessario per compiere i rituali sacrifici a Giove stigio[28]. Mentre la vecchia si allontana, lei già percorsa da un fremito di terrore e insieme di voluttà per il gesto che sta per compiere, attraversa correndo l'atrio del palazzo e sale i gradini del rogo. Lassú, tra le vesti e gli ornamenti che sono stati di Enea, ha deposto anche il suo ritratto, la spada ricevuta in dono da lui come pegno d'amore, e persino il letto nuziale. A tutto ciò che evoca dolcissimi ricordi rivolge un ultimo malinconico sguardo. E dopo un attimo, un solo attimo: «Morirò invendicata!» esclama. «Cosí desidero discendere tra le ombre. Dal mare il crudele Troiano possa scorgere le fiamme del mio rogo e portare in sé la maledizione della mia morte.»

Disse; e fra tali parole le ancelle la vedono
gettarsi sul ferro, la spada schiumante e le mani
bagnate di sangue. Vanno le grida negli alti
atrii; imperversa la Fama per la città sgomenta.
Le case fremono di lamenti, di gemiti, di urla
femminee; il cielo risuona d'un grande pianto.
Come se, penetrati i nemici, precipiti tutta
Cartagine o l'antica Tiro, e fiamme furenti
si propaghino per i tetti degli uomini e i templi degli dei.
Udí, disanimata e atterrita, nella corsa angosciosa,
la sorella, ferendosi il volto con le unghie e il petto coi pugni,
si getta tra la folla e invoca per nome la morente:
«Questo era, sorella? volevi ingannarmi?
Questo mi preparavano il rogo, le fiamme e le are?
Abbandonata, cosa lamenterò prima? Spregiasti la sorella
compagna nella morte? Mi avessi chiamata a uno stesso destino,
uno stesso dolore e momento avrebbe rapito entrambe

28 *Giove stigio*: il Giove infernale è Plutone, il re degli Inferi. Il nome Giove è usato nel senso di suprema divinità.

col ferro. Ho innalzato il rogo con queste mani, ho invocato
gli dei patrii, per mancare crudele alla tua morte?
Hai estinto te e me, sorella, e il popolo e i padri
sidonii, e la tua città. Fate ch'io lavi le ferite,
e se erra ancora un estremo alito, lo colga
con le labbra» ...

[vv. 663-685]

Anche Anna sale sul rogo non ancora acceso, e disperata per non aver compreso prima quanto sua sorella stava meditando, la abbraccia morente. Didone dischiude appena gli occhi cercando per l'ultima volta la luce, poi si abbandona a una lenta agonia.

Giunone, che insieme a Venere aveva sospinto l'eroe troiano fra le braccia della regina, mossa a pietà per quella vita che si spegne ancora nel fiore degli anni, ma che tarda ancora a comporsi nella quiete della morte, invia sulla terra Iride[29] a liberare la sventurata da quei tormenti. Iride apre in volo le sue ali dorate, va a posarsi accanto alla regina agonizzante, e le recide il capello[30] che lega i mortali alla vita terrena. Soltanto allora l'anima di Didone abbandona il corpo e si dissolve nell'aria.

[29] *Iride*: personificazione dell'arcobaleno e messaggera degli dei, in particolare di Giove e di Giunone. La si immaginava fornita di ampie ali multicolori e sempre umida di rugiada.

[30] *recide il capello*: si credeva che ogni mortale avesse un capello biondo come l'oro che al momento della morte era strappato da Proserpina, la regina infernale, moglie di Plutone. In caso contrario la morte non poteva giungere e l'agonia non aveva termine.

Libro v.

Dopo la precipitosa partenza dalla Libia le navi troiane puntano ormai direttamente sulle coste dell'Italia. Ma i venti non sono favorevoli, e la navigazione procede con difficoltà, cosí che all'alba la città di Didone è ancora visibile, pur se lontanissima. A Enea che si volge a guardarla ne appaiono indistintamente le mura illuminate da un bagliore di fiamme. Un triste presentimento lo assale, rafforzato dalle parole pronunciate dalla regina durante il loro ultimo tempestoso incontro. Poi anche quei bagliori e la lugubre colonna di fumo che sale verso il cielo scompaiono, dovunque all'intorno è solo mare e cielo, e quando d'improvviso un forte vento solleva alte ondate e addensa nere nubi, Palinuro consiglia di raccogliere le vele e assecondare la direzione del vento che, dalla posizione degli astri, sembra spingerli di nuovo verso la Sicilia. Enea ne è lieto: nessun luogo potrebbe essergli piú gradito di quello che ospita le ceneri del padre Anchise. Placatosi il vento, spira una brezza che spinge appunto verso il porto di Drepano, ove il re Aceste li accoglie con gioioso stupore.

Il mattino seguente Enea, chiamati a raccolta i suoi, dall'alto di un colle annuncia:

«Dardanidi grandi, stirpe dell'alto sangue di dei[1],
si compie con mesi esatti il giro d'un anno
da quando coprimmo di terra le reliquie e le ossa
del divino padre, e consacrammo luttuose are.
È già il giorno, se non erro, che sempre acerbo
avrò – cosí, o dei, voleste – e sempre onorato.
Se io lo trascorressi esule nelle Sirti getule,

1 *Dardanidi... dei*: come si è detto Dardano era figlio di Giove e quindi i suoi discendenti erano di sangue divino.

o sorpreso nell'argolico mare e nella città di Micene[2],
tuttavia adempirei voti annuali e per rito solenni
cerimonie, e colmerei gli altari di doni.
Ora per di piú ci troviamo vicini alle ceneri
e alle ossa del padre, per disegno, penso, o volere
divino, ed entriamo sospinti in porti amici.
Su, dunque; celebriamo tutti lietamente l'onore;
invochiamo i venti, e nella nuova città egli accetti l'offerta
di queste onoranze annualmente nei templi a lui dedicati[3].
Aceste, generato da Troia, dona due capi
di buoi per ciascuna delle navi: invitate al banchetto
i patrii Penati[4] e quelli che venera l'ospite Aceste.
Inoltre, quando la nona Aurora avrà riportato
il giorno ristoratore e schiarito il mondo con i raggi,
indirò ai Teucri per prima la gara delle veloci navi;
chi vale nella corsa a piedi e chi, audace di forze,
avanza migliore nel giavellotto e nelle agili frecce,
chi osa attaccare battaglia col rude cesto[5],
si presentino tutti, e aspettino i meritati premi della palma[6].
Assentite tutti col silenzio, e cingete le tempie di fronde».

[vv. 45-71]

Seguíto da una piccola folla Enea avanza verso il tumulo che custodisce il corpo di Anchise, e vi depone fiori purpurei versando poi sulle zolle sepolcrali due coppe di vino, altrettante di latte, e sangue di animali immolati. Resta poi a lungo a capo chino, in devoto raccoglimento. Un serpente dal dorso coperto da macchie violacee e squame splendenti come oro e irradianti riflessi multicolori, esce dai recessi del tumulo. Il misterioso rettile avvolge il suo lungo corpo in sette spire, striscia fra gli altari, aggira il tumulo, assaggia le vivande imbandite, poi innocuo scompare di nuovo nella profon-

[2] *Micene*: antichissima città del Peloponneso, centro di una grande civiltà nel II millennio a. C., detta appunto civiltà micenea. Micene, essendo vicinissima ad Argo, venne spesso confusa con questa città.

[3] *offerta... dedicati*: Enea annuncia qui la sua intenzione di istituire nella nuova patria, promessa a lui dal Fato, giochi annuali in onore del padre e celebrazioni in templi a lui dedicati.

[4] *invitate... Penati*: era uso che ai banchetti funebri partecipassero anche i simulacri dei Penati, protettori della casa, della famiglia e della patria.

[5] *attaccare... cesto*: cioè nella gara di pugilato. I contendenti si affrontavano munendo le loro mani di «cesti», con funzione simile ai guanti dei pugili odierni, ma molto piú pericolosi perché rafforzati da borchie di ferro o di piombo.

[6] *premi della palma*: i premi della vittoria.

dità della terra. Appena turbato da quella strana apparizione, Enea riprende le onoranze, mentre anche i suoi compagni recano offerte e doni votivi. Dopo il rito, tutti accosciati sull'erba attorno ai fuochi, pongono braci sotto gli spiedi e preparano un robusto banchetto.

Giunge finalmente il giorno piú atteso (è il nono dopo lo sbarco) e hanno inizio i ludi indetti da Enea per onorare la memoria di Anchise.

Prima gara è quella delle navi, che partendo dalla riva devono raggiungere uno scoglio a un paio di miglia al largo della costa, virare intorno ad esso, e tornare al punto di partenza. Quattro battelli gareggiano fra loro: la Pristi, la Chimera, la Centauro, la Scilla[7]. Le guidano nell'ordine Mnèsteo, Gía, Sergesto, Cloanto[8]. Una folla festosa si assiepa sulle rive, i capitani dritti a poppa e scintillanti nelle loro vesti di porpora e d'oro attendono frementi il segnale della partenza. I rematori, gli òmeri nudi e lucenti d'olio, siedono immobili ai banchi, le braccia tese sui remi e i cuori in tumulto. La tromba squilla, le navi si staccano veloci dal lido fra applausi e grida d'incoraggiamento ai favoriti. La superficie del mare è segnata da lunghe scie, le acque spumeggiano sconvolte dai possenti colpi di remo. La competizione si fa subito ardente, gli spettatori accompagnano con urla di gioia o di disappunto le varie fasi del percorso. È in testa la Chimera, poi passa a condurre la Scilla; la Centauro tenta di guadagnare il terzo posto, ma nel virare troppo stretto intorno allo scoglio urta contro le rocce e vi s'incaglia. La Chimera è intanto sorpassata dalla Pristi, che ora lotta con la Scilla per la vittoria: i rematori di entrambe ansimano raddoppiando gli sforzi, ma è la Scilla a tagliare per prima la linea d'arrivo. L'araldo proclama vincitore Cloanto, capitano della Scilla, ed Enea pone solennemente sul suo capo una corona d'alloro, cui aggiunge come ricco dono, una clamide ornata di porpora e ricamata d'oro. Anche agli altri capitani sono of-

7 *Pristi... Scilla*: i nomi delle quattro navi derivano dai mostri scolpiti sulle rispettive prue: la Pristi (mostro marino a forma di pesce), la Chimera (figura mostruosa dalla testa di leone, il corpo di capra e la coda di drago), il Centauro (creatura metà uomo e metà cavallo), la Scilla (mostro marino dello Stretto di Sicilia, con sei teste di cani latranti).

8 *Mnèsteo... Cloanto*: i partecipanti alla gara sono tutti Troiani dai quali, secondo Virgilio, discenderanno nobili famiglie romane: da Mnèsteo la *gens Memmia*, da Sergesto la *gens Sergia*, da Cloanto la *gens Cluentia*, da Gía la *gens Gegania*.

ferti premi: a Mnèsteo, capitano della Pristi superata proprio sul traguardo, una corazza ornata da metalli preziosi, a Gía, terzo con la sua Chimera, coppe di bronzo e d'argento; allo sfortunato Sergesto, che solo dopo molti sforzi è riuscito a disincagliare la sua nave ed è ultimo a raggiungere la riva, una giovane schiava. Indistintamente a tutti i marinai è donato un talento d'argento; tre giovenchi e anfore colme di purissimo vino sono assegnati ad ogni nave.

Terminata la premiazione, Enea s'incammina verso una pianura erbosa, e alla presenza di centinaia di spettatori sale su una tribuna e indice la gara della corsa a piedi.

Da tutte le parti si radunano Teucri e Sicani[9],
Niso ed Eurialo[10] per primi,
Eurialo celebre per l'aspetto e la verde giovinezza,
Niso per casto amore del ragazzo; li segue poi
il regale Diore dell'egregia stirpe di Priamo;
insieme a lui Salio e Patrone, dei quali l'uno
acarnano, l'altro della gente tegea[11] da sangue arcadio;
poi due giovani trinacrii, Elimo e Panope,
avvezzi alle selve, compagni dell'anziano Aceste;
e molti ancora che l'oscura fama nasconde.
Indi Enea in mezzo a loro parlò cosí:
«Accogliete questo nell'animo, e prestate lieta attenzione:
nessuno del vostro gruppo se n'andrà senza premio.
Darò a ciascuno due dardi cnosii[12] lucenti
di ferro polito e una bipenne[13] cesellata in argento;
quest'onore sarà uguale per tutti. I tre primi
vinceranno premi e cingeranno il capo di biondo olivo.
Il primo vincitore avrà un cavallo con bellissime borchie;
il secondo una faretra d'amazzone piena di frecce
tracie, che intorno recinge un balteo[14] con larga fascia

[9] *Teucri e Sicani*: popolazioni indigene della Sicilia; qui si intende genericamente abitanti della Sicilia.

[10] *Niso ed Eurialo*: tra i partecipanti alla corsa, solo Eurialo e Niso, legati da affettuosa amicizia, riappariranno nelle successive vicende del poema; gli altri sono sconosciuti dei quali si sa soltanto il nome.

[11] *acarnano... tegea*: Acarnano è una località dell'Attica e Tegea una città dell'Arcadia.

[12] *dardi cnosii*: provenienti da Cnosso, antichissima città dell'isola di Creta, dove si fabbricavano giavellotti di gran pregio.

[13] *bipenne*: scure a due tagli.

[14] *balteo*: cintura di cuoio pendente dalla spalla destra verso il fianco sinistro, alla quale i soldati romani appendevano la spada. Quanto piú il personaggio era di nobile famiglia, tanto piú il balteo era ricco e prezioso.

d'oro, e sotto allaccia una fibbia con levigata gemma;
il terzo vada appagato da questo elmo argolico».
Appena detto ciò, prendono posto, e d'un tratto,
udito il segnale, divorano lo spazio e lasciano la linea,
scattati simili a un nembo, ed insieme fissano il traguardo.
Primo fugge Niso e balza per lungo tratto
davanti a tutti i corpi, piú veloce dei venti
e dell'ali del fulmine; prossimo a lui, ma prossimo a lunga
distanza, segue Salio, ancora dietro uno spazio
è terzo Eurialo;
Elimo segue Eurialo, a ridosso di quello
ecco vola Diore e sfiora il piede col piede,
premendo con la spalla, e se restasse spazio maggiore
passerebbe guizzando primo o lascerebbe il rivale dubbioso.
E già, quasi nell'ultimo tratto, s'appressavano stanchi
al termine, quando, sfortunato, Niso scivola su viscido
sangue, dove, immolati proprio lí i giovenchi,
sparso in terra bagnava le verdi erbe.
Qui il giovane già vincitore e trionfante non resse
i piedi barcollanti sul suolo premuto, ma cadde riverso
proprio nell'immondo fimo e sul sacro sangue.
Non si dimenticò tuttavia di Eurialo e del suo amore;
si mise davanti a Salio alzandosi sul terreno sdrucciolevole:
quello rotolò e giacque nella densa sabbia.
Balza Eurialo, e vincitore per dono dell'amico,
prende il primo posto, e vola tra applausi e consensi.
Segue Elimo e, adesso terza palma, Diore.

[vv. 293-339]

Salio, defraudato della vittoria proprio sul traguardo, grida, protesta, reclama giustizia. Ma Eurialo, scoppiato in pianto per il timore di venir retrocesso dal primo posto, suscita con la sua grazia le simpatie dell'intera platea. Gli stessi giudici, conquistati dalla sua bellezza e prestanza agonistica, non esitano a proclamarlo vincitore. Con paterna benevolenza Enea non cambia l'ordine d'arrivo, anche a causa della prova di amicizia offerta da Niso al suo amato compagno di gara. Ma per non apparire ingiusto attribuisce un premio anche allo sfortunato Salio. Ecco allora insorgere Niso, il volto e il corpo infangati, a reclamare con energia un dono anche per sé. E anche a lui Enea consegna sorridendo un prezioso dono.

Segue la gara di pugilato, con le mani avviluppate da cesti.

Premio per il vincitore, un giovenco dalle corna ornate d'oro e di nastri multicolori; a consolazione del vinto, un elmo e una spada. Fra il mormorio della folla si fa subito avanti il troiano Darete, un atleta dalle larghe spalle e dalla statura gigantesca, che flagellando l'aria con una raffica di pugni, ostenta forza e sicurezza. Poiché nessuno osa affrontarlo, con baldanzosa arroganza quello si dirige senz'altro a ricevere il premio. La folla già lo applaude, ma Aceste si alza e rimprovera Entello, atleta già anziano, tuttavia celebre in tutta la Sicilia per le sue passate vittorie di pugile: si presenti lui come degno avversario del presuntuoso Darete. Dopo qualche esitazione Entello accetta la sfida e getta sul campo, alla vista di tutti, i due cesti che muniranno le sue mani per il combattimento: tutti guardano sbigottiti quei due terribili attrezzi di cuoio rinforzati con piombo e ferro, vere macchine da guerra che possono atterrare qualunque avversario. Ancor piú è sgomento Darete, che reclama un combattimento ad armi pari. Assentendo a quella giusta richiesta, Enea ordina che si portino agli sfidanti quattro cesti di peso uguali. Entello a dorso nudo avanza fino al centro del campo, mostrando le spalle ancora massicce e le sue braccia muscolose che nulla hanno da invidiare a quelle del giovane e spavaldo avversario.

Subito l'uno e l'altro si piantarono dritti
sulle punte dei piedi e levarono impavidi le braccia nell'aria.
Trassero indietro le teste erette lontano dai colpi;
intrecciano le mani alle mani e provocano lo scontro.
L'uno piú agile nel movimento dei piedi, e fiducioso nella
[giovinezza,
poderoso l'altro di membra e di mole, ma vacillano
le tarde ginocchia, un ansito scuote le vaste membra.
Gli uomini scagliano a vuoto molti reciproci colpi,
molti ne raddoppiano nel cavo fianco e vasti rimbombano
coi petti; erra frequente la mano intorno alle orecchie
e alle tempie, e crepitano le mascelle ai duri urti.
Ristà greve Entello, con sforzo schiva, immobile,
i colpi soltanto con il corpo e con gli occhi vigilanti.
L'altro è come chi assedia un'alta città con le macchine,
o s'accampa in armi intorno a fortilizi montani,
ed esplora con arte questi o quei passaggi
e tutto il luogo, e preme inutilmente con vari assalti.
Mostrò la destra ergendosi Entello ed in alto

la levò: l'altro previde veloce il colpo
che piombava, e si ritrasse sfuggendo con l'agile corpo:
Entello disperse le forze nel vento, e da solo,
pesante, pesantemente cadde in terra con la vasta
mole: come talvolta un cavo pino
cade sradicato sull'Erimanto[15] o sul grande Ida.
Balzano insieme con ardore i Teucri e la gioventú trinacria;
il clamore va al cielo, e per primo accorre Aceste;
pietoso solleva da terra il coetaneo amico.
Ma non tardato dalla caduta, e non spaventato, l'eroe
torna inasprito alla lotta; l'ira suscita la violenza.
L'onta accende le forze, e il consapevole valore;
ardente incalza Darete rapido per tutto il piano,
ora raddoppiando i colpi con la destra, ora con la sinistra,
senza sosta né tregua: di quanta grandine scrosciano
i temporali sui tetti, con colpi cosí fitti l'eroe
percuote ripetutamente con entrambe le mani e travolge Darete.

[vv. 426-460]

Di fronte a tale disparità di forze, Enea interrompe il combattimento: non vuole che il vincitore infierisca sull'avversario e la gara si risolva in un massacro. I compagni trascinano via dal campo Darete malfermo sulle gambe, la testa ciondolante, la bocca insanguinata, e talmente ferito nell'orgoglio da non curarsi neppure di ritirare il secondo premio. Entello, invece, fiero e altero si dirige verso il giovenco destinato al vincitore, e per mostrare la potenza del suo pugno solleva la destra e vibra un poderoso colpo fra le corna dell'animale, che stramazza al suolo; orgogliosamente scaglia verso i Troiani queste parole: «Guardate da quale morte avete salvato il vostro Darete!»

Gli spettatori non si sono ancora ripresi dalle emozioni dello scontro, quando Enea annuncia la gara seguente: il tiro con l'arco.

Una bianca colomba, assicurata con un lungo nastro alla cima dell'albero di una nave, costituisce il bersaglio per i quattro arcieri il cui ordine di gara è estratto a sorte: Ippocoonte[16], Mnèsteo, che ha già gareggiato nella regata, Euritione[17], ed Aceste stesso. Gli arcieri curvano con vigore gli

15 *Erimanto*: monte dell'Arcadia.
16 *Ippocoonte*: fratello di Niso.
17 *Euritione*: famoso arciere troiano.

archi, ognuno estrae una freccia dalla faretra per saggiarne la flessibilità e la potenza. Il primo infigge il dardo nella cima del palo, il secondo con la sua freccia recide il nastro che trattiene la colomba; il terzo trafigge a volo la colomba che si è appena liberata. Il volatile piomba esanime a terra portando confitta nel petto la saetta mortale. Aceste, ultimo concorrente, poiché non c'è piú il bersaglio, scaglia la freccia nell'aria.

Qui si offrí improvviso agli occhi, e destinato ad un grande
augurio, un prodigio: lo mostrò poi un esito immenso,
e i terrifici profeti predissero tardi presagi.
Infatti, volando nelle fluide nubi, arse la canna[18],
e tracciò la via con le fiamme, e disparve consunta
nei tenui venti; come spesso spiccate dal cielo
trascorrono le stelle cadenti e traggono con sé la chioma.
Gli uomini trinacrii e teucri restarono attoniti
e pregarono gli dei superni[19]; il magnanimo Enea
non rifiuta il presagio; ma abbracciato il lieto Aceste,
lo colma di grandi doni, e dice cosí:
«Prendi, padre; infatti il grande re dell'Olimpo
per tali auspicî volle che tu, escluso dalla sorte,
ricevessi la gloria. Avrai in regalo dal vecchio Anchise
un cratere cesellato d'immagini, che un giorno il tracio Cisseo[20]
aveva donato come compenso di un grande servizio
al padre Anchise, in ricordo e in pegno d'affetto».
Parlando cosí, gli cinse le tempie di verdeggiante alloro,
e primo davanti a tutti dichiara vincitore Aceste.
Il buon Euritione non invidiò l'onore anteposto,
sebbene lui solo abbattesse l'uccello dal cielo.

[vv. 522-542]

I giochi sono terminati, ma Enea ha in serbo una gentile e spettacolare sorpresa: un torneo incruento di giovani cavalieri troiani che diano prova del loro perfetto addestramento con evoluzioni equestri e perfetto maneggio delle armi nel corso di una battaglia simulata. I partecipanti sono divisi in tre squadre, ognuna composta da dodici ragazzi guidati da

18 *canna*: l'asta scagliata dalla freccia.
19 *superni*: gli dei Celesti (Inferi erano gli dei sotterranei dell'oltretomba).
20 *Cisseo*: re tracio.

un capo: Priamo[21], Ati[22], e, piú bello di tutti, Iulo. Gli spettatori applaudono l'ingresso nell'arena dei cavalieri splendenti nella loro giovinezza e fieri dei loro ornamenti: una corona cinge il loro capo, una collana d'oro il petto, faretre lucenti sono assicurate alle loro spalle. Uno schiocco di frusta e un grido danno il segnale d'inizio. I cavalieri avanzano, poi invertono la marcia, si dividono in gruppi, si affiancano di nuovo, si dispongono in ordine di battaglia simulando assalti, scontri, fughe e inseguimenti, finché si riordinano nell'allineamento dell'iniziale marcia di parata. Il continuo intrecciarsi dei movimenti compiuti dai giovinetti è cosí complesso e vario da far pensare agli inestricabili andirivieni del labirinto di Creta[23] o ai guizzi e agli scatti di delfini nuotanti a fior d'acqua.

Con questo spettacolo di grazia e destrezza Enea intende chiudere le celebrazioni. Ma un nefasto episodio turba la serena letizia che ha abbellito l'intero lungo spettacolo.

Le donne troiane non hanno voluto assistere ai giochi, sono restate in disparte sulla riva del mare. Anch'esse ricordano il loro re Anchise con affetto, ma il dolore le chiude in un gelido silenzio e il loro animo si perde nel rimpianto della patria perduta. Guardano con ostilità l'immensa distesa del mare ignoto e misterioso come il futuro che le attende: sognano una casa, una città, una sede stabile dopo tanti anni di sventure e di continuo errare.

Approfittando di quello stato d'animo, Giunone, sempre pronta a nuocere ai Troiani, mette in opera un altro suo piano. Invia sulla riva Iride facendole assumere le sembianze di un'anziana donna troiana, Beroe[24], che susciti ancor piú in quelle donne stanche e sconfortate il desiderio di una sosta definitiva lontano dai pericoli del mare. Le parole della falsa Beroe hanno la forza della realtà e del buon senso: «Perché mai» ella dice «dobbiamo continuare a correre i mari per

21 *Priamo*: figlio di quel Polite ucciso dal figlio di Achille sotto gli occhi del padre Priamo, e quindi nipote di Priamo re di Troia.

22 *Ati*: da lui discese la *gens Atia*, a cui apparteneva la madre dell'imperatore Augusto.

23 *labirinto di Creta*: costruzione progettata da Dedalo su ordine di Minosse, re di Creta, per rinchiudervi il Minotauro, mostruosa creatura per metà uomo e per metà toro, nato dall'unione di Pasife, moglie di Minosse, con un toro. Era costituito da una serie di stanze e di corridoi cosí intricati che era difficilissimo poterne uscire.

24 *Beroe*: personaggio di invenzione virgiliana, nominata solo in questi versi.

cercare una patria che nessuno di noi conosce? Perché non stabiliamo qui la nostra sede e fondiamo in questo luogo ospitale una nuova città?» Passando poi dalla persuasione alla violenza, afferra da un altare un tizzone ardente e lo scaglia sulla tolda della nave piú vicina, incitando le altre donne a seguire il suo esempio. Queste, sconcertate da quel gesto, volgono lo sguardo ora alle navi, ora alla terra, dubbiose se inseguire il sogno del glorioso destino promesso, o godere di una pace immediata. Una di loro scopre nel portamento altero e negli occhi ardenti della donna che le spinge alla ribellione i segni della potenza d'un Nume[25], e mentre ricorda – lo rivela alle compagne – di aver lasciato la vera Beroe ammalata nella sua casa, la falsa Beroe si manifesta quale realmente è librandosi nell'aria ad ali spiegate e tracciando un arco luminoso fra le nubi. Le donne troiane ora non hanno piú dubbi: bruciare le navi è un ordine divino. Prendono allora a scagliare contro le carene fiaccole ardenti, alimentando poi il fuoco con frasche e rami secchi. L'incendio divampa, le fiamme si propagano dalle prue alle poppe, alle tolde, ai banchi dei remi.

Coloro che assistono all'esibizione equestre dei giovinetti scorgono ad un tratto le fiamme che si attorcono alte nell'aria fra nere colonne di fumo. Sconvolti da quella visione, cercano inutilmente di trattenere Iulo, che per primo si slancia verso l'incendio devastatore, e, giunto fra le donne, le investe aspramente con queste parole:

«Quale inaudita follia?» disse «e dove ora
mirate, cittadine infelici? Non ardete il nemico
e il campo ostile degli Argivi, ma le vostre speranze. Ecco,
sono io, il vostro Ascanio!» Gettò ai piedi l'elmo spoglio,
coperto col quale destava figure di guerra[26].
S'affretta insieme Enea, e la schiera dei Teucri.
Ma quelle si disperdono per il terrore
in fuga sulle rive, e furtive raggiungono le selve
e le grotte, dove ne trovino; ripugnano dal gesto e dalla luce,
e mutate riconoscono i loro cari, e scuotono Giunone dal cuore.
Ma non per questo l'incendio e le fiamme deposero

25 *Nume*: sinonimo di divinità; a volte la parola «nume» ha il significato di volontà divina.

26 *elmo... guerra*: Iulo aveva appena partecipato al torneo durante il quale si simulavano azioni di guerra.

le indomite forze; vive sotto l'umido legno
la stoppa vomitando tardo fumo; lento il calore
divora le chiglie, la rovina pervade lo scafo;
non giovano le forze degli eroi e i fiumi d'acqua versati.
Allora il pio Enea si straccia le vesti dalle spalle,
e invoca in aiuto gli dei, e tende le mani:
«Giove onnipotente, se ancora non odii i Troiani
fino all'ultimo uomo, se ancora l'antica benevolenza considera
gli affanni umani, concedi ora alle navi di sfuggire alle fiamme,
o Padre, e sottrai alla distruzione il povero avere dei Teucri;
oppure compi ciò che rimane: spronfondaci a morte
con fulmine ostile, se lo merito, e annientaci qui con la tua
[destra».
Appena detto ciò, una fosca tempesta infuria
senza misura con rovesci di pioggia, e le vette della terra
e le pianure sussultano per il tuono; da tutto il cielo precipita
un torbido scroscio d'acqua tenebroso di densi venti;
le navi ne traboccano; se ne imbevono semibruciati
i legni, finché si estinse tutto l'ardore, e tutte,
eccettuate quattro perdute, si salvarono dalla consunzione le
[chiglie.

[vv. 670-699]

Costernato per quell'incredibile e disastroso evento, Enea è diviso fra due opposte soluzioni: considerare giusta l'aspirazione delle donne, sue compagne d'esilio, e restare in Sicilia dimentico dei divini voleri, o riprendere al piú presto il viaggio per l'Italia. Naute[27], sacerdote di Minerva, gli viene in aiuto con un saggio consiglio: fondi in Sicilia una città ove lasciare sotto la protezione di Aceste le donne, i vecchi, i malati, e chiunque stremato non intenda proseguire il viaggio. Enea, pur apprezzando le parole di Naute, è ancora indeciso, ma durante la notte gli appare in sogno il padre Anchise che lo esorta ad accettare il consiglio di Naute e gli dà consigli sull'immediato futuro: in Italia i Troiani sono attesi da un'aspra guerra, e sarà dunque necessario affrontarla con giovani forti d'animo e di membra, dopo aver lasciato in Sicilia gli stanchi e i timorosi; Enea si prepari inoltre, una

27 *Naute*: uno dei Troiani al seguito di Enea, vecchio saggio che la tradizione vuole sacerdote di Minerva, o caro alla dea Minerva perché a lui fu reso da Diomede il Palladio rapito (vedi nota 13, Libro ii, p. 25). Da allora in poi il prezioso simulacro della dea fu sempre custodito dai discendenti di Naute, la *gens Nautia*.

volta approdato in Italia, a consultare l'oracolo della Sibilla, e subito dopo, guidato dalla veggente, discenda nell'Averno, raggiunga le verdi praterie dell'Elisio[28], ove loro due, padre e figlio, potranno di nuovo incontrarsi.

Al mattino, ormai deciso, Enea riunisce tutti i compagni e alla presenza di Aceste li informa della volontà divina, resa di nuovo palese e imperativa dal sogno notturno.

Nei giorni seguenti traccia il perimetro d'una nuova città, stabilisce le aree dove dovranno sorgere il foro, gli edifici pubblici, le case, e la rocca cui egli impone, prima ancora che sia eretta, il nome di Ilio. Intanto i Troiani riparano le navi tirate in secco, costruiscono nuovi remi, sostituiscono le tavole danneggiate dal fuoco. Non sono molti, quelli decisi a partire, ma dotati di forza e virtú guerresca, e animati dal desiderio di avventure e di gloria.

Le navi sono ormai pronte a salpare, e le stesse donne che avevano temuto i pericoli del mare, ora preferirebbero affrontarli: con animo affranto salutano i partenti, fra i quali sono loro figli, sposi, congiunti.

Per non prolungare lo strazio del distacco, Enea getta sulle onde offerte votive e coppe di vino in onore degli dei del mare, poi ordina con decisione la partenza. Gli equipaggi a gara fendono i flutti coi remi portando velocemente al largo le navi.

Frattanto Venere, che mai ha smesso di seguire con ansia materna quanto accadeva al figlio, si rivolge a Nettuno, lo lusinga e lo implora: non permetta a Giunone di scatenare ancora una volta la sua ira contro gli odiati Troiani. Nettuno rassicura la dea promettendo una navigazione tranquilla per la piccola flotta di Enea che – egli profetizza – toccherà felicemente le terre italiche. I Fati chiedono tuttavia ancora una vittima – per il momento ignota – affinché le loro decisioni possano compiersi: sarà l'ultimo tributo da pagare alle divinità marine. Ciò detto il potente dio aggioga i suoi cavalli, e quasi volando percorre l'ampia distesa delle acque che si acquietano al suo passare.

Le navi scivolano veloci sulle onde, Enea comanda di alzare tutte le antenne e di tendere sui pennoni le vele.

28 *Elisio*: luogo dell'oltretomba destinato ai buoni e ai giusti che erano vissuti nel rispetto delle leggi umane e divine (vedi Libro VI).

Tirarono tutti insieme le scotte, e ugualmente a sinistra,
poi sciolsero le vele a destra; insieme volgono e rivolgono
le erte antenne; favorevoli brezze sospingono le navi.
Primo fra tutti Palinuro guidava la folta
squadra; gli altri dovevano seguire la sua rotta.
E già l'umida Notte aveva quasi toccato la metà
intermedia del cielo; i marinai rilassavano le membra
nella placida quiete, sotto i remi, sparsi per i duri banchi:
quando, disceso lieve dagli astri eterei,
il Sonno[29] fendette l'aria tenebrosa e scosse le ombre,
te, o Palinuro, cercando, a te incolpevole recando
funesti sogni; il dio si asside sull'alta
poppa, simile a Forbante[30], e dice queste parole:
«Iaside[31] Palinuro, le acque portano spontanee la flotta;
le brezze spirano equilibrate: un'ora propizia al riposo;
adagia il capo, sottrai alla fatica gli occhi stanchi.
Per un poco posso subentrarti nel compito».
A stento sollevando gli occhi a lui Palinuro dice:
«Vuoi che ignori il volto del placido mare
e i flutti quieti? che confidi in questo mostro?
Affiderei – come sarebbe possibile? – Enea alle brezze fallaci,
sorpreso piú volte dall'inganno del cielo sereno?».
Rispondeva tali parole, e fisso e stretto alla barra
non si scostava d'un pollice, e teneva gli occhi alle stelle.
Ed ecco il dio gli scuote un ramo stillante rugiada letea[32]
e imbevuto del potere soporifero stigio[33] su entrambe
le tempie, e a lui che già vacillava rilassa le pupille oscillanti.
La quiete inattesa gli aveva appena allentato le membra;
e sopra incombendo, con una parte divelta della poppa
e con tutto il timone lo rovesciò a capofitto nelle onde,
mentre invano chiamava piú volte i compagni;
quello[34], alato, si levò leggero a volo nell'aria.

[vv. 830-861]

Pur priva della guida di Palinuro, la nave, sotto la prote-

29 *Sonno*: personificazione del sonno, considerato, nel mito, il fratello della morte.
30 *Forbante*: Omero lo cita nel xiv dell'*Iliade*, come figlio di Priamo, uomo ricchissimo e caro a Mercurio.
31 *Iaside*: figlio di Iasio.
32 *letea*: il Lete era un fiume infernale le cui acque procuravano l'óblio. Con «leteo» si intende «che dà l'oblio», o «che procura incoscienza».
33 *potere... stigio*: lo Stige era un fiume infernale le cui acque avevano poteri magici e venefici.
34 *quello*: ossia il Sonno.

zione di Nettuno, riesce ugualmente a tenere la rotta. Ma mentre si avvicina pericolosamente agli scogli abitati dalle Sirene[35], bianchi di ossa umane, Enea la vede oscillare senza che alcuno la governi: comprende quanto è accaduto, e addolorato prende il posto di Palinuro pilotando in modo da tenere la nave lontana da quelle sinistre rupi. Lo tormenta tuttavia il pensiero che il corpo dell'amico resti senza sepoltura, gettato dalle onde su qualche ignota spiaggia.

[35] *Sirene*: nell'*Odissea* Omero le descrive come fanciulle bellissime che vivevano su un'isola nei pressi di Scilla e Cariddi (lo stretto di Messina) e ammaliavano col loro canto i naviganti portandoli alla rovina. Ulisse per sfuggire al pericolo riempí di cera le orecchie dei suoi marinai ma lasciò libere le proprie, e per precauzione si fece legare all'albero della nave. Omero non le descrive, ma nella tradizione posteriore esse furono raffigurate metà fanciulle e metà uccelli.

Libro VI.

Rassegnato alla volontà dei Celesti che ancora una volta lo hanno colpito duramente privandolo del suo amico e provetto timoniere, Enea ordina di aprire tutte le vele ai venti e dirigersi a Cuma dove consultare la Sibilla. Qui sbarcati, alcuni s'inoltrano nei boschi, altri cercano selci da cui far sprizzare scintille per accendere fuochi di bivacco; tutti raggiungono poi Enea salito sulla collina ove sorge un tempio del dio Apollo, che secondo la leggenda era stato costruito da Dedalo[1], il famoso ideatore del Labirinto. Sulle auree porte del tempio, Dedalo stesso aveva scolpito le fasi dell'intera tragica vicenda che s'era conclusa con l'uccisione del Minotauro per mano di Teseo[2] aiutato da Arianna[3], figlia di Minosse, re di Creta. Enea era intento a osservare tale mirabile opera d'arte, quando, facendosi largo fra i giovani che attorniavano l'eroe, sopraggiunge Acate che ha già al suo fianco la Sibilla. La sacerdotessa ordina di seguirla nell'antro delle profezie, aperto nel fianco della rupe, al cui interno, presto invasata dal dio, ella subisce una serie di trasformazio-

[1] *Dedalo*: mitico inventore ateniese divenuto famoso per le sue numerose invenzioni meccaniche. Costruí a Cnosso, capitale dell'isola di Creta, il Labirinto (vedi nota 23, Libro v, p. 71).

[2] *Teseo*: mitico eroe ateniese, figlio di Egeo, re di Atene. Compí valorose imprese fra le quali l'uccisione del Minotauro al quale gli Ateniesi dovevano mandare ogni anno un tributo di vite umane. Ucciso il mostro e aiutato da Arianna a trovare l'uscita dal Labirinto, tornò ad Atene, ma si dimenticò di sostituire la vela nera, con la quale era partito, con una bianca (questo era il segnale della riuscita dell'impresa) e il padre Egeo vedendo in lontananza la vela nera e credendo che il figlio fosse morto, si uccise gettandosi in mare (che da lui prese il nome di mar Egeo).

[3] *Arianna*: figlia di Minosse, re di Creta, e di Pasifae. Quando Teseo giunse a Creta per uccidere il Minotauro, Arianna si innamorò di lui e non rispettando gli ordini paterni lo aiutò fornendogli un gomitolo di filo che, fissato all'entrata del Labirinto e dipanato, permise all'eroe, dopo aver ucciso il mostro, di ritrovare il giusto cammino per uscire dall'intricatissimo Labirinto. Fuggita con l'eroe che aveva promesso di portarla nella sua città e farla sua sposa, fu invece abbandonata dormiente nell'isola di Nasso. Di lei ebbe poi compassione il dio Bacco che se ne innamorò e la sposò.

ni, la chioma le si fa irta e scomposta, il petto ansante, la voce dapprima roca, incomprensibile, poi sempre piú chiara nell'esortazione a chiedere i responsi. Enea supplica Apollo e tutti gli dei affinché concedano ai Troiani di giungere alfine nella terra destinata, e promette nuovi templi e festività in onore del dio stesso e di Diana, oltre a un santuario dedicato alla Sibilla stessa. A tale preghiera, la profetessa, sembra trovare requie e pieno abbandono alla presenza del Nume in lei.

E già le cento grandi porte della casa[4] s'aprono
spontanee, e portano nell'aria i responsi della veggente:
«O alfine scampato ai grandi pericoli del mare!
Ma restano quelli maggiori della terra. I Dardanidi giungeranno
nel regno di Lavinio; allontana dal cuore l'inquietudine;
ma vorranno non essere giunti. Guerre, orride guerre,
e il Tevere schiumante di molto sangue vedo.
Non ti mancheranno il Simoenta, e lo Xanto, e l'accampamento
dorico[5]. È già generato nel Lazio un altro Achille[6],
nato anch'egli da una dea; né mai mancherà,
ostile ai Teucri, Giunone; quando tu, supplice nel bisogno,
quali mai genti degli Italici, quali città non avrai pregato!
Causa di tanto male di nuovo una sposa straniera[7] ai Teucri, di
[nuovo forestieri talami.
Tu non cedere ai mali, ma affrontali piú audace
di quanto ti permetta la Fortuna. La prima via di salvezza,
ciò che meno immagini, ti sarà aperta da una città greca[8]».
[...]
Enea comincia: «Nessuna forma

[4] *le cento... casa*: cento è un numero detto per eccesso. Le «grandi porte» erano aperture nella roccia dalle quali usciva ingrandita la voce della profetessa.

[5] *non ti mancheranno... dorico*: la Sibilla preannuncia a Enea la guerra che dovrà sostenere una volta giunto nel Lazio dove si rinnoveranno per i Troiani le morti e i pericoli già subíti durante l'assedio alla loro città presso i fiumi Xanto e Simoenta; di nuovo essi vedranno un accampamento nemico, come una volta videro quello greco («dorico» sta per greco: i Dori erano uno dei quattro gruppi etnici dell'antica Grecia).

[6] *generato... Achille*: la sacerdotessa preannuncia a Enea il duello con Turno, figlio di una ninfa (cosí come sotto le mura di Troia si svolse il duello fra Ettore e Achille, figlio anch'egli di una ninfa).

[7] *sposa straniera*: come Paride aveva rapito e sposato Elena, di origine straniera, scatenando la guerra di Troia, cosí Enea sposerà Lavinia dando origine alla guerra contri i Latini.

[8] *città greca*: si tratta di una città nei pressi di Roma: Pallanteo, capitale del piccolo regno di Evandro, un principe leggendario venuto dall'Arcadia, regione della Grecia. Il nome della città deriva da quello di Pallante, avo di Evandro, che chiamò cosí il proprio figlio e Palatino uno dei colli della città. Enea sarà accolto dal re benevolmente e appoggiato nella guerra contro Turno e i Latini.

di travaglio, o vergine, mi sorge nuova o impensata,
tutto ho provato e prima percorso tra me con l'animo.
Un'unica cosa ti chiedo: poiché si dice che la porta del re inferno
e la tenebrosa palude formata dal rigurgito d'Acheronte[9]
si trovino qui: mi sia lecito di giungere al cospetto e alle labbra
dell'amato padre. Insegnami la via e apri le sacre porte...».

[vv. 81-109]

La Sibilla risponde parole inquietanti: la discesa nell'Oltretomba è agevole, le porte sono sempre aperte, arduo invece è tornare, privilegio concesso soltanto a pochi uomini di straordinaria virtú, prediletti da Giove[10]. Tuttavia se Enea vorrà tentare l'impresa, dovrà assolvere alcuni compiti: anzitutto dare sepoltura a un compagno di cui è ancora ignota a tutti la morte; compiere un rito di purificazione sacrificando agli dei Inferi pecore nere; inoltrarsi infine nella folta e cupa selva che si stende presso la porta degli Inferi, e cercarvi un ramo d'oro che risplende tra le fronde di un albero consacrato a Proserpina[11], regina dell'Averno. Se egli troverà quel ramo e riuscirà a impadronirsene strappandolo dal tronco,

9 *Acheronte*: fiume infernale. Il suo nome significa «fiume del dolore». Sulle sue rive si affollavano le anime che Caronte trasportava nel regno dei morti (chiamato in vari modi: oltretomba, Averno, Inferi, Erebo, casa di Dite, Ade, Orco). Le anime degli insepolti invece erano condannate ad aspettare cento anni prima che fosse loro concesso di essere traghettati. Le acque dell'Acheronte unite a quelle del Cocíto («fiume del pianto») formavano la palude Stige che circondava tutto il regno dell'oltretomba.

10 *pochi uomini... Giove*: secondo il mito soltanto Orfeo, Polluce, Teseo ed Ercole erano discesi nel regno dei morti. Il poeta Orfeo compí lo straordinario viaggio per chiedere agli dei infernali di riportare in vita la moglie Euridice. Gli dei commossi dal suo canto concessero che Euridice lasciasse il regno delle ombre e seguisse il suo sposo al quale però fu imposto di non volgersi mai a guardarla fino quando non fossero usciti dalle dimore infernali. Ma Orfeo si volse e perse per sempre Euridice. Polluce, fratello di Castore; entrambi erano figli di Leda, ma l'uno immortale perché figlio di Giove, l'altro mortale perché figlio di Tindaro, sposo di Leda. Alla morte di Castore, il fratello Polluce chiese e ottenne dagli dei di poter dividere con lui il dono dell'immortalità e di poter restare insieme un giorno negli Inferi e un giorno sulla terra. Teseo, il mitico eroe greco uccisore del Minotauro, si avventurò nei regni infernali per rapire Proserpina, la sposa stessa di Plutone. L'impresa fallí ed egli si salvò grazie all'aiuto dell'eroe Ercole. Quest'ultimo scese negli Inferi ben due volte, per liberare Teseo e per compiere una delle dodici prove imposte a lui dal re Euristèo: catturare e trascinare fino alla superficie terrestre Cerbero, il mostruoso cane a tre teste che custodiva l'ingresso del Tartaro, la sede infernale dei malvagi, impedendo ai vivi di scendere nel regno dei morti e viceversa ai morti di tornare tra i vivi.

11 *Proserpina*: per i Greci Persefone; figlia di Giove e di Cerere. Rapita da Plutone, dio degli Inferi, divenne sua moglie e regina del regno dei morti. Cerere ottenne da Giove che la figlia potesse tornare sulla terra per due terzi dell'anno.

ciò significherà l'assenso degli dei a iniziare e proseguire il viaggio attraverso il regno delle ombre, inaccessibile ai viventi.

Addolorato ma anche pieno di speranza – dolore per il nuovo lutto che gli è stato annunciato, e speranza di poter giungere al cospetto del padre nei Campi Elisi[12] –, Enea si allontana dall'antro e torna alle navi. Ma quanto scorge sulla riva lo raggela: arrovesciato sulla sabbia giace il corpo esanime di Miseno[13], il piú esperto di tutti nell'infiammare i guerrieri alla battaglia o nel radunarli per un'assemblea con i possenti squilli della sua tromba. Nessuno poteva sapere cosa gli era accaduto, e cioè che, tradito dal suo stesso orgoglio d'insuperabile trombettiere, aveva sfidato gli dei marini e in particolare Tritone a gareggiare con lui nell'arte di trarre suoni, lui dalla sua fida tromba, Tritone da una grande e ritorta conchiglia usata come buccina. Il dio marino, irritato dalla presunzione di quel mortale, lo aveva strappato dallo scoglio sul quale l'imprudente s'era inerpicato, facendolo travolgere dalle onde, poi risospingere annegato a riva.

Rassegnato a quel nuovo sacrificio richiesto forse dal destino per propiziargli il viaggio oltremondano, Enea esegue gli ordini della Sibilla, accatasta tronchi, vi dispone sopra la salma, si congeda per sempre dallo sventurato compagno, quindi dà fuoco al rogo e impone il nome di Miseno allo sperone di scogli che in quel punto della costa sembra ferire il mare[14]. Poi si addentra nel folto della selva cercando di scoprire in quell'immensa distesa di alberi e nell'inestricabile viluppo di arbusti, cespugli, fronde, il fatale ramo d'oro. E prega cosí ad alta voce:

«Se ora ci si mostrasse quel ramo d'oro sull'albero
in una foresta cosí sconfinata! perché la veggente, purtroppo,
ha detto tutto con verità, di te, o Miseno».
Aveva parlato cosí, quando una coppia di colombe

12 *Campi Elisi:* detti anche Elisio, sede delle anime dei giusti. Virgilio pone il luogo destinato ai beati, alle anime dei giusti, al termine dell'itinerario sotterraneo, scostandosi dalla tradizione greca che poneva la sede dei beati in superficie, in una pianura lontana, o in un'isola («isole dei beati», «isole felici»), in un luogo estremo della terra. L'oltretomba virgiliano, l'inferno (la parola deve essere intesa nel senso di «ciò che sta sotto la terra») racchiude dunque tutti i morti, sia i beati che i malvagi.

13 *Miseno*: trombettiere, prima di Ettore, poi di Enea.

14 *impone... mare*: si tratta dell'odierno promontorio Miseno, a nord di Napoli.

proprio davanti al suo sguardo sopraggiunsero a volo
e si posarono sul verde suolo. Allora il magnanimo eroe
riconosce gli uccelli materni e lieto prega:
«Guidatemi, se c'è una via, e dirigete per l'aria
il volo nei boschi, là dove il ramo d'oro
ombreggia la pingue terra. E tu non mancarmi
nelle difficoltà, o dea madre». Detto cosí, si fermò,
osservando che segni diano, dove proseguano a dirigersi.
Quelle, pascendosi, avanzarono tanto con il volo,
quanto potesse scorgere lo sguardo di chi le seguisse,
quindi, come arrivarono alle fauci del graveolente Averno[15],
si sollevano veloci e, discese per la limpida aria,
si posano nel luogo desiderato sul duplice albero[16]
di dove diverso rifulse per i rami il soffio scintillante dell'oro.
Quale suole nelle selve col freddo invernale il vischio[17]
verdeggiare di nuova fronda, poiché la sua pianta non germina,
e avvolgere i tronchi rotondi con un frutto giallastro,
tale era l'aspetto dell'oro frondeggiante sull'ombroso
elce, cosí crepitava la lamina al lieve vento.
Lo afferra subito Enea e avido lo strappa...

[vv. 187-210]

Rinfrancato dal possesso del ramo splendente a lui richiesto dall'oracolo, l'eroe e alcuni suoi compagni si appressano alla profonda grotta che fa da ingresso ai regni d'oltretomba. Il luogo dove già li aspetta la Sibilla è protetto dalle tenebre della selva e vi ristagna il torbido Averno dal quale esalano odori pestilenziali cosí intensi da far cadere esanimi nelle acque gli uccelli che lo sorvolino. Guidati in ogni loro gesto dai moniti della profetessa, ma ugualmente pervasi da un tremito ansioso, compiono rituali sacrifici a Plutone[18] e Proserpina, supreme divinità infernali, immolano pecore dal vello nero, raccolgono in coppe il loro sangue, ne bruciano le viscere. Tutto è immerso nell'oscurità della notte, resa qua e

15 *graveolente Averno*: è stato già detto che le acque dell'Averno emanavano maleodoranti esalazioni.

16 *duplice albero*: albero dalla duplice natura, era infatti di legno e d'oro.

17 *vischio*: il vischio, come l'edera, è una pianta parassita che si appoggia al tronco di un altra pianta. In questo caso è appoggiata e verdeggia su un ombroso elce.

18 *Plutone*: per i Greci Ades; figlio di Saturno e Rea, fratello di Giove e di Nettuno. Quando Giove spodestò il padre Saturno, i tre fratelli si divisero i tre regni, e a Plutone toccò in sorte il regno sotterraneo e il regno dei morti. Invaghitosi di Proserpina, la rapí mentre stava cogliendo i fiori nei pressi di Enna, e la sposò. Era chiamato anche Dite (da *dives*, «ricco», giacché il sottosuolo è ricco di minerali preziosi).

là meno fitta dalle fiamme degli altari. Enea e i suoi compagni restano a lungo immobili in attesa dell'alba.

Quando finalmente il sole spunta all'orizzonte, invece di recare sollievo a chi tanto l'ha atteso, suscita anch'esso stupore e spavento: man mano infatti che la luce del giorno si fa piú intensa, la terra con un cupo rombo prende a tremare, e si odono orribili latrati di cagne[19]. La Sibilla lancia allora uno stridulo grido: «State lontani, profani, via tutti dal bosco! Avanza tu solo, o Enea, e snuda la spada. Ora dovrai mostrare se hai cuore ben saldo!» Detto ciò, entra di furia nell'antro, seguíta da quell'inconsueto e intimorito ospite degli Inferi.

Proprio davanti al vestibolo, sull'orlo delle fauci dell'Orco[20],
il Pianto e gli Affanni vendicatori posero il loro covile;
vi abitano i pallidi Morbi e la triste Vecchiaia,
la Paura, e la Fame, cattiva consigliera, e la turpe Miseria,
terribili forme a vedersi, e la Morte, e il Dolore;
poi il Sonno, consanguineo della Morte, e i malvagi Piaceri
dell'animo, e sull'opposta soglia la Guerra apportatrice di lutto,
e i ferrei talami delle Eumenidi[21], e la folle Discordia,
intrecciata la chioma viperea di bende cruente.
[...]
Allora Enea, tremante d'improvviso terrore,
afferra la spada, e ne oppone la punta ai venienti,
e se l'esperta compagna non lo ammonisse che si tratta di vite
che volteggiano tenui, incorporee, fantasmi in cavo sembiante,
irromperebbe, e invano col ferro squarcerebbe le ombre.
Di qui la via che porta alle onde del tartareo[22] Acheronte.
Qui un gorgo torbido di fango in vasta voragine
ribolle ed erutta in Cocíto[23] tutta la sabbia.
Orrendo nocchiero, custodisce queste acque e il fiume
Caronte, di squallore terribile, a cui una larga canizie
incolta invade il mento, si sbarrano gli occhi di fiamma,
sordido pende dagli omeri annodato il mantello.

19 *si odono... cagne*: è la muta di cagne infernali che accompagna la dea Ecate.

20 *vestibolo... Orco*: altra denominazione dell'inferno. L'ampio vestibolo è popolato di fantasmi orribili, una serie di figure luttuose, personificazioni di tutti i mali che affliggono l'umanità.

21 *ferrei... Eumenidi*: le Furie, chiamate anche Eumenidi, «le benigne», quando si voleva renderle propizie, stanno in luoghi chiusi da sbarre di ferro.

22 *tartareo*: infernale; il Tartaro è la parte dell'inferno riservata ai malvagi.

23 *ribolle... Cocíto*: l'Acheronte si getta nel Cocíto riversando la sua acqua melmosa e sabbiosa.

Egli spinge la barca con una pertica e governa le vele,
e trasporta i corpi sullo scafo di colore ferrigno,
vegliardo, ma dio di cruda e verde vecchiezza.

[vv. 273-304]

Enea e la Sibilla sono dunque giunti sulle rive dell'Acheronte fiume infernale che, congiungendosi a un altro fiume, il Cocíto, produce al suo termine la palude Stigia, melmoso avvolgimento dell'intero regno dei morti. Una moltitudine di anime accorre su quella triste riva per ottenere il passaggio sull'altra sponda: sembrano foglie che ai primi freddi autunnali cadano fitte nei boschi, o schiere d'uccelli che si riuniscano in grandi stormi quando l'inverno li spinge a migrare verso terre assolate. Sono invece evanescenti simulacri di donne, uomini, eroi, fanciulli e fanciulle strappate ai loro cari in tenera età: tutti a mani tese chiedono di essere i primi a salire sulla barca, ma l'iroso Caronte ne accoglie soltanto alcune, e a colpi di remo ricaccia indietro le altre. La Sibilla spiega ad Enea che le anime cui è impedito il passaggio sono l'infelice schiera di quanti dopo la morte non hanno avuto sepoltura: dovranno vagare cento anni intorno a quelle livide acque prima di essere ammesse come le altre nell'oltretomba per scontare la loro pena o ricevere il premio dei loro meriti.

Fra queste anime sfortunate Enea riconosce il volto mesto di due suoi compagni d'esilio periti nella tempesta[24]; rattristato a quella vista, è ancor piú turbato dall'apparire di Palinuro, che gli narra la propria tragica morte: caduto in mare, non è annegato, come tutti avevano creduto, ma aggrappato al timone che egli precipitando aveva trascinato con sé, aveva trascorso tre orribili giorni in balia delle onde, sospinto dal vento e dalle correnti marine verso le coste lucane, e giunto lí a nuoto, mentre cercava di inerpicarsi sulle scogliere, era stato aggredito e ucciso dalla barbara gente di quei luoghi. Ora il suo corpo è di nuovo tra i flutti, e i venti continuano a sbatterlo contro gli scogli. Inconsapevole delle rigorose leggi infernali, Palinuro chiede a Enea di portarlo con sé attraverso la palude, affinché almeno in morte possa trovare requie. Ma la Sibilla lo vieta, lasciando tuttavia una speranza al me-

24 *suoi compagni... tempesta*: sono Leucapsi, personaggio ignoto, e Oronte, capo dei Lici, già nominato nel Libro I.

sto timoniere: gli stessi crudeli uomini che l'hanno ucciso, atterriti da sinistri presagi per il delitto compiuto, daranno presto sepoltura al suo corpo, erigeranno un tumulo in suo tardivo onore, e imporranno al promontorio dove il crimine è stato compiuto il nome di Palinuro.

Caronte, scorti dalle onde i due insoliti viandanti avvicinarsi alla riva, si rivolge minaccioso a Enea, che ancora armato di spada osa presentarsi alle porte dell'inferno con la pretesa d'intraprendere un viaggio negato a ogni vivente.

Rispose in breve l'anfrisia[25] veggente:
«Qui non vi sono tali insidie; cessa di adirarti;
le armi non portano violenza[26]; l'immane portinaio nell'antro
atterrisca latrando in eterno le ombre esangui,
serbi Proserpina, casta, la soglia dello zio[27].
Il troiano Enea, insigne di pietà e d'armi,
discende al padre, tra le profonde ombre dell'Erebo[28].
«Se non ti muove l'immagine di tanta pietà, almeno
riconosci il ramo» e mostra il ramo che celava nel mantello.
Allora si placa il cuore gonfio d'ira.
Non fu detto nulla di piú. Quegli, ammirando il venerabile dono
del fatale virgulto, veduto dopo lungo tempo,
volge la livida poppa, e accosta alla riva.
Indi scaccia le altre anime, che sedevano sui lunghi
banchi, e sgombra la tolda; insieme accoglie nello scafo
il grande Enea. Gemette sotto il peso la barca
intessuta di giunchi, e ricevette molta acqua dalle fessure.
Infine depose incolume al di là del fiume la veggente
e l'eroe sull'informe fanghiglia e tra la glauca erba palustre.
L'enorme Cerbero col latrato di tre fauci rintrona
i regni infernali, giacendo immane di fronte in un antro.
La profetessa, vedendo i colli arruffarsi di serpi,
gli getta un'offa[29] soporosa di miele e di farina affatturata.

25 *anfrisia*: anfrisio è attributo riservato ad Apollo, e quindi per estensione anche alla sua profetessa. Apollo aveva pascolato (per punizione inflittagli da Giove) le greggi del re Admeto, lungo il fiume Anfrisio in Tessaglia.

26 *cessa... violenza*: la Sibilla vuole rassicurare Caronte. Enea infatti non è venuto nell'inferno per rapire Cerbero («l'immane portinaio»: vedi nota 10, p. 79), come fece Ercole, o come fece Teseo per rapire Proserpina, che ora può starsene tranquilla («casta») nel suo regno, accanto al marito Plutone.

27 *zio*: Plutone era marito e zio di Proserpina, in quanto l'uno era fratello di Giove e l'altra figlia di quest'ultimo.

28 *Erebo*: il dio delle tenebre, figlio del Caos, e per estensione, anche il regno dell'oltretomba.

29 *offa*: focaccia di farina, miele e semi di papavero.

Quello con fame rabbiosa spalancando le tre gole
la afferra a volo, e rilassa le immani terga
sdraiato al suolo, ed enorme si estende per l'antro.
Enea varca l'entrata, sepolto il guardiano nel sonno,
e lascia rapido la riva dell'onda da cui non si torna.

[vv. 398-425]

Fin dalla soglia dell'Erebo si odono voci flebili, sospiri, lamenti. Quella prima zona dell'inferno è immune da supplizi e castighi: la punizione per quanti sono relegati in essa, consiste nell'eterno rimpianto della vita perduta, ed è riservata alle anime dei bambini, dei condannati ingiustamente, dei suicidi, dei caduti combattendo, e di quanti condusse alla morte la passione amorosa. Anche a queste anime incolpevoli, Minosse[30], inflessibile giudice infernale, assegna la sede prescritta: ai consunti o uccisi dal loro stesso amore è destinato un luogo protetto tutt'intorno da una selva di mirti: il tormento della passione che li consumò in vita, non è placato neanche dalla morte. Fra queste ombre Enea ne scorge una che fa sobbalzare il suo cuore: gli sembra di aver riconosciuto Didone, di cui egli non conosce ancora la tragica sorte. Cerca di avvicinarla, e nell'attimo in cui può distinguerne il volto, il dubbio diventa certezza che gli sconvolge l'animo: è proprio l'ombra di Didone, e mostra ancora lo squarcio della ferita nel petto. Anche nell'animo di Enea v'è adesso l'inferno, ma vane sono le sue parole accorate e gli accenti disperati nello spiegare di nuovo le ragioni della sua improvvisa partenza dalla Libia, e ora di quel viaggio nelle tenebre dell'oltretomba. Didone non ascolta, volge altrove lo sguardo sdegnoso, esita solo un attimo, poi, senza degnarlo d'una sola parola, quasi fuggendo dirige i suoi passi verso il bosco dove l'attende il suo sposo Sicheo. Enea resta immobile, folgorato da quell'incontro. Ma la Sibilla lo esorta a riprendere il cammino verso i campi dove hanno sede le anime di quanti morirono in battaglia.

Qui molti Troiani caduti sotto le mura della loro città si affollano intorno ad Enea, antico condottiero, chiedendogli perché da vivo si trovi in quei luoghi dove regna sovrana la

30 *Minosse*: è il famoso re di Creta, figlio di Giove e di Europa. Il mito vuole che egli fosse stato scelto per essere uno dei giudici infernali preposto nell'Antinferno per esaminare le colpe dei trapassati e assegnare loro la sede destinata.

morte. E un'altra visione sconvolge l'animo dell'eroe: fra quelle ombre egli riconosce Deífobo, uno dei figli di Priamo, orribilmente mutilato nel corpo e nel volto: lo aveva creduto morto in battaglia e onorato da un degno sepolcro; gli chiede dunque in quali circostanze egli abbia trovato una cosí orribile fine. Deífobo narra una truce vicenda di odio e di vendetta, di cui è stata ispiratrice e protagonista Elena, la bellissima spartana che egli aveva sposato dopo la morte di Paride: durante l'ultima notte di Troia, mentre tutti si abbandonavano a una folle allegria intorno al cavallo di legno, lei innalzava fiaccole per segnalare alle navi greche che l'inganno escogitato da Ulisse e Sinone stava producendo i suoi frutti avvelenati; al termine della notte, mentre la città giaceva nel greve sonno seguíto alla sconsiderata euforia della falsa pace ritrovata, i primi guerrieri greci erano balzati fuori dal ventre del cavallo, e lei ne aveva invitati alcuni a entrare nella sua casa: fra di essi Ulisse e Menelao, che lo avevano sorpreso nel sonno e mutilato in quell'orrendo modo.

Enea vorrebbe fermarsi con lui, confortarlo, promettergli una qualche riparazione, se non vendetta, dell'indegno modo della sua morte, subíta senza avere la possibilità di difendersi con le armi in pugno dalla cieca ferocia dei nemici.

Ma di nuovo la Sibilla lo incalza: il viaggio deve essere compiuto nel volgere di un solo giorno, e il sole ha già compiuto metà del suo corso.

Ora il cammino si biforca: a destra conduce alla reggia di Dite ove è il passaggio per recarsi nei Campi Elisi, sede delle anime beate; a sinistra sprofonda nel Tartaro[31], luogo di eterna punizione per i malvagi.

Cosí disse, e nel parlare volse i passi.
   Enea scruta, e subito sotto una rupe a sinistra
vede ampie mura circondate da un triplice bastione,
che un rapido fiume accerchia con fiamme roventi,
il tartareo Flegetonte, e rotola scroscianti macigni.
Di fronte, la porta, enorme, e colonne d'acciaio massiccio,
tali che nessuna forza d'uomini, né gli stessi Celesti

31 *Tartaro*: sede dei malvagi, il luogo piú profondo degli Inferi, un abisso immenso cinto da un triplice ordine di mura e bagnato all'intorno dalla rapida corrente del fiume Flegetonte, che ribolle di fuoco. Nel Tartaro sono condannati coloro che si sono macchiati di colpe cosí gravi che non vi è possibilità di purificazione. Le pene alle quali sono condannati sono eterne.

potrebbero distruggerle in guerra; la torre si erge ferrea nell'aria;
Tisifone[32] assisa, avvolta in un mantello insanguinato,
custodisce insonne il vestibolo notte e giorno.
Di qui si odono gemiti, e risuonano crudeli percosse;
poi uno stridore di ferro, e strascicate catene.
Ristette Enea e indugiò sbigottito allo strepito:
«Che specie di delitti? o vergine, dimmi, e quali
castighi li straziano? che alti lamenti nell'aria?».
Allora la veggente cominciò: «O glorioso capo dei Teucri,
nessun innocente può sostare sulla soglia scellerata;
ma quando Ecate[33] mi prepose ai boschi averni,
mi mostrò i castighi divini, e mi condusse per tutti i luoghi.
Questi durissimi regni governa Radamanto[34] di Cnosso,
e punisce e ascolta gli inganni, e costringe a confessare
le colpe commesse tra i vivi, che, compiacendosi di un'inutile
frode, ognuno differí di espiare oltre l'ora della morte.
Subito Tisifone, vendicatrice, armata d'un flagello
percuote assalendo i colpevoli, e avventando con la sinistra
ritorti serpenti, chiama la crudele schiera delle sorelle.
Allora infine stridendo sul cardine dall'orribile suono
si aprono le sacre porte. Vedi che guardia[35]
siede nel vestibolo? che ceffo custodisce le soglie?
L'Idra[36] con cinquanta nere fauci mostruosa
risiede dentro piú feroce. Poi il Tartaro
due volte tanto si apre a precipizio ed affonda nelle tenebre,
quanto la vista del cielo si leva all'etereo Olimpo.
Qui l'antica prole della Terra, la gioventú dei Titani[37],

[32] *Tisifone*: una delle tre Furie (le altre sono Aletto e Megera). Essa percuote i condannati. Le Furie erano state già collocate nel vestibolo dell'inferno; questa incongruenza, come altre nel poema, è dovuta alla mancata revisione del poema da parte del poeta.

[33] *Ecate*: in questo caso identificata in Proserpina, regina dell'inferno (vedi anche nota 25, Libro IV, p. 60).

[34] *Radamanto*: giudice preposto ad assegnare le pene e la sede ai malvagi nel Tartaro; fratello di Minosse (giudice delle anime nell'Antinferno), detto cnosio perchè Cnosso era la capitale dell'isola di Creta di cui Minosse era re. Radamanto era noto per la sua rettitudine.

[35] *guardia*: cioè la furia Tisifone.

[36] *Idra*: una sorta di drago o di serpente con cinquanta teste: potrebbe essere un mostro distinto dall'Idra di Lerna che Virgilio ha già collocato fra i mostri nel vestibolo dell'inferno, o forse, se si tratta della stessa, ci troviamo di fronte a un'incongruenza dovuta – come già detto –, alla mancata revisione dell'opera.

[37] *Titani*: figli del Cielo (per i Greci Urano) e della Terra (per i Greci Gea), di statura gigantesca. Quando il piú giovane di loro, Saturno (per i greci Cronos) fu spodestato dal figlio Giove, i Titani e i Giganti tentarono piú volte di assaltare l'Olimpo, ma furono respinti dai fulmini di Giove e confinati nelle viscere della Terra. Spesso Titani e Giganti sono confusi. Entrambi comunque sono il simbolo della ribellione contro la divinità, e della conseguente punizione.

abbattuta dal fulmine, si voltola nell'estremo fondo...»

[vv. 547-581]

Nell'abisso del Tartaro sono puniti mitici personaggi che osarono sfidare gli dei, quali Salmoneo[38], re dell'Elide, che volendo essere simile a Giove, aveva stoltamente cercato di imitarne i tuoni facendo correre sui lastrici delle vie carri con ruote di bronzo, e i fulmini scagliando in aria torce accese; il Gigante Tizio[39], figlio della Terra, che aveva tentato di violentare la dea Latona, e per questo suo crimine era punito nelle sue stesse viscere eternamente lacerate dal becco d'un avvoltoio; e Issione e Piritoo[40], colpevoli di aver tentato l'uno di violentare Giunone, l'altro di possedere Proserpina: entrambi sono ora minacciati da un enorme macigno che pende in eterno sul loro capo. E tanti altri senza nome, fedifraghi, traditori, avari, adulteri, fratricidi.

Le mura della reggia di Dite[41] non sono lontane, anzi è già possibile scorgerne le porte. A passi rapidi i due viandanti ne raggiungono il limitare.

Enea occupa l'entrata, e asperge il corpo d'acqua
sempre fluente, e fissa il ramo d'oro sulla soglia.
Infine, compiuto ciò, fatta l'offerta
alla dea, giunsero nei luoghi ridenti e tra l'amena
verzura dei boschi delle anime felici, e nelle sedi beate.
Qui un etere piú ampio riveste i campi di luce
purpurea; conoscono un loro sole e loro stelle[42].
Parte esercitano le membra in erbose palestre,
gareggiano e lottano nella fulva sabbia;
parte ritmano coi piedi danze ed intonano canti.
E il sacerdote di Tracia[43] in una lunga veste

38 *Salmoneo*: re dell'Elide (regione della Grecia), figlio di Eolo e fratello di Sisifo.

39 *Tizio*: Gigante, figlio della Terra, ucciso da Apollo e da Diana per aver tentato di usare violenza alla loro madre Latona.

40 *Issione e Piritoo*: Issione era re dei Lapiti, popolo della Tessaglia; tentò di far violenza a Giunone. Piritoo, figlio di Issione, tentò di rapire Proserpina.

41 *mura... Dite*: la reggia di Plutone (Dite), re del regno dei morti. Le mura di ferro furono costruite dai Ciclopi.

42 *conoscono... stelle*: l'Elisio è un mondo a se stante: pur essendo collocato nel mondo sotterraneo è pieno di luce e verdeggia di distese erbose e arboree. Le ombre dei pii e dei giusti continuano le loro attività amate sulla Terra senza sentire piú il dolore, la passione o la fatica che li travagliarono da vivi.

43 *sacerdote di Tracia*: si tratta di Orfeo, mitico poeta, cantore e musico della Tracia; in abito sacerdotale perché considerato simbolo della sacra arte della musica e della poesia.

fa risuonare in cadenza le sette gradazioni di suoni,
e ora le desta con le dita, ora con l'eburneo plettro.
Qui l'antica stirpe di Teucro, bellissima prole,
magnanimi eroi nati in anni migliori,
Ilo e Assaraco e Dardano fondatore di Troia[44].
Lontano Enea ammira le armi e i vuoti carri degli eroi.
Stanno confitte in terra le aste, e pascolano sciolti,
sparsi per la pianura, i cavalli. L'amore ch'ebbero
da vivi per i carri e l'armi, la cura di pascere
splendenti cavalli, la stessa li segue sepolti.
Ed ecco scorge altri a destra e a sinistra per l'erba
banchettare e cantare in coro un lieto peana[45]
tra un odoroso bosco d'alloro, da dove nel mondo
di sopra fluisce rigoglioso per la selva il fiume Eridano[46].
Qui, a schiera, coloro che patirono ferite
combattendo per la patria, e i sacerdoti puri nella vita,
e i pii veggenti che dissero cose degne di Febo,
e coloro che nobilitarono la vita con la scoperta delle arti,
o s'imposero all'altrui ricordo per i propri meriti;
a tutti corona le tempie una nivea benda.

[vv. 635-665]

Dalla tenebra alla luce, dai luoghi di pena a quelli della quiete, dalle grida di dolore ai canti di letizia. Enea è finalmente giunto nella sede dei beati, che vagano nei boschi ombrosi, sulle rive di freschi ruscelli, su verdissimi prati. Le loro ombre si fanno intorno ai due ospiti inattesi, e quella del poeta Musèo[47] si offre come guida attraverso quelle vaste pianure splendenti di luce.

Varcata una collina e discesi in un'accogliente vallata, Enea scorge infine con emozione l'ombra di suo padre Anchise. Non meno di Enea si commuove Anchise allo scorgere il figlio venire verso di lui. Lagrime rigano i loro volti e affettuose parole fioriscono sulle labbra di entrambi. Benché divisi, essi hanno continuato ad essere sempre presenti l'uno

44 *Dardano... Troia*: qui bisogna intendere «progenitore della stirpe troiana», giacché non fu Dardano a fondare Troia, ma uno dei suoi discendenti.

45 *lieto peana*: canto a piú voci; originariamente in onore di Apollo, in seguito il nome indicò piú genericamente un canto di giubilo o di vittoria.

46 *il fiume Eridano*: è il Po che Virgilio, poeta mantovano, immagina abbia le sue origini nell'Elisio.

47 *Musèo*: cantore mitico proveniente dalla Tracia, discepolo o figlio di Orfeo, nei tempi preomerici avrebbe introdotto e diffuso in Grecia la poesia sacerdotale.

nella vita e nei pensieri dell'altro, traendo da questo saldo vincolo familiare la forza di assolvere ognuno la propria missione, in terra Enea, nell'Elisio Anchise. Per tre volte Enea fa il gesto di abbracciare il padre, ma tre volte l'ombra di Anchise, com'era inevitabile per uno spirito, rende vano l'abbraccio del figlio.

Ora si offre allo sguardo di Enea una pianura ombreggiata dalla chioma di grandi alberi, e attraversata da un fiume sulle cui rive sciamano anime lievi come api intorno ai fiori. Il fiume è il Lete – spiega Anchise –, e quelle anime sono destinate a reincarnarsi, dopo essersi dissetate a quelle acque che fanno perdere la coscienza della propria individualità e dimenticare la vita trascorsa sulla terra, dove esse tuttavia torneranno in nuovi corpi, con diversa entità e per una nuova esperienza terrena.

Anchise continua:

«Anzitutto uno spirito interno[48] vivifica il cielo e la terra
e le liquide distese e il lucente globo della luna
e l'astro titanio[49]; l'anima diffusa per le membra
muove l'intera massa e si mescola al grande corpo.
Di qui la stirpe degli uomini e degli animali e le vite degli uccelli
e i mostri che il mare produce sotto la marmorea distesa.
Quei semi possiedono un igneo vigore e un'origine
celeste, finché non li gravano corpi nocivi
né li ottundono organi terreni e membra moriture.
Perciò temono e desiderano, soffrono e godono, e chiusi
nelle tenebre d'un cieco carcere non scorgono il cielo.
Ed anche quando la vita li abbandona con l'ultima luce,
tuttavia dagli sventurati non si allontanano tutti i mali,
non si sradicano i contagi corporei, ma è destino che molti vizi,
a lungo induritisi, germoglino in strane maniere.
Dunque le anime sono travagliate da pene e pagano

[48] *spirito interno*: è qui spiegata la teoria della metempsicosi di origine pitagorica secondo la quale l'Universo trae vita da un solo spirito che, mescolandosi in vario modo con la materia, dà origine a tutti gli esseri viventi. Ma lo spirito, nel contatto continuo con la materia finisce per contaminarsi e, dopo la morte del corpo, deve di conseguenza purificarsi nell'oltretomba. Condotta a termine dopo mille anni tale purificazione – che avviene attraverso il fuoco, l'acqua e l'aria –, le anime sono chiamate a bere l'acqua del Lete per dimenticare del tutto il passato. Soltanto allora sono pronte e desiderose di reincarnarsi.

[49] *l'astro titanio*: il Sole, qui personificato, era figlio del Titano Iperione. Secondo il mito, ogni mattina sorgeva dall'oceano e attraversava il cielo con il suo carro tirato da cavalli che mandavano fuoco dalle narici.

i castighi delle antiche colpe: alcune si aprono sospese
ai lievi venti; ad altre la macchia dei delitti
si dilava nel vasto gorgo o si brucia nel fuoco;
ciascuno soffre il suo demone[50]; dopo veniamo mandati
per l'ampio Elisio, e in pochi abitiamo i lieti campi;
finché una lunga stagione, compiuto il ciclo del tempo,
toglie la macchia contratta e lascia puro
l'etereo senso e la fiamma del semplice spirito.
Tutte queste, girata la ruota per mille anni,
il dio le chiama in folla al fiume leteo,
sicuramente immemori, perché ritornino a vedere la volta
del cielo e comincino a sentire il desiderio di rientrare nei [corpi».

[vv. 724-751]

Giunti sulle rive del Lete, le anime si affollano intorno a loro. Anchise indica fra di esse quelle degli eroi che in futuro costituiranno la gloriosa stirpe troiana e latina: sfilano cosí davanti agli occhi di Enea i re Albani, discendenti di Silvio[51], colui che nascerà dal connubio dell'eroe troiano con Lavinia, figlia di Latino, re del Lazio; e Romolo, figlio di Marte e di Ilia di sangue troiano, fondatore di Roma, la quale, piccola e rustica città all'inizio, nei secoli successivi sarebbe divenuta un impero i cui confini avrebbero coinciso con quelli dell'intero mondo. Poi la voce di Anchise si fa piú solenne nell'indicare l'anima che s'incarnerà in Cesare Augusto[52], figlio adottivo del grande Cesare, diretto discendente dalla stirpe di Iulo:

«...Questo è l'uomo che spesso ti senti promettere,
l'Augusto Cesare, figlio del Divo, che fonderà
di nuovo il secolo d'oro nel Lazio per i campi
regnati un tempo da Saturno; estenderà l'impero

50 *ciascuno... demone*: ognuno sconta le proprie colpe.

51 *re... Silvio*: Silvio, figlio di Lavinia e di Enea, era il nome di molti re Albani che suceddettero a Iulo e a Silvio, entrambi re di Albalonga. Secondo lo storico Livio il primo re di Albalonga fu Iulo, il secondo Silvio e poi dopo altri undici re si arrivò a Numitore, avo di Romolo e Remo.

52 *Augusto*: Gaio Ottavio – questo il suo nome – era pronipote di Giulio Cesare, che lo adottò nel 45 a. C.; da allora egli si chiamò Gaio Giulio Cesare Ottaviano. Il titolo di Augusto gli fu conferito piú tardi dal Senato, nel 27 a.C.

sui Garamanti e sugli Indi[53], sulla terra che giace oltre le stelle,
oltre le vie dell'anno e del sole, dove Atlante[54], portatore del [cielo,
volge sull'omero la volta trapunta di stelle lucenti.
Fin d'ora i regni del Caspio e la terra di Meozia[55]
rabbrividiscono all'avvento di lui per i responsi degli dei,
e si turbano trepidi gli sbocchi del Nilo[56] dalle sette foci.
E invero non percorse tante distese di terra l'Alcide[57],
sebbene trafisse la cerva dal piede di bronzo, e placò
i boschi d'Erimanto, e con l'arco fece tremare Lerna[58],
e neanche Libero vittorioso che guida pariglie con redini
pampinee, spingendo tigri dall'altissima vetta del Nisa[59].
E ancora esitiamo ad estendere la potenza col valore,
o il timore c'impedisce di stanziarci in terra d'Ausonia?
Chi è laggiú colui, distinto da rami d'olivo,
che porta i sacri arredi? Ravviso la chioma
e il mento canuto del re romano[60] che fonderà su leggi
la nuova città, venuto dalla piccola Curi e da una povera
terra ad un grande impero. A lui seguirà Tullo[61]

53 *estenderà... Indi*: Anchise prevede che l'Impero di Augusto, («figlio del divo», figlio adottivo di Cesare, divinizzato dopo la morte come *divus Iulius*) si estenderà dall'Africa settentrionale (indicata con il nome di un popolo, i Garamanti, che abitavano a sud dei Getuli) fino all'India (l'India non fu sottomessa dai Romani, ma inviava all'imperatore tributi e ambasciatori).

54 *Atlante*: uno dei Titani che si era ribellato a Giove e fu da questi condannato a sorreggere sulle spalle la volta del cielo. Atlante dette il nome alla catena delle montagne della Mauritania (Africa settentrionale) al di là della quale nessuno si era mai spinto.

55 *terra di Meozia*: la lontana regione intorno all'odierno mar d'Azof.

56 *sbocchi del Nilo*: accennando al noto fiume egiziano si allude alla conquista da parte di Ottaviano, dopo la battaglia di Azio, dell'intero Egitto.

57 *Alcide*: epiteto di Ercole, dal nome del nonno paterno Alceo.

58 *Lerna*: città dell'Argolide nei cui pressi era una palude in cui si diceva abitasse l'Idra, un serpente a piú teste che ricrescevano se recise. Fu uccisa da Ercole nel corso di una delle dodici fatiche a lui imposte dal re Euristeo; altre fatiche da lui compiute sono quelle appena citate: rispettivamente, la cattura della cerva di Cerinea e del cinghiale di Erimanto, che viveva negli omonimi boschi (vedi anche nota 5, Libro VIII, p. 110).

59 *Libero... Nisa*: Libero era un altro nome dato dai Romani al dio Bacco. La tradizione voleva che si fosse recato fino nelle regioni dell'India a diffondere la coltivazione della vite alla guida di un carro trainato da due tigri e ornato di pampini. Nisa è un monte della Tracia, terra prediletta da Marte; secondo altri è un monte dell'India.

60 *re romano*: si tratta di Numa Pompilio, secondo re di Roma; proveniente dalla piccola città sabina di Curi, ricordato soprattutto per aver dato ai Romani un lungo periodo di pace; a Numa Pompilio si attribuivano numerose istituzioni religiose e civili.

61 *Tullo*: si allude a Tullo Ostilio, terzo re di Roma; al contrario del suo predecessore, egli fu bellicoso (da qui il nome «Ostilio») e il suo regno fu caratterizzato da continue guerre.

che infrangerà gli ozi della patria e muoverà in armi
gli uomini inerti, e le schiere ormai disavvezze
ai trionfi. Lo segue da presso il troppo orgoglioso
Anco[62], che anche qui si compiace troppo del favore
[popolare.
Desideri anche vedere i re Tarquinii, e l'anima superba[63],
e i fasci recuperati di Bruto[64] vendicatore?
Questi riceverà per primo il potere di console e le scuri
inesorabili, e, padre, chiamerà al supplizio,
per la bella libertà, i figli che muovevano inusitate guerre,
sventurato! comunque i posteri giudicheranno l'evento:
vincerà l'amore di patria e l'immenso desiderio di gloria.
E guarda i Deci e i Drusi, e laggiú Torquato
inesorabile con la scure, e Camillo[65] che recupera le insegne...»

[vv. 791-825]

Appaiono poi due anime che avanzano tanto serene e concordi nella pace dell'Elisio, quanto saranno ostili fra loro in vita: Giulio Cesare[66] e Pompeo[67] che tormenteranno la

62 *Anco*: si tratta di Anco Marzio, quarto re di Roma, ambizioso e amante del favore popolare.

63 *re Tarquinii... anima superba*: si allude a Tarquinio Prisco, Servio Tullio, Tarquinio il Superbo. L'ultimo re aveva reso il potere monarchico sempre piú oppressivo; in seguito alla violenza fatta da suo figlio alla nobile Lucrezia, il popolo si sollevò e guidato da Bruto, nipote del re, cacciò da Roma il monarca (509 a.C.). Abbattuta la monarchia, fu istituito un governo repubblicano.

64 *fasci... Bruto*: Bruto sollevò la plebe contro Tarquinio il Superbo che fu cacciato da Roma. I fasci delle dodici verghe con la scure, che erano stati affidati in segno di potere ai littori (accompagnatori dei magistrati) furono restituiti al popolo, che acquisí cosí il potere di eleggere i consoli e tutti i magistrati.

65 *Deci... Camillo*: sono qui elencati gli eroi del glorioso periodo dell'antica Roma repubblicana. I Deci e i Drusi, famose famiglie romane che ebbero alcuni componenti noti per il loro valore. Torquato, console nel 340 a.C., fece giustiziare il figlio perché aveva sfidato e ucciso un nemico disobbedendo agli ordini. Camillo, eroe leggendario, «secondo fondatore di Roma», vincitore della guerra contro Veio, fu poi mandato in esilio dai concittadini, ma tornò per salvare Roma dai Galli (389 a.C.): nella battaglia presso il fiume Allia (vicino Roma) recuperò le insegne tolte dai Galli ai Romani.

66 *Giulio Cesare*: apparteneva alla *gens Iulia* che faceva risalire le sue origini a Iulo, figlio d'Enea e quindi a Venere. Percorsa brillantemente la carriera politica, nel 60 a.C. formò con Pompeo e Crasso il primo triumvirato (un patto privato che di fatto stabiliva una spartizione di poteri e di zone d'influenza). Nel 58 a.C. diede inizio alla conquista della Gallia che dopo anni di sanguinose guerre fu domata e divenne provincia romana. Sciolto il triumvirato e venuto a contrasto con Pompeo, entrò in Roma con l'esercito (49 a.C.). Fu l'inizio della guerra civile che si concluse con la sconfitta definitiva di Pompeo a Farsalo (48 a.C.). Tornato a Roma, consolidò il suo potere e promulgò riforme che miravano a indebolire l'autorità del Senato. Vittima di una congiura capeggiata da Bruto e Cassio, fu pugnalato dai congiurati il 15 marzo del 44 a.C.

67 *Pompeo*: Gneo Pompeo, rivale di Cesare nella guerra civile (vedi nota precedente).

patria con terribili guerre civili inondando di sangue le terre d'Oriente e d'Occidente. La rassegna continua: ecco Lucio Mummio[68], il futuro distruttore di Corinto, Lucio Emilio Paolo[69], che sottometterà la Grecia, e i gloriosi Scipioni[70], – l'Africano che sconfiggerà Annibale, l'Emiliano che raderà al suolo Cartagine –; e Quinto Fabio Massimo[71], che temporeggiando salverà Roma dagli eserciti cartaginesi, Catone il Censore e i Gracchi[72], e, esempi delle antiche virtú, Attilio Regolo e il console Fabrizio[73]: tutti artefici, nel bene o nel male, d'una vicenda secolare durante la quale i Romani si atterranno al compito – enunciato da Anchise stesso con orgogliosa sicurezza – di «governare i popoli con le leggi, imporre la pace, risparmiare i sottomessi, debellare i riottosi».

D'improvviso appare un giovane armato di armi splendenti, mesto tuttavia in volto: «È Marcello[74]» dice Anchise, emozionato anch'egli, «nipote e figlio adottivo di Augusto, che sarà còlto dalla morte prematuramente fra il cordoglio di quanti avranno riposto in lui grandi speranze in virtú del suo coraggio e del suo valore».

68 *Lucio Mummio*: console romano. Assediò e distrusse Corinto nel 146 a.C.

69 *Lucio Emilio Paolo*: console romano, vincitore di Perseo, re di Macedonia a Pidna (168 a. C.). Con questa vittoria egli dominò l'intera Grecia.

70 *Scipioni*: sono qui ricordati i due piú famosi esponenti dell'illustre famiglia degli Scipioni: Publio Cornelio Scipione detto l'Africano, il quale dopo aver vinto i Cartaginesi in Spagna (207 a. C.) portò guerra ai Cartaginesi in Africa e sconfisse Annibale presso Zama (202 a. C.) mettendo cosí fine alla II guerra punica ottenendo il soprannome di «Africano»; Publio Cornelio Scipione, detto «l'Emiliano», il quale distrusse Cartagine (146 a.C.).

71 *Quinto Fabio Massimo*: console romano, famoso generale durante la seconda guerra punica (218-202 a.C.). Combatté una guerra difensiva evitando lo scontro diretto con Annibale. Da qui l'appellativo *Cunctator*, «il temporeggiatore».

72 *Catone... Gracchi*: Catone (234-149 a.C.) detto il «Censore» dalla carica della censura da lui esercitata con rigido moralismo. Fu sostenitore dei valori etici trazionali di Roma e irriducibile oppositore dell'apertura all'influsso culturale ellenico propugnata dagli Scipioni. I fratelli Tiberio e Gaio Gracco proposero una riforma agraria che si scontrò con gli interessi dell'aristocrazia. Tiberio fu trucidato sul Campidoglio insieme a molti sostenitori (133 a.C.); Gaio si uccise nel 121, nel corso di una rivolta da lui organizzata contro il Senato.

73 *Attilio Regolo... Fabrizio*: Attilio Regolo, console romano; fatto prigioniero dai Cartaginesi (255 a.C.) fu mandato a Roma per trattare la pace dopo aver giurato che avrebbe fatto ritorno a Cartagine anche se le trattative fossero fallite. Ma giunto a Roma, consigliò ai Romani di continuare la guerra, quindi tornò a Cartagine dove fu barbaramente ucciso. Caio Fabrizio, console romano, durante la guerra contro Pirro rifiutò le proposte del medico di Pirro che dietro compenso si era offerto di avvelenare il re. Quest'ultimo tentò in altra occasione (280 a.C.) di corromperlo con dei doni, ma Fabrizio li rifiutò.

74 *Marcello*: nipote di Augusto, figlio di sua sorella Ottavia, era stato adottato dall'imperatore come suo successore. Morí improvvisamente a diciannove anni nel 23 a.C.

Padre e figlio sono ora come avvolti in un velo di malinconia per la triste sorte che attende quel giovane, ma anche e forse ancor piú per l'imminenza della loro nuova e definitiva separazione.

Il viaggio di Enea nell'oltretomba è finito. L'eroe troiano riemerge alla luce, e corre di nuovo incontro alla vita con le sue vittorie e le sue sconfitte, le sue rapide gioie e i suoi durevoli affanni.

I compagni sono in impaziente attesa. Egli li asseconda e li guida, ordinando di volgere la prua verso qualche buon approdo nel Lazio.

Libro VII.

Quasi si trattasse d'una maledizione divina, un altro lutto funesta anche quest'ultimo tratto del viaggio. Si spegne la vecchia nutrice di Enea, Caieta[1], che malgrado l'età non aveva voluto restare con le altre donne in Sicilia. Ma la sua memoria non si è dispersa: come Miseno e Palinuro, anche Caieta ha il suo tumulo nel punto della costa dov'è mancata e dà il nome al porto che si chiama, appunto, Gaeta.

Alla ripresa della navigazione la flotta troiana scampa da un altro grave rischio: superare la sede scogliosa di Circe[2], la maga che coi suoi filtri trasforma in bestie quanti commettono l'imprudenza di fermarsi nella sua terra, dalla quale nel silenzio della notte si odono provenire ruggiti di leoni ribelli alle catene, grugniti di orsi e cinghiali, ululati di lupi. Ma ora il Fato asseconda la navigazione dei Troiani, e Nettuno suscita venti che li tengono lontani da quelle sponde maledette.

All'alba, quando il mare è tutto un rosseggiante splendore di raggi, cade ogni alito di vento, e solo a forza di remi le navi avanzano sull'immobile superficie delle acque. È tuttavia un fausto segnale: Enea avvista sul lido un grande bosco attraversato da un fiume dai limpidi gorghi, biondo per la rena del suo alveo: è il Tevere. Intorno alle rive e nelle selve del retroterra, canti e voli di uccelli rallegrano l'animo, oltre che il cielo. Enea ordina a tutte le navi di virare, penetrando nella vasta foce. Di lí a poco avrà la conferma di essere finalmente giunto nella sede ove dovrà compiersi la sua missione.

Regna sul Lazio il vecchio re Latino, figlio della ninfa Marica e di Fauno, divinità dei boschi, figlio a sua volta di Pico,

[1] *Caieta*: nutrice di Enea, al seguito dell'eroe fra gli scampati all'eccidio di Troia.

[2] *Circe*: figlia del Sole e della ninfa Perse. Secondo il mito abitava in un'isola favolosa, Eèa, che si volle identificare con un promontorio del Lazio, l'odierno Circeo.

altro nume agreste, e nipote del dio Saturno. Il re ha una sola figlia, Lavinia, ormai in età giusta per le nozze, desiderata come sposa da molti principi italici, ma soprattutto da Turno, giovane e possente re dei Rútuli, che la regina Amata desidera come genero, mentre gli dei con infausti presagi si sono mostrati ostili a quel connubio. Gli indovini, consultati, hanno dato un responso unanime: Lavinia è sí destinata a un futuro di gloria, ma sarà involontaria causa di guerra e lutti per i popoli latini e italici. Turbato da quel responso, il re Latino ricorre a sua volta all'oracolo del padre Fauno in una località boscosa detta Albunea[3], ove la gente affluisce numerosa da ogni parte per ascoltare i presagi divini. Compiuti i sacrifici rituali, dalla profondità del bosco giunge la voce dell'oracolo:

«Non cercare di unire la figlia a connubi latini,
o mia progenie, e non affidarla ai talami preparati;
verranno generi stranieri, che mescolando il sangue col nostro
lo porteranno alle stelle, e dalla loro stirpe i nipoti vedranno
il mondo volgersi tutto ai loro piedi e piegarsi,
per dove il sole orbitando contempla entrambi gli oceani».
Latino non chiude nella bocca questi responsi e moniti,
dati dal padre Fauno nella notte silenziosa,
ma intorno ampiamente volando di già la Fama
li aveva portati per le città ausonie, quando la gioventú [laomedontea
ormeggiò la flotta all'erboso argine della riva.
Enea e i primi capi e il leggiadro Iulo
distendono i corpi sotto i rami d'un alto albero:
imbandiscono le vivande, e tra l'erba sottopongono ai cibi
focacce di frumento (cosí Giove ispirava)
e ricolmano il piatto cereale con frutti selvatici[4].
Allora divorato il resto, quando la penuria di cibo
spinse a volgere i morsi nella pasta sottile di Cerere[5]
e a violare con la mano e con audaci mascelle il cerchio
della fatale focaccia, e a non risparmiarne i larghi riquadri,

[3] *località... Albunea*: questa località boschiva, con annessa sorgente, può forse essere identificata con le odierne Acque Albule, nei pressi di Tivoli.

[4] *focacce di frumento... selvatici*: normalmente le focacce erano usate per porvi le primizie e le vivande offerte agli dei. I Troiani invece se ne servono come piatti e come piccole mense, indotti a ciò dallo stesso Giove affinché si compia la profezia dell'arpia Celeno, ed Enea comprenda di essere giunto nella terra destinata dal Fato.

[5] *pasta... Cerere*: la pasta delle focacce era fatta con farina di grano e Cerere era considerata la dea delle messi.

«Oh, divoriamo anche le mense» esclamò Iulo,
scherzando, e null'altro. La frase ascoltata per prima
portò la fine degli affanni, e per prima il padre la colse
dal labbro del figlio e la impresse nel cuore ispirato dal nume.
Subito disse: «Salve, o terra a me dovuta dai fati,
e salute a voi, o fidi Penati di Troia:
qui la casa, questa la patria. Infatti il padre
Anchise mi lasciò, ora rammento, tali segreti del fato[6]:
quando, o figlio, giunto a ignote contrade, la fame,
consumati i cibi, ti costringerà a divorare le mense,
allora stanco ricorda di sperare le case e di fondare lí
le prime dimore e di costruire le fondamenta e le mura.
Questa era la fame; questa ci attendeva per ultima
a mettere fine ai travagli.
Perciò avanti, e lieti, col primo raggio del sole,
esploriamo i luoghi, quali uomini li abitino, dove
le mura della gente, e dal porto dirigiamoci in direzioni
diverse. Ora libate a Giove le coppe, e con preghiere
invocate il padre Anchise, e riponete i vini sulle mense».

[vv. 96-134]

Fra la letizia dei compagni, Enea rivolge preghiere agli dei dell'Olimpo e alle divinità che proteggono quei luoghi ancora sconosciuti. Gli auspici sono propizi, è giunta l'ora promessa dal Fato. I Troiani versano vini in coppe ornate di ghirlande, poi si disperdono per esplorare le rive, i recessi, le vie che conducono all'abitato. Enea invia alla reggia un'ambasceria di cento uomini scelti, fra i quali Ilioneo, affinché portino doni al re e lo informino delle loro pacifiche intenzioni.

Giunti davanti alle mura della città, quei messaggeri di pace scorgono i giovani di Laurento[7] – tale è il nome della città – esercitarsi nella corsa, nel tiro con l'arco, nel domare i cavalli, nel guidare i carri. L'arrivo di stranieri in abbigliamento sconosciuto è subito riferito al re, che si prepara a riceverli assiso in trono nel suo palazzo, dove di solito venivano accolti gli ambasciatori stranieri, si riuniva il senato,

[6] *Anchise... fato*: in realtà fu Celeno ed anche Eleno e non Anchise a fare tale profezia a Enea. Si tratta di una delle numerose contraddizioni del poema, dovute alla non revisione da parte di Virgilio.

[7] *Laurento*: la città dove Latino ha la sua reggia. Il nome deriva da un lauro che Latino consacrò ad Apollo nel cortile della sua reggia.

erano allestiti i banchetti sacri. Nel vestibolo, scolpite in legno di cedro, sono collocate le effigi degli antichi sovrani che avevano combattuto per pacificare il paese, oltre a quelle dei progenitori di Latino: Giano bifronte, il vecchio Saturno, e Pico[8], rappresentato con il corpo avvolto in un corto mantello listato di porpora, lo scudo nella mano sinistra e un bastone ricurvo nella destra.

Agli stranieri appena giunti al suo cospetto, il re rivolge parole benevole:

«Dite, Dardanidi – infatti conosco la città
e la stirpe, e noti veleggiaste sul mare –,
che cosa cercate? quale mai causa o quale bisogno ha sospinto
le navi alla riva ausonia per tanti flutti cerulei?
Sia che per errore della rotta, o spinti dalle tempeste,
quali numerose i naviganti soffrono sul mare profondo,
entraste fra le rive del fiume e sostaste alla foce,
non fuggite l'ospitalità, né ignorate i Latini,
progenie di Saturno, equanime non per vincolo di leggi,
ma spontaneamente fedele al costume dell'antico dio.
Certamente ricordo – la fama è offuscata dagli anni –
i vecchi Aurunci[9] narrare che nato in queste terre
Dardano penetrò fino alle città idèe della Frigia
e alla tracia Samo, che ora è detta Samotracia.
Partito di qui, dalla sede tirrena di Corito,
ora lo accoglie in trono l'aurea reggia del cielo
stellato e lo aggiunge al numero degli dei sugli altari».
Disse; e Ilioneo cosí seguitò il discorso:
«O re, stirpe egregia di Fauno, né una nera tempesta
ci ha costretto, spinti dai flutti, ad approdare alle vostre terre,

[8] *Giano... Pico*: Giano era una divinità romana. Regnò nel Lazio e accolse Saturno quando fu spodestato e cacciato dall'Olimpo. Il suo nome deriva da *ianua*: egli era infatti il protettore delle porte, dell'entrata e dell'uscita, perciò era rappresentato con due facce («bifronte»), delle quali una guardava dentro, l'altra fuori. Gli era sacro il primo mese dell'anno (*Ianuarius*). Numa Pompilio gli dedicò un tempio nel Foro che restava aperto in tempo di guerra, chiuso in tempo di pace. Virgilio attribuí questa usanza anche agli abitanti del Lazio antico. Saturno era una divinità italica dei campi e dell'agricoltura identificata col Cronos della mitologia greca. Cacciato dall'Olimpo, perché spodestato da Giove, si rifugiò nel Lazio, accolto da Giano. Insegnò agli uomini l'agricoltura e dette loro leggi giuste e civili. Il suo regno fu detto «età dell'oro». Pico, figlio di Saturno, dalla ninfa Pomona generò Fauno, padre di Latino. Una leggenda dice che fu trasformato da Circe, innamorata di lui, ma respinta, in un uccello che ebbe il suo nome, *Picus*, «picchio». Nella casa di Latino Pico è raffigurato come un aruspice etrusco, con la trabea (il «mantello corto») e il lituo (il «bastone ricurvo»); infatti era considerato un dio profetico.

[9] *Aurunci*: da identificarsi con gli Ausoni, vivevano tra la Campania e il Lazio.

né un astro o una riva ci ingannò nella rotta;
di proposito, tutti con animo volente, muoviamo a questa
città, scacciati dal regno, il piú grande che un giorno
il sole scorgeva venendo dal sommo dell'Olimpo.
Da Giove l'origine della nostra stirpe; di Giove antenato
la dardana gioventú si compiace; il re, il teucro Enea,
anche lui del supremo sangue di Giove, c'inviò alle tue soglie.
Quale grande tempesta scatenata dalla crudele Micene
percorse i campi idèi, da quali fati sospinti
i due mondi d'Europa e d'Asia si siano scontrati,
lo udí anche colui che è esiliato sull'estremità della terra,
dove l'Oceano rifluisce, o colui che è separato dalla zona
del sole implacabile, che sta nel mezzo alle altre quattro[10].
Trascinati da quel diluvio per tante distese marine,
chiediamo per gli dei patrii una piccola sede
e un'innocua riva, e acqua e aria libere per tutti.
Non arrecheremo vergogna al regno, né la vostra fama
sarà ritenuta lieve, o svanirà la gratitudine del nobile gesto.
Gli Ausonî non si dorranno di avere accolto Troia.
Giuro per i fati di Enea, e per la sua destra possente,
che l'abbia qualcuno provata nell'amicizia, o nella guerra e
[nell'armi...»

[vv. 195-235]

Vengono poi offerti al re Latino i preziosi doni inviati da Enea, Latino li riceve di buon grado, ma il suo pensiero è altrove, ai presagi che annunziano e impongono uno sposo straniero per sua figlia Lavinia: se Enea fosse davvero lo sposo prescelto dal Fato per Lavinia, egli lo accoglierà volentieri non solo come ospite, ma anche come genero. E per ricambiare la generosità dei Troiani dona ai loro ambasciatori splendidi cavalli, e invia a Enea un cocchio trainato da due focosi puledri.

L'ambasceria torna soddisfatta al campo dove Enea ascolta il resoconto di quell'incontro.

Giunone, attraversando il cielo, scorge sulla foce del Tevere i Troiani felicemente sbarcati e già intenti a costruirvi comode dimore: dunque tutti i suoi sforzi per impedire a quell'odiata stirpe di giungere e stabilirsi nel Lazio sono falli-

10 *dove l'Oceano... altre quattro*: per gli antichi l'Oceano abbracciava circolarmente tutta la terra, suddivisa in quattro zone: la zona glaciale a nord, quella torrida al centro; le due zone temperate, rispettivamente a nord e a sud di quella torrida.

ti. Resa furiosa e umiliata, lei regina degli dei, dallo svolgersi degli eventi, medita vendetta: se non potrà impedire le nozze di Enea con Lavinia e tutto ciò che in futuro è destinato a dar gloria ai due popoli uniti, potrà almeno ritardare quella vicenda provocando una sanguinosa guerra fra i popoli italici e gli odiati Troiani. Evocata perciò dagli Inferi una delle Furie, Aletto, capace di assumere qualsiasi aspetto e di spargere ovunque i semi della discordia, Giunone comincia con il blandirla esaltando il potere funesto da lei esercitato con mille arti, poi la incita a suscitare pretesti che inducano Latini e Troiani a prendere le armi gli uni contro gli altri.

Subito Aletto, imbevuta di gorgonei veleni[11],
dapprima si dirige nel Lazio e nell'alto palazzo
del sovrano laurente[12], e occupa tacitamente la soglia
di Amata, che affanni ed ire femminee bruciavano ardente,
a causa dell'arrivo dei Teucri e delle nozze di Turno.
La dea dalla livida chioma le lancia un serpente
e lo insinua nel seno fino al piú profondo del cuore,
perché infuriata dal mostro sconvolga tutta la casa.
Quello, strisciando tra le vesti e il liscio petto,
si snoda senza morderla, e la inganna rendendola folle,
spirando fiato vipereo; il grande serpente
si fa collana d'oro al suo collo e nastro della lunga benda[13],
e allaccia le chiome, e per le membra viscido erra.
Finché la prima peste instillata con umido veleno
agita i sensi e avviluppa di fuoco le ossa,
e l'animo ancora non accoglie la fiamma in tutto il petto,
parla dolcemente, e secondo la consuetudine delle madri,
molto piangendo sulla figlia e sui frigi imenei:
«Ad esuli teucri è data in sposa Lavinia,
o padre? Non hai pietà della figlia e di te stesso?
Nessuna pietà della madre che il perfido predone[14]
lascerà, al primo aquilone, riprendendo il largo, rapita
la fanciulla? Il frigio pastore non penetrò cosí in Sparta,
e portò nelle città troiane Elena figlia di Leda?

[11] *gorgonei veleni*: veleni simili a quello dei serpenti delle Gorgoni.

[12] *sovrano laurente*: Latino, re del Lazio. La sua reggia era a Laurento.

[13] *il grande serpente... benda*: il serpente avvolgeva i capelli di Amata come se fosse una benda con la quale era ornato il capo dei sacerdoti nelle funzioni sacre.

[14] *perfido predone*: cioè Enea, che Amata vede simile a un predone venuto a rapire la figlia, come un tempo aveva fatto Paride il «frigio pastore» (Paride da giovane era stato allevato dai pastori). Amata teme che Enea voglia tornare nella sua terra d'origine portando con sé Lavinia col favore del vento di tramontana, l'aquilone.

Dov'è la tua santa lealtà, e l'antica cura dei tuoi
e della destra offerta tante volte al consanguineo Turno[15]?
Se cerchi un genero d'una gente straniera ai Latini,
se ciò è stabilito, e ti spingono i moniti del padre Fauno,
allora tutte le terre libere e separate dal nostro scettro,
io le ritengo straniere, e credo che questo dicano gli dei.
E a Turno, se ricerchi la prima origine della stirpe,
sono avi Inaco e Acrisio[16], è patria proprio Micene[17]».

[vv. 341-372]

Fallito ogni suo tentativo di mutare le decisioni di Latino e d'indurlo a considerare Turno come il giusto sposo per Lavinia, la regina Amata, pervasa ormai dai veleni di Aletto, si aggira febbrile per le vie della città, poi, stringendo Lavinia al suo fianco, si addentra nei boschi circostanti, ove nasconde la figlia inconsapevole di quanto sta accadendo e soprattutto della sorte che l'aspetta.

La voce che la figlia del re sarà data in sposa al condottiero di quel piccolo esercito sbarcato sulla loro terra, si sparge fra le donne di Laurento, che avvelenate anch'esse dalla Furia, fuggono dalle case con i capelli scarmigliati e le bocche urlanti, quasi fossero invasate da Bacco: brandendo verghe ornate di edera e di pampini, si uniscono ad Amata, la quale ora intona inni di nozze in onore di Lavinia e di Turno, ora manifesta il proposito di consacrare la bella figlia al dio Bacco.

Ma la Furia non è ancora appagata. Raggiunge a volo la città di Ardea e penetra nella reggia di Turno per suscitare anche fra quelle mura odio e desiderio di violenza. Assume perciò l'aspetto della vecchia custode del tempio di Giunone, Calibe, e si appressa a Turno che giace profondamente addormentato. Lo scuote per destarlo e fomentarne l'ira annunciando di parlare per ordine di Giunone. Al giovane re

[15] *consanguineo Turno*: Turno era infatti nipote di Amata.

[16] *avi... Acrisio*: Amata vuol convincere Latino che anche Turno è straniero e quindi rispondente ai requisiti delle profezie. Turno per via materna discendeva da Danae (figlia di Acrisio, re di Argo, città fondata da Inaco) fuggita dalla sua città e giunta (secondo una versione del mito) sul lido laziale; sposata dal re del luogo, generò Dauno che fondò la città di Ardea nel Lazio. Da Dauno e dalla ninfa Venília, sorella di Amata, nacque Turno.

[17] *Micene*: come si è già detto Micene, essendo vicinissima ad Argo, è spesso confusa con questa città. Qui sarebbe piú esatto dire Argo, piuttosto che Micene, perché Danae era figlia del re di Argo.

dei Rutuli svegliato di soprassalto, ricorda con quanto valore egli ha combattuto contro gli Etruschi in difesa dei Latini: ebbene proprio i Latini, ingrati, vogliono affidare il loro regno a uno straniero, e coronare il loro tradimento offrendo Lavinia in sposa al capo di quegli invasori, il predone Enea. Turno non si sente minacciato dall'arrivo dei Troiani, fidando nella protezione di Giunone e nella lealtà di Latino; risponde perciò con pacatezza, e persino con ironia, di considerare i timori della vecchia come vaneggiamenti senili. Colma d'ira, la terribile divinità infernale, abbandonata la finzione e ripreso il suo vero orribile aspetto, si avventa contro Turno con tutti i suoi poteri malefici, gli occhi roteanti, le serpi del suo capo sibilanti, la bocca schiumante di rabbia. E urla: «Guardami, o Turno, io vengo dalla dimora delle sorelle infernali, io porto guerra e morte!». Poi scaglia nella stanza una torcia fumigante che ottenebra la mente di Turno e infonde nel suo animo ira e sdegno. Ora il giovane re è assalito da un tremito improvviso, una sorta di delirio sconvolge la sua mente. Anch'egli furente, chiede e cerca le armi, e dà ordini perentori: tutti i giovani si armino contro il nemico e portino guerra anche al re Latino, se davvero intende infrangere il patto di alleanza con i Rutuli.

Spinto anche Turno all'odio, ad Aletto resta solo il delittuoso compito di far scoccare la scintilla che incendi tutti gli animi e scateni la guerra. Vola perciò nei pressi del campo troiano, dove Iulo è intento a una partita di caccia. Ma è ora lei stessa ad aizzare i cani sulle tracce della preda.

V'era un cervo di straordinaria bellezza e di corna maestose,
che i figli di Tirro, strappato alla poppa materna,
nutrivano, e Tirro padre, a cui obbediscono gli armenti
del re ed è affidata la custodia della vasta pianura.
Avvezzo ai comandi, la sorella Silvia[18] lo ornava
con tutta la cura tessendo le corna di molli serti
e pettinava l'animale e lo lavava con acqua di pura fonte.
Cosí docile alla mano e avvezzo alla mensa del padrone,
errava per le selve e di nuovo tornava da solo
alle note soglie della casa anche a tarda sera.
Errante lontano lo spaventarono le rabbiose cagne
della caccia di Iulo, mentre discendeva il corso

18 *sorella Silvia*: Silvia è la figlia di Tirro, sorella degli altri figli di Tirro.

del fiume, e alleviava la calura sulla riva verdeggiante.
E già Ascanio, acceso da amore di gloria
eccellente, prese la mira con un dardo nel ricurvo arco:
un dio protesse la sua tremula destra e la canna,
scoccata con forte ronzio, trapassò i fianchi e il ventre.
La bestia ferita scampò nei noti rifugi,
ed entrò gemente nelle stalle e insanguinata, con lamenti,
simile ad uno che implora, riempiva tutta la casa.
Per prima la sorella Silvia, percuotendosi con le palme
le braccia, invoca aiuto e raduna i duri agricoltori.

[vv. 483-504]

Armati di pali appuntiti e nodose clave, i contadini accorrono al richiamo di Silvia. Tirro, sorpreso dalle grida della figlia, avanza brandendo una scure e raduna la gente dei campi. Aletto aggirandosi frenetica nei boschi alimenta la loro collera, e li induce a trasformare in arma qualsiasi arnese o strumento di lavoro a portata di mano. Salita poi in cima a una capanna, dà fiato ad un corno che riempie il cielo d'un suono sinistro echeggiante fino al lago di Trivia e ai fiumi Nera e Velino[19]. Le madri atterrite stringono al petto i figlioli, i contadini si avvicinano sempre piú minacciosi al campo troiano, i Troiani invece ne escono per dare man forte a Iulo. La maledetta guerra comincia cosí. I primi a cadere sono il giovane Amone, figlio di Tirro, trafitto alla gola, e il vecchio Galeso ucciso mentre si offre mediatore di pace.

Aletto vorrebbe alimentare ancor piú gli odi ed estendere la guerra anche in altre città, ma Giunone, per non suscitare l'ira di Giove, le ingiunge di tornare nella sua dimora infernale.

I pastori riportano nella città di Laurento i primi morti, il giovane Amone e il vecchio Galeso, chiedendo a Latino di poterli vendicare. Sopraggiunge trafelato anche Turno, furente per la violazione della promessa di nozze, e per le pretese degli invasori troiani, che certo – egli sostiene – mirano al regno di Latino. Una folla sobillata dalle donne e dalla regina Amata, raccolta davanti al palazzo del re, reclama a gran voce la guerra.

[19] *lago di Trivia... Velino*: il lago di Nemi, presso Ariccia, sulle cui rive era un tempio sacro a Diana, detta anche Trivia, perché adorata nella sua triplice personalità di dea celeste, terrestre e infernale e venerata nei trivi (vedi anche nota 25, Libro IV, p. 60). Il fiume Nera è un affluente del Tevere e il Velino un affluente della Nera.

Ma Latino resiste come un'immobile rupe,
una rupe del mare, al rompersi fragoroso delle onde,
salda nella sua mole, mentre latrano intorno
i flutti incessanti; fremono invano gli scogli e schiumose
le rocce d'intorno, e rifluisce l'alga sbattuta sul fianco.
Ma poiché non ha potere di vincere il cieco consiglio,
e le cose procedono al cenno della crudele Giunone,
molto invocando gli dei e le aure sottili,
«Ahi, ci vincono i fati» disse, «e ci trascina la tempesta!
Voi, sciagurati, pagherete la pena di ciò con sacrilego
sangue. Te, Turno – orrore! –, un triste supplizio
attende, e supplicherai gli dei con voti tardivi.
Per me la quiete s'approssima, e sulla soglia del porto
sono spogliato di tutto da una morte felice». Non disse piú
[nulla,
si rinchiuse nel palazzo, e abbandonò le redini degli eventi.

[vv. 586-600]

In tempo di pace le porte del tempio di Giano erano sempre chiuse. In caso di conflitto era invece consuetudine tenerle aperte per l'intera durata delle battaglie. Ora dunque il popolo chiede che il re in persona spalanchi quelle porte e dichiari solennemente lo stato di guerra. Ma poiché Latino si è chiuso nella reggia, Giunone in persona scende dal cielo a forzarle fino a scardinarne i battenti.

La gioventú latina abbandona ogni attività pacifica e trascura la vita dei campi: chiede e cerca ormai soltanto armi. Al fuoco suscitato dai mantici e sotto i magli delle fucine, il vomere, la falce, l'aratro si trasformano in strumenti di guerra. Nelle città si fabbricano scudi, corazze, aste, spade, schinieri. Quelli che fino al giorno prima erano semplici agricoltori, ora indossano con fierezza costumi guerreschi, lucidano scudi, affilano scuri, si inebriano al suono della tromba marziale.

Cinque fra le maggiori città italiche fanno lega con Turno: Atina, potente municipio dei Volsci, la splendida Tivoli posta sulle rive dell'Aniene, Ardea, capitale dei Rutuli, Crustumerio, città sabina sul Tevere, e la turrita Antemna[20], che sorge alla confluenza di Tevere e Aniene. Intorno al giovane

20 *Atina... turrita Antemna*: Tivoli, Atina, Ardea corrispondono alle città odierne; Crustumerio è l'odierna Monterotondo; Antemna, l'odierna Forte Antenne.

e ardente re dei Rutuli si stringono numerosi e famosi guerrieri, primo fra tutti Mezenzio, tiranno di Agilla scacciato dalla patria per la sua crudeltà, e suo figlio Lauso, poco piú che adolescente; Aventino, figlio di Ercole; Catillo e Cora, vigorosi fratelli venuti da Tivoli; Cèculo, fondatore di Preneste; dall'Etruria giunge Messapo, domatore di cavalli, figlio di Nettuno; Clauso, di sangue sabino, guida una numerosa schiera; poi ancora Ebalo, e Ufente e Umbrone e Virbio[21], e tanti altri, fior fiore delle genti del Lazio. Ma su tutti, per valore, bellezza e prestanza fisica si leva Turno, capo riconosciuto di quell'agguerrita coalizione. Il suo elmo, munito d'una triplice cresta, sostiene una Chimera[22] che spira fiamme dalle fauci; sul suo scudo lucente è scolpita Io[23], la fanciulla di Argo tramutata in giovenca.

Viene, oltre a questi, da volsca gente, Camilla[24],
guidando un'ala di cavalieri e truppe fiorite di bronzo,
guerriera, non allenata con mani femminee al cestello
e al fuso di Minerva[25], ma, vergine, a sopportare le aspre
battaglie, e nella corsa a piedi a precedere i venti.
Ella potrebbe volare sopra gli steli d'intatta
messe, e non offendere nella corsa le tenere spighe;
o andare in mezzo al mare sospesa sul tumido flutto,
e nemmeno bagnare nell'acqua le celeri orme[26].
La ammirano tutti i giovani riversati dalle case

21 *Mezenzio... Virbio*: tra i guerrieri alleati di Turno e qui presentati si distinguono Mezenzio, re dell'etrusca Cere (o Agilla), oggi Cerveteri (bandito dalla sua città perché empio e crudele si era rifugiato presso i Rutuli; della sua crudeltà Virgilio parla nel Libro VIII); Lauso: il giovane figlio di Mezenzio, bello e, al contrario del padre, virtuoso; Messapo, figlio di Nettuno, conduce alla guerra le truppe della città di Fescennio, di Falerio e quelle degli abitanti del Soratte e delle zone limitrofe al lago Cimino, nella bassa Etruria. È un guerriero valoroso e attivo che incontreremo piú volte nel racconto delle vicende di guerra.

22 *Chimera*: mostro con il petto e la testa di leone, il ventre di capra e la coda di drago (che abbiamo già incontrato scolpito sulla prua di una nave nella gara in onore di Anchise, Libro V).

23 *Io*: fanciulla amata da Giove e per gelosia trasformata da Giunone in giovenca, data poi in custodia ad Argo, il pastore dai cento occhi. Turno ha collocato l'immagine sullo scudo per ricordare la sua discendenza dal greco Inaco, padre di Io.

24 *Camilla*: è una creazione di Virgilio, figlia di Metabo re dei Volsci (popoli italici abitanti nel Lazio meridionale). La storia di Camilla è narrata dalla stessa Diana nel Libro XI.

25 *cestello... Minerva*: Minerva era anche dea delle arti e dei lavori femminili (cucito, tessitura, filatura).

26 *volare... celeri orme*: ella è cosí veloce e leggera nella corsa che potrebbe correre in un campo di grano senza piegare le spighe e sulla superficie del mare senza bagnarsi i piedi.

e dai campi, e la turba delle madri, e la guardano andare,
contemplando con animo attonito come l'onore regale
veli di porpora le morbide spalle, e la fibula d'oro
s'intrecci alla chioma, ed ella porti la licia faretra,
e il pastorale mirto[27] munito all'estremità d'una punta.

[vv. 803-817]

Il re Latino continua a rifiutare di prendere le armi contro i Troiani: da questo momento resterà muto spettatore degli eventi.

27 *licia faretra... mirto*: la faretra è detta licia dalla fama di esperti arcieri che avevano i Lici (popoli dell'Asia Minore); il «pastorale mirto» era il bastone di legno di mirto, munito di una punta di ferro, tipica arma di difesa dei pastori.

Libro VIII.

Esortato dalla regina Amata, Turno assume il comando delle schiere italiche e inalbera sulla rocca di Laurento il vessillo di guerra. Il cupo suono dei corni echeggia nelle pianure, nelle valli, nelle gole dei monti, sui deserti e sui seminati, infiammando gli animi alla strage, mentre i campi giacciono ora in desolato abbandono. Si decide di inviare un ambasciatore persino in Apulia, per chiedere l'alleanza di Diomede[1], il famoso eroe greco che ha fondato in quella regione la città di Arpi, e vi si è insediato come signore di tutti quei luoghi.

Considerando inevitabile una nuova sanguinosa guerra – del resto preannunciata dagli oracoli e da Anchise stesso nella sua profezia –, Enea è travagliato da mille pensieri. Sul far della notte, per meditare in solitudine su ciò che occorra fare, raggiunge le rive del Tevere. Ma qui la stanchezza lo vince: si adagia perciò su morbide zolle di terra, e al lieve mormorio della corrente si addormenta. Sogna, oppure si tratta d'una visione? Gli appare infatti il dio del fiume, Tiberino, in sembianza di vegliardo, ornata la chioma di frondose canne, e gli parla con voce placida, rassicurandolo sull'esito di quella nuova dura prova e sulla fine del suo lungo peregrinare. A conferma di quelle parole, il dio annuncia ad Enea che, al suo risveglio, troverà sulla riva del fiume la bianca scrofa con trenta piccoli nati intenti a suggerne le mammelle gonfie di latte: questo è il luogo dove Iulo, in seguito, erigerà le mura della città di Alba. Ma ora – prosegue Tiberino – è necessario cercare alleati per fronteggiare la coalizione italica: Enea risalga dunque la corrente e raggiunga Pallanteo,

[1] *Diomede*: il grande eroe dell'Iliade che tornato in Argo, dopo aver scoperto l'infedeltà della moglie, era emigrato in Italia e in Apulia aveva fondato la città di Arpi. A chiedere aiuto a Diomede è stato inviato Vènulo (vedi Libro XI), nativo di Tivoli, colonia greca.

città abitata dagli Arcadi, gente greca venuta sulle rive del Tevere al seguito del loro re, il saggio e mite Evandro. V'è continua e talvolta dura rivalità fra Arcadi e Latini, non sarà perciò difficile ottenere l'alleanza di quel popolo contro il comune nemico.

Detto ciò, il dio ridiscende nelle azzurre acque dove ha consueta dimora.

Destatosi, o forse, piú semplicemente tornato in sé, Enea ricorda che le parole di Tiberino, a proposito della scrofa bianca, concordano con le previsioni di Eleno. Si avvicina dunque alla riva, raccoglie acqua nel cavo della mano, e, volti gli occhi al cielo, rivolge questa preghiera alle divinità delle acque:

«Ninfe, laurenti ninfe, origine della stirpe dei fiumi,
e tu, o padre Tevere, con il tuo santo fluire,
accogliete Enea, e tenetelo lontano dai pericoli.
Da qualunque fonte si diparta il tuo bacino, tu, pietoso
dei nostri travagli, da qualunque suolo sgorghi bellissimo,
sempre sarai celebrato nei miei sacrifici e nei miei doni,
cornigero[2] fiume, sovrano delle acque esperidi[3].
Soltanto, assistimi, e conferma piú da vicino la tua divinità».
Prega cosí, e sceglie dalla flotta due biremi,
e adatta il remeggio, e munisce di armi i compagni.
Ed ecco, prodigio improvviso e agli occhi mirabile,
candida nella selva, dello stesso colore dei bianchi
figli, giace e spicca sulla verde riva una scrofa:
[...]
Scivola sull'acque l'unto abete; le onde ammirano,
e il bosco disavvezzo ammira da lontano i fulgenti
scudi dei guerrieri, e le dipinte carene che navigano sul fiume.
Essi si affannano al remo notte e giorno,
e superano lunghi meandri sotto una volta di alberi
diversi, e sulla placida distesa solcano verdi selve.
L'igneo sole ascendeva a metà dell'orbita[4],
quando vedono lontano mura e una rocca e radi
tetti di case; ora la potenza romana le uguagliò
al cielo; allora Evandro reggeva il povero stato.
Volgono rapidi le prue, e alla città s'avvicinano.

[vv. 71-101]

2 *cornigero*: questo attributo è stato riferito generalmente alla tortuosità del corso.
3 *esperidi*: ossia italiche.
4 *sole... orbita*: cioè, era mezzogiorno.

Mentre in un bosco sacro fuori dalle mura della città il re Evandro, circondato dai giovani piú aitanti del suo popolo, celebra un solenne rito in onore di Ercole[5], appaiono due navi che risalgono il corso del Tevere. A quella vista i celebranti vorrebbero interrompere le cerimonie, ma Pallante, il giovane figlio di Evandro, li esorta a continuare, e intrepido si dirige verso il fiume brandendo una lancia. Salito su un'altura che domina la corrente, rivolto all'uomo che sembra al comando delle due navi, gli chiede: «Chi siete? E cosa vi spinge in questi luoghi? Portate pace o guerra?»

Enea, prima ancora di rassicurarlo con parole, protende un ramo di ulivo, poi, ordinando al timoniere di accostarsi alla riva, dichiara la propria origine troiana e l'intenzione di chiedere aiuti contro i Latini e i loro alleati che li hanno accolti con un'ingiusta guerra. Pallante, emozionato da quell'incontro con la nobile e famosa stirpe dardania, invita Enea e i suoi a seguirlo: li guiderà da suo padre Evandro, cui potranno rivolgere le loro richieste.

Enea accetta di buon grado la proposta, e giunto al cospetto del re arcade, espone i motivi che hanno indotto lui, troiano, a chiedere aiuto a un sovrano greco, per di piú imparentato con Agamennone e Menelao[6]: sebbene i due popoli siano diversi, e siano stati nemici – prosegue Enea –, la loro stirpe trae comune origine da Atlante, il gigante che sostiene sulle spalle l'intera volta celeste; questi infatti generò

[5] *Ercole*: per i Greci Eracle; figlio di Giove e Alcmena. Giunone lo odiò per tutta la vita. Quando era ancora in fasce mandò due serpenti perché uccidessero il bambino nella culla, ma Ercole li strozzò, dimostrando subito la straordinaria forza che lo avrebbe reso famoso. In seguito fu chiamato alla reggia di Euristeo, re di Tirinto e di Micene, che gli impose le dodici «fatiche»: 1) uccidere il leone di Nemea, nell'Argolide, un mostro invulnerabile; 2) uccidere l'idra di Lerna (presso Argo), serpente con tante teste, che, una volta recise, ricrescevano; 3) catturare il cinghiale d'Erimanto che devastava l'Arcadia; 4) catturare la cerva di Cerinia (in Acaia), sacra a Diana; 5) cacciare gli uccelli Stinfalidi che infestavano i boschi intorno al lago Stinfalo, in Arcadia; 6) Prendere la cintura di Ippolita, regina delle Amazzoni; 7) pulire in un sol giorno le stalle di di Augia, re dell'Elide; 8) catturare il toro di Creta; 9) catturare le cavalle di Diomede in Tracia; 10) catturare i buoi di Gerione che pascolavano in una mitica isola nell'estremo Ovest; 11) raccogliere le mele d'oro nel giardino delle Esperidi; 12) catturare Cerbero, guardiano infernale e poi ricondurlo nell'Averno. Portate a termine felicemente tutte le imprese, fu lasciato libero da Euristeo. Egli compí altre numerose e leggendarie imprese, finché, prossimo alla morte, Giove lo portò sull'Olimpo rendendolo immortale. Ercole fu molto venerato a Roma e molti templi furono a lui dedicati.

[6] *sovrano... Menelao*: Evandro era figlio di Mercurio, il dio figlio di Giove, e gli Atridi discendevano da Tantalo, anch'egli figlio di Giove.

Elettra e Maia, che amate entrambe da Giove, generarono Dardano e Mercurio, progenitore il primo dei Troiani, il secondo della stirpe di Evandro.

Il re ascolta in silenzio e scruta a lungo Enea, nel quale ha riconosciuto il figlio del grande Anchise, fratello di Priamo: entrambi questi nobili troiani erano stati ospiti della sua casa in Arcadia, quand'egli era ancora giovinetto: v'è dunque anche un antico vincolo d'ospitalità e di amicizia fra Arcadi e Troiani[7]. La richiesta di Enea potrà dunque mutarsi in solido patto di alleanza contro i Latini. A sancirlo, Evandro invita i Troiani a unirsi a lui nei riti e nel banchetto in onore di Ercole.

Al termine del convito, Evandro narra a Enea l'origine di tanta devozione alla divinità di Ercole: in una spelonca del monte Aventino viveva un mostruoso figlio di Vulcano, di nome Caco[8], un predone che seminava il terrore nell'intera pianura del Tevere. Ercole trovandosi a passare in quei luoghi guidando una mandria di tori e giovenche, stanco del lungo cammino si era addormentato, e Caco aveva osato rubargli parte degli armenti, trascinandoli poi nella sua caverna. Risvegliato dal muggito delle bestie rinchiuse, e avvedutosi del furto, Ercole, dopo aver tentato inutilmente di penetrare nell'antro sbarrato da un enorme macigno, si era inerpicato in cima alla rupe sovrastante, e scrollandola l'aveva divelta e rovesciata nel fiume. La grotta, cosí scoperchiata, s'era improvvisamente inondata di luce.

Dunque, colto all'improvviso dalla luce inattesa,
e chiuso nella cava roccia e ruggente piú del consueto,
dall'alto lo preme l'Alcide[9] con dardi, e ricorre a tutte
le armi, e incalza con tronchi e con vasti macigni.
Quello, poiché non gli resta nessuno scampo al pericolo,
vomita dalle fauci (mirabile a dirsi) un'immensa
fumata e avvolge la casa in una cieca caligine,
togliendo la vista a chi guardi, e agglomera nell'antro
una notte fumosa, con tenebre miste a fuoco.

7 *vincolo d'ospitalità... Troiani*: Priamo, recatosi a visitare la sorella Esione, moglie di Telamone, re di Salamina, si era spinto fino al regno di Arcadia, in compagnia di molti duci troiani tra i quali Anchise. In quell'occasione, il giovane Evandro ebbe modo di accogliere il padre di Enea come suo ospite.

8 *Caco*: figura mitologica dell'antico mondo italico, presente in molte leggende.

9 *l'Alcide*: Ercole, detto Alcide perché discendente di Alceo, re di Argo.

L'Alcide furioso non sopportò, e si gettò a precipizio
nel fuoco con un balzo, per dove il densissimo fumo
volge un'onda, e l'immensa grotta fluttua di fosca nebbia.
Qui, avvinghiatolo in un nodo, afferra Caco che emette
nelle tenebre vani incendi, e serrando lo soffoca
facendogli uscire gli occhi e seccare di sangue la gola.
Subito si apre la buia casa, rovesciate le porte,
e le vacche rubate e la preda negata con spergiuri
si mostrano al cielo; e l'orrendo cadavere è tratto
fuori per i piedi. I cuori non possono saziarsi
guardando i terribili occhi, il volto e il petto villoso
di setole della mezza belva e le fiamme estinte nelle fauci.
Da allora si celebra il rito, e i posteri lieti
ricordarono il giorno: Potizio ne fu promotore,
e la casa Pinaria custode del culto di Ercole[10].

[vv. 247-270]

Terminato il racconto, Evandro, avvicinandosi la sera, invita Troiani e Arcadi a banchettare di nuovo insieme. Al lume delle torce i sacerdoti Salii[11] danzano intorno agli altari, mentre vecchi e giovani cantando esaltano le prodigiose gesta di Ercole, a cominciare da quando il figlio di Alcmena, ancora in fasce, aveva strozzato con le sue mani i serpenti inviati da Giunone gelosa degli amori di Giove e Alcmena, fino a quando aveva partecipato alla distruzione della città di Ecalia[12], e portato a termine le «fatiche» impostegli, la cattura del toro cretese, l'uccisione del leone nemeo, l'incatenamento di Cerbero, l'uccisione dell'Idra di Lerna[13].

I boschi e le colline circostanti echeggiano di suoni e di voci inneggianti all'eroe dalla forza indomabile che nulla te-

10 *Potizio... Ercole*: il primo sacerdote italico di Ercole fu Potizio e alla *gens Pinaria* fu affidato il culto del dio. Per ricollegare i riti di Roma imperiale alle mitiche vicende dell'antico Lazio, Virgilio immagina che quell'Ara chiamata poi *Maxima*, posta ai piedi del foro Boario ed esistente anche ai tempi di Augusto, fosse stata eretta da Ercole stesso in ringraziamento a Giove che lo aveva aiutato nella lotta contro Caco e che Pinario e Potizio fossero stati compagni di Ercole e primi sacerdoti addetti al culto.

11 *sacerdoti Salii*: nella religione romana erano sacerdoti addetti al culto di Marte, cosí chiamati dal verbo latino *salire*, "danzare". Nelle cerimonie sacre essi danzavano vestiti in assetto da guerra con i sacri scudi sui quali battevano il ritmo intonando canti religiosi. Per nobilitare l'origine di questo collegio sacerdotale Virgilio lo fa risalire al tempo della venuta di Enea nel Lazio.

12 *Ecalia*: città dell'Eubea, distrutta da Ercole.

13 *fatiche... Lerna*: sono qui ricordate solo alcune delle dodici imprese compiute da Ercole (vedi nota 5, p. 110).

mette, neanche di scendere nelle sedi infernali, e che ora, asceso all'Olimpo, è anch'egli dio fra gli dei.

Sulla via del ritorno in città, alla luce della luna, il re, affiancato da Enea e da Pallante, quasi per cementare quella nuova amicizia, parla di sé: «Anch'io» ricorda «sono giunto in questa terra cacciato dalla mia patria e guidato dagli ammonimenti profetici di mia madre, la ninfa Carmenta[14], ispirata da Apollo». E proseguendo durante il cammino indica all'ospite luoghi ora deserti e selvaggi, ma che – egli assicura – diverranno famosi nella storia della futura città di Roma: il Lupercale, il bosco d'Argileto, la rupe Tarpea, il Campidoglio[15]. Giunti sul Palatino, invita Enea al riposo nella sua modesta dimora.

Intanto Venere, sempre vigile sulle sorti del figlio, si rivolge con amabili parole al suo rude sposo Vulcano, chiedendogli di forgiare per Enea armi invincibili e di splendida fattura. Sentendo il suo rude sposo dubbioso, la dea, consapevole della propria bellezza e della sottile arte della seduzione, lo stringe fra le candide braccia, lo accarezza, lo accende di desiderio. Vinto, Vulcano promette ciò che la sposa gli chiede, e all'alba, destatosi dopo un greve sonno seguito al lungo e appassionato amplesso, si affretta a raggiungere l'isola dove egli, signore del fuoco, ha le sue fucine, e i Ciclopi come suoi aiutanti.

Si erge, vicino alla costa sicula, di fianco all'Eolia,
Lipari[16], un'isola ardua di rocce fumanti;

14 *Carmenta*: antica divinità italica che la tradizione diceva originaria dall'Arcadia e dotata di spirito profetico. Come tale era protetta da Apollo, dio dell'arte profetica. Virgilio la presenta come la madre di Evandro.

15 *Lupercale... Campidoglio*: il Lupercale è la grotta sotto il colle Palatino che, secondo la leggenda, era stata il covo della lupa nutrice di Romolo e Remo. L'Argileto, ai tempi di Virgilio, era un vasto quartiere di Roma sotto il Campidoglio. Secondo il poeta il nome deriva da Argo, uno straniero che, ospitato amichevolmente da Evandro, aveva tramato contro di lui, ma era stato ucciso dai cittadini. Evandro tuttavia lo aveva onorato con un sepolcro in un luogo boscoso, chiamato da allora Argileto (*Argi letum*, «morte di Argo»). La rupe Tarpea, sovrastante il colle capitolino, aveva preso il nome da Tarpea, la fanciulla romana che, dopo aver aperto le porte della rocca ai Sabini in guerra con i Romani, era stata punita dagli stessi Sabini che l'avevano uccisa gettandola da quella rupe. Il Campidoglio, infine, il colle che ai tempi di Evandro appare aspro e selvaggio, sarà in seguito ornato da un tempio dedicato a Giove, Giunone e Minerva («triade capitolina»), gli dei protettori di Roma.

16 *Lipari*: la maggiore delle isole Eolie. In una di queste (Vulcania) Virgilio fissa la sede della fucina di Vulcano. Un'altra tradizione voleva che l'officina fosse sotto l'Etna.

sotto v'è una spelonca, e tuonano gli antri etnei
corrosi dalle fucine dei Ciclopi, e s'odono i validi colpi
sulle incudini e rifrangono un gemito; stridono nelle caverne
le masse incandescenti dei Calibi[17], spira e ruggisce il fuoco
nelle fornaci; dimora di Vulcano, Vulcania di nome è la terra.
Qui allora il dio del fuoco discese dall'alto cielo.
Lavoravano il ferro nel vasto antro i Ciclopi,
Bronte e Sterope e con le membra nude Piracmone[18].
Con le mani foggiavano e già in parte polivano
un fulmine, di quelli che il Padre[19] scaglia numerosi
da tutto il cielo sulla terra; una parte restava imperfetta.
Avevano aggiunto tre raggi di pioggia addensata,
tre di nuvola acquosa, tre di rosso fuoco, e di alato Austro[20]:
ora mischiavano all'opera terribili bagliori,
e strepito e terrore e ire con fiamme incalzanti.
Altrove attendevano al carro e alle volanti ruote
di Marte, con cui egli eccita gli uomini e le città;
e levigavano a gara nelle squame d'oro di serpente
l'egida orrenda, arma di Pallade irata,
e le serpi intrecciate, e nel petto della dea
la Gorgone, che ruota gli occhi sul collo mozzo[21].
«Togliete tutto» disse, «e tralasciate i lavori cominciati,
Ciclopi etnei[22], e rivolgete qui la mente:
si devono forgiare armi per un uomo gagliardo.
Ora abbisognano forze, rapide mani, e tutta
l'arte maestra. Rompete gli indugi.» Non disse altro;
ma quelli s'applicarono subito tutti e divisero la fatica.

17 *Calibi*: popolazione stanziata sul mar Nero, celebre per la lavorazione del ferro.

18 *Bronte... Piracmone*: tre Ciclopi al servizio di Vulcano (i loro nomi nella lingua greca significano rispettivamente "tuono", "lampo", "incudine"). Per quanto riguarda i Ciclopi Virgilio segue due tradizioni, quella omerica che li vuole giganti dediti alla pastorizia e privi di leggi (vedi Libro III) e l'altra, assai diffusa, che li vuole giganti ribelli che Giove rinchiuse sotto i vulcani.

19 *il Padre*: Giove, padre degli dei e degli uomini, signore del cielo e di tutti i fenomeni atmosferici (fulmini, piogge, tempeste ecc.).

20 *Avevano aggiunto... Austro*: si credeva che il fulmine fosse formato di dodici raggi, tre per ognuno dei quattro elementi che compongono la tempesta: pioggia, grandine, fuoco e vento (Austro).

21 *egida... mozzo*: l'egida era propriamente lo scudo di Giove, ma qui si fa riferimento alla parte anteriore della corazza di Minerva (Pallade), dea della guerra (perciò irata). La corazza di Minerva era a placche d'oro simili a squame di serpenti e presentava al centro in corrispondenza del seno della dea, un groviglio di serpenti guizzanti intorno al capo della Gorgone Medusa che sebbene troncato dal collo, torceva le sue pupille ancora minacciose.

22 *Ciclopi etnei*: etnei nel senso di «come quelli etnei» e non, come qualcuno ha suggerito, nel senso che la fucina dell'Etna comunicasse con quella di Vulcania, la sede ove Virgilio pone le fucine di Vulcano. In un primo momento i Ciclopi aiutanti fabbri sembrano essere soltanto tre, poi appaiono piú numerosi.

Fluisce il bronzo a rivi e il metallo dell'oro,
e il micidiale acciaio si liquefà nella vasta fornace.
Foggiano un enorme scudo, unico contro tutti
i dardi dei Latini, e connettono sette cerchi[23]
con altri sette. Alcuni coi mantici ventosi
aspirano ed emettono l'aria, altri tuffano nell'acqua
il bronzo che stride[24]: geme sotto il peso delle incudini l'antro.
Quelli in cadenza tra loro sollevano le braccia
con grande forza e rivoltano con salde tenaglie la massa.

[vv. 416-453]

Mentre i colpi di martello vibrati dai Ciclopi sull'incudine fanno rimbombare gli oscuri antri di quella terra, alle pendici del Palatino il cinguettio degli uccelli allieta il risveglio di Evandro, che, levatosi, indossa una semplice tunica, calzari di foggia etrusca, e sospende alla spalla la vecchia spada che ha portato con sé dall'Arcadia. Due fedeli cani gli si pongono a fianco e lo accompagnano mentre va incontro a Enea che, altrettanto mattiniero, è già in attesa nell'atrio. Strette le destre, Evandro si rivolge all'ospite rendendo onore al suo valore di condottiero e dichiarandosi onorato dalla sua richiesta di aiuto: ma le forze che egli può mettere in campo – avverte – sono esigue, il suo regno è povero e di breve estensione, stretto com'è tra il fiume e il territorio dei Rutuli. Tuttavia si adoprerà per favorire un'alleanza fra i Troiani e gli Etruschi di Agilla[25], i quali, in odio al feroce tiranno Mezenzio, ora associato a Turno, sono già in assetto di guerra, pronti a marciare. Gli indovini hanno tuttavia predetto che per un esito felice dello scontro, gli Etruschi dovranno essere guidati da un condottiero straniero: è certamente Enea l'uomo richiesto dai presagi. Da parte sua, egli porrà sotto gli ordini dell'eroe troiano cento cavalieri arcadi, e, a maggior testimonianza della sua amicizia, il proprio amatissimo figlio, il giovane Pallante. Rincuorato dalle parole del vecchio re, Enea, quasi a conferma del momento fortunato di quella

[23] *sette cerchi*: i Ciclopi saldano l'una all'altra sette lamine rotonde sovrapposte, foggiando cosí uno scudo di particolare resistenza. Inoltre il numero sette è fortemente simbolico.

[24] *tuffano... stride*: per temperare il metallo lo immersero arroventato nell'acqua, cosí che si levò il caratteristico stridore.

[25] *Agilla*: antico nome di Cere, l'odierna Cerveteri, su cui regnava il crudelissimo Mezenzio, prima di essere cacciato da un'insurrezione popolare.

spedizione, vede balenare nel cielo sereno un lampo, seguito da uno squillo di tromba e da un cozzare di armi. È un prodigio voluto da sua madre Venere, che annunzia cosí l'imminente dono delle armi forgiate da Vulcano.

Giunge l'ora del congedo che avviene con reciproco amichevole affetto, ma anche con un fondo di malinconia.

Scelti alcuni compagni per la missione presso gli Etruschi di Agilla, Enea rinvia gli altri al campo troiano perché informino Iulo degli ultimi avvenimenti e della propria partenza.

Evandro, da parte sua, rivolge agli dei una preghiera affinché proteggano Pallante dai pericoli della guerra, che il giovinetto affronta per la prima volta.

«Oh, se Giove mi rendesse gli anni trascorsi
quale ero quando sotto Preneste[26] atterrai
la prima schiera e vittorioso arsi mucchi di scudi,
e sprofondai nel Tartaro con questa destra il re Erulo,
al quale nascendo la madre Feronia (terribile a dirsi)
aveva dato tre anime: tre volte doveva brandire le armi,
tre volte doveva battersi a morte; ma questa
mano gli tolse tutte le vite, e lo spogliò delle armi:
ora non sarei mai strappato al tuo dolce abbraccio,
o figlio; e mai Mezenzio, insultando me, suo vicino,
avrebbe dato col ferro tante crudeli morti,
e privato la nostra città d'innumerevoli abitanti.
Ma voi, Celesti, e tu, supremo reggitore degli dei,
Giove, ti prego, abbiate pietà del re arcade,
e ascoltate le preghiere d'un padre. Se i vostri numi,
se i fati mi riserbano incolume Pallante, se vivo
destinato a rivederlo e a riunirmi a lui, chiedo la vita;
accetto di sopportare qualunque affanno. Se invece,
o Fortuna, minacci qualche indicibile sventura,
fin d'ora, fin d'ora io possa troncare la crudele vita,
mentre l'angoscia è dubbiosa e incerta la speranza del futuro,
mentre, diletto fanciullo, mia unica e ultima gioia,
ti stringo tra le braccia; un annuncio troppo grave
non mi colpisca gli orecchi». Il padre parlava cosí
nell'estremo distacco; i servi lo portarono svenuto nella casa.

[vv. 560-584]

La schiera guidata da Enea e Acate esce dalla città. Accan-

26 *Preneste*: città del Lazio, oggi Palestrina.

to a loro cavalca Pallante. Dall'alto delle mura le madri mute e sgomente accompagnano con lo sguardo i cavalieri arcadi che si affiancano agli alleati troiani, finché non li vedono scomparire in una nuvola di polvere sollevata dal galoppo dei cavalli.

Giunto in vista delle tende etrusche e delle mura di Agilla, Enea si ferma per una breve sosta. Ed ecco apparirgli la divina madre che, deposta ai piedi d'una quercia la splendida armatura, lo esorta ad aver fiducia nell'esito della guerra contro i Laurenti e il bellicoso Turno. Lo sguardo dell'eroe indugia a lungo su ogni singolo pezzo di quel mirabile dono: l'elmo dall'alta criniera, la spada che sarà fatale a molti, la corazza di bronzo, gli schinieri d'oro, la lancia, ma soprattutto il grande scudo stupendamente istoriato.

Qui il dio del fuoco, esperto dei vaticinî e consapevole
del tempo avvenire, aveva effigiato le gesta italiche
e i trionfi dei Romani e tutta la discendenza futura
dal sangue di Ascanio, e in ordine le guerre combattute.
Aveva anche effigiato nel verde antro[27] di Marte
la lupa sgravata e distesa; appesi ai suoi uberi,
i gemelli scherzavano e impavidi succiavano la nutrice;
quella, girata con il collo tornito, lambiva
l'uno e l'altro a vicenda e lisciava i corpi con la lingua.
Vicino aggiunge Roma e le Sabine rapite[28]
brutalmente tra la folla del teatro durante lo svolgersi
dei grandi Circensi; subito ne sorgeva una nuova guerra
tra i Romulidi e il vecchio Tazio e i severi abitanti di Curi[29].
Poi gli stessi re, cessata la battaglia, si ergevano
armati davanti all'ara di Giove reggendo
le coppe e stringevano patti.
[...]
Inoltre Porsenna[30] ingiungeva di riaccogliere lo scacciato

27 *verde antro*: l'antro sotto il Palatino, dove si dice che la lupa avesse allattato i due gemelli.

28 *Sabine rapite*: si narra che per popolare Roma, Romolo vi attirò vagabondi, fuorilegge e abitanti dei dintorni. Poiché mancavano le donne, organizzò dei giochi nel Circo e invitò le popolazioni dei dintorni. Nel corso dello spettacolo i Romani rapirono le fanciulle, in gran parte Sabine. I Sabini e il loro re Tito Tazio mossero guerra ai Romani, ma le donne sabine riuscirono a riportare la pace fra i due popoli.

29 *Curi*: città dei Sabini, noti per la moralità dei loro costumi.

30 *Porsenna*: re etrusco di Chiusi. Secondo la tradizione assediò Roma per aiutare Tarquinio il superbo a tornare sul trono dopo il suo esilio. Si riferiscono a questo periodo le eroiche imprese di Orazio Coclite, Muzio Scevola e Clelia (secolo v a.C.).

Tarquinio, e serrava la città d'un vasto assedio;
gli Eneadi irrompevano contro il ferro in difesa della libertà.
Quello appariva sdegnato e minaccioso d'aspetto,
a causa di Coclite[31] che osava divellere il ponte,
e di Clelia[32] che, spezzati i legami, nuotava nel fiume.
In cima Manlio[33], custode della rocca Tarpea,
stava davanti al tempio e teneva l'alto Campidoglio,
irta la reggia recente della paglia di Romolo[34].

[vv. 626-654]

Al centro dello scudo è raffigurata la futura battaglia di Azio, la sconfitta e la fuga della regina Cleopatra: sulla superficie del mare, tutta in oro, risplende l'argento dei delfini guizzanti nelle acque agitate dai remi e dai rostri di navi cosí imponenti da sembrare isole galleggianti. Splendidamente riprodotto, il trionfo di Augusto tornato vincitore a Roma: l'imperatore è rappresentato sulla porta del tempio di Apollo[35] nell'atto di ricevere i doni dei popoli vinti che sfilano dinanzi a lui, mentre il popolo tripudia nelle vie per la gioia di avere alfine raggiunto dopo un secolo di guerre civili, la sospirata pace.

Ammirando estatico tutto ciò, Enea ignora che tutte quelle immagini sbalzate nello scudo, non sono altro che la rappresentazione della futura storia di Roma. Ma ne trae ugualmente un buon auspicio per le prove che lo attendono.

31 *Coclite*: fermò da solo le milizie etrusche di Porsenna all'inizio del ponte Sublicio dando cosí tempo ai suoi compagni di tagliare alle sue spalle il ponte che univa le due rive del Tevere, ai piedi del Gianicolo. Dopodiché egli raggiunse la riva a nuoto. Nel corso della lotta avrebbe perso un occhio, da cui il soprannome di Coclite (da *cocles*, "cieco da un occhio").

32 *Clelia*: presa in ostaggio da Porsenna insieme ad altre nobili fanciulle, riuscí a fuggire e a tornare a Roma attraversando a nuoto il Tevere.

33 *Manlio*: detto poi «Capitolino», perché difese vittoriosamente il Campidoglio dai Galli di Brenno che aveva gravemente sconfitto le milizie romane presso il fiume Allia (390 a.C.). Secondo la leggenda, una notte i Galli dettero la scalata alla rocca capitolina e l'avrebbero occupata se Manlio, svegliato dallo strepito delle oche, non fosse accorso a respingere l'attacco.

34 *reggia... Romolo*: sul Campidoglio Romolo aveva costruito la sua reggia, costituita da una capanna di paglia ricoperta di canne. Anche dopo la morte di Romolo i Romani ne ebbero cura rinnovando sempre le canne quando marcivano. Ancora al tempo di Virgilio la capanna era visibile, rinnovata di recente.

35 *imperatore... Apollo*: Augusto dedicò ad Apollo un magnifico tempio marmoreo sul Palatino.

Libro IX.

Il Lazio precipita verso la guerra. Gli dei dell'Olimpo contrastano fra loro, con una passione che ha assai poco di divino, sulla sorte del conflitto. Opponendosi a Venere che continua a intervenire a favore dei Troiani, Giunone cerca in ogni modo di impedire che il destino di Enea si compia: ordina perciò alla sua fedele messaggera Iride di raggiungere Turno e di convincerlo a rompere ogni indugio e ad assalire l'esercito troiano ora privo del suo capo.

Turno è indeciso se iniziare subito l'attacco o attendere ancora, pur se il momento appare propizio: i Troiani sono infatti chiusi nel loro campo in attesa che Enea torni dal viaggio di ricerca di nuovi alleati. Ma gli incitamenti di Giunone recati da Iride dissipano ogni suo dubbio: torna perciò fra i suoi, e predispone il piano di attacco, messo subito in atto. Al clangore delle trombe, la marcia contro il campo troiano ha inizio: la apre Messapo, la chiude il fedele Tirro accompagnato dai figli; nel centro dello schieramento torreggia Turno, fiero del suo cavallo tracio e del suo elmo rossocrinito.

Le vedette troiane, avvistata la colonna nemica procedere compatta contro di loro, danno l'allarme. Nel campo troiano fervono subito i preparativi di difesa, una difesa strenua ma senza avventate sortite, secondo gli ordini lasciati da Enea.

Turno, uscito al galoppo dalle file insieme a venti cavalieri scelti, giunge fin sotto le difese nemiche e in segno di sfida scaglia un giavellotto provocando i Troiani allo scontro aperto, mentre i compagni lo acclamano con urla e ingiurie all'indirizzo del nemico che sembra acquattarsi intimorito dietro i bastioni.

... Di qua, di là, torbido
Turno esplora a cavallo le mura e cerca passaggi inaccessibili.

E come un lupo, insidiando un ovile pieno,
preme ai recinti, sopportando il vento e la pioggia,
nel cuore della notte; gli agnelli, sicuri sotto le madri,
continuano a belare; quello feroce e infuriato
incrudelisce contro gli assenti; lo tormenta una lunga
rabbia di fame, le fauci secche di sangue:
ugualmente al Rutulo[1] che guarda le mura e il campo
divampa l'ira: ribolle nelle dure ossa una smania,
come forzi l'entrata, con che mezzo stani
i Teucri chiusi nel vallo e li rovesci nel piano.
Assale la flotta che si celava ormeggiata al lato del campo,
protetta intorno dagli argini e dalle onde del fiume,
e chiede ai compagni esultanti le fiaccole,
e fervido riempie la mano con una torcia di pino ardente.
Allora irrompono; la presenza di Turno li sprona;
tutti i giovani si armano di nere torce.
Consumano i fuochi; la fumosa resina emette
un lume di pece, e Vulcano[2] commiste faville agli astri.

[vv. 57-76]

Ma si verifica un evento prodigioso: i tizzoni ardenti non riescono ad appiccare il fuoco alle odiate navi, e anzi si spengono al momento dell'impatto con le loro fiancate. A tale vista, Turno e i suoi ammutoliscono per lo stupore: ignorano infatti che quelle navi sono protette da Cibèle, perché costruite con alberi del monte Ida[3], sacro a quella potente divinità. E Cibèle, non avendo potuto ottenere da Giove che esse fossero indistruttibili – giacché niente di ciò che è costruito dall'uomo può essere immortale –, aveva tuttavia indotto il sovrano degli dei a una solenne promessa: le navi che fossero scampate ai pericoli del mare riuscendo a toccare le rive italiche, sarebbero state trasformate in ninfe. Ed ecco la promessa avverarsi: le navi, rotti gli ormeggi che le tengono a riva, calano a fondo, ma poi riemergono trasformate in leggiadre ninfe marine guizzanti come delfini.

Ora l'animo dei Rutuli gela di sacro terrore, lo stesso impetuoso Messapo si arresta sbigottito; soltanto Turno, dopo un attimo di esitazione al cospetto del misterioso evento,

[1] *Rutulo*: Turno.
[2] *Vulcano*: qui inteso nel senso di fuoco (Vulcano era dio del fuoco).
[3] *costruite... Ida*: dopo l'incendio di Troia, i superstiti guidati da Enea si rifugiarono sul monte Ida e qui costruirono la flotta.

cerca di interpretarlo a proprio favore e come segno infausto per i Troiani, i quali – egli grida – ora non potranno piú trovare scampo in mare. E spavaldo arringa i suoi: «Se fatali presagi hanno spinto i Troiani a raggiungere il Lazio, ebbene anche a me solenni vaticini hanno affidato un compito: sterminare questa gente scellerata che erra per il mondo invadendo territori e rubando donne altrui. Ora i predoni troiani si rintanano dietro recinti e fossati, senza ricordare che anche le mura di Troia crollarono pur se costruite da Nettuno. Non sarà ardua impresa assalirli, noi non abbiamo bisogno di celarci di notte nel ventre d'un cavallo di legno, li attaccheremo alla luce del giorno e allo scoperto cingeremo le loro mura di fuoco». Cosí infiamma l'animo dei suoi, ma poiché sta scendendo la notte, rimanda l'attacco al giorno seguente e affida a Messapo il compito di stabilire turni di guardia per bloccare le porte e circondare il campo nemico con fascine ardenti.

Trascorrono, mutano i turni, e sparsi per l'erba
indulgono al vino, e vuotano crateri di bronzo.
Risplendono i fuochi; le guardie passano la notte
insonne nel gioco.
Questo i Teucri scorgono dall'alto del vallo,
e occupano in armi le torri, ed esplorano, trepidi d'ansia,
le porte, e congiungono ponti e bastioni,
e portano armi. Li spronano Mnèsteo e il fiero Seresto,
che il padre Enea, se mai le avversità lo richiedessero,
aveva deciso fossero capi dei giovani e maestri delle opere.
Tutto l'esercito sui muri, sorteggiato il pericolo,
bivacca ed esercita i turni: ognuno deve vigilare.
Niso[4] custodiva la porta, fortissimo in armi,
figlio di Irtaco, che ad Enea aveva mandato compagno
l'Ida folto di cacce, veloce con l'asta e con le lievi frecce;
e vicino, amico, Eurialo del quale nessuno
vi fu piú bello tra gli Eneadi e quanti vestirono armi troiane,
ragazzo che adornava il volto di imberbe giovinezza.
Avevano un solo amore, e uniti correvano in guerra;
anche allora in guardia comune presidiavano la porta.
Niso dice: «Gli dei infondono questo ardore nell'animo,

4 *Niso*: figlio di Irtaco e della ninfa cacciatrice Ida. Era stato mandato dalla madre, fino dai primi anni della guerra, a Troia. È già stato protagonista della gara di corsa (Libro v) insieme a Eurialo, il piú giovane e il piú bello dei Troiani.

Eurialo, o a ciascuno diviene un dio la propria smania crudele?
Da tempo il cuore mi sprona a gettarmi nella battaglia
o in qualcosa di grande, e non s'appaga della placida quiete.
Vedi quale fiducia degli eventi possieda i Rutuli.
Guizzano rari fuochi; giacciono snervati
dal sonno e dal vino; tacciono i luoghi d'intorno.
Senti che cosa io progetti, e cosa mi sorga nell'animo.
Tutti, il popolo e i padri, chiedono che si richiami Enea,
e che si mandino uomini a riportare notizie certe.
Se possono promettere ciò che chiedo per te – a me basta
la gloria dell'impresa –, sotto quel colle credo
di poter trovare la via per le mura e la città pallantea[5]».

[vv. 164-196]

Eurialo, giovane e impulsivo qual è, non può certo lasciare che l'amico affronti da solo i pericoli di quella temeraria avventura. Un solo pensiero lo turba, ma senza trattenerlo dal seguire Niso: quello di sua madre e dell'immenso dolore che egli le darà se l'esito dell'impresa dovesse essere infausto. Decide pertanto di partire senza salutarla: non riuscirebbe a sopportare le sue lagrime al momento del distacco.

I due amici, lasciato il posto di guardia ad altre sentinelle, si presentano a Iulo per esporgli il proprio piano: le loro parole, piene di entusiasmo e di giovanile ardimento, colgono di sorpresa Iulo, che per la prima volta si trova a dover prendere una grave decisione. Tuttavia la necessità di avvertire Enea dell'immininente attacco nemico lo induce a dare un sofferto consenso all'impresa, di cui conosce e teme i pericoli mortali. Perciò nell'accomiatarsi dai due audaci, le sue parole rivelano gratitudine, ma anche insicurezza: «Ogni salvezza risiede per me nel ritorno del padre. Andate, e restituitemi la sua presenza».

I due giovani sono orgogliosi del compito loro assegnato, ma Eurialo ha una supplica da rivolgere a Iulo:

«Nessuna giornata mi accusi impari ai forti ardimenti;
mi basta: poi, sopravvenga la sorte favorevole o avversa.
Ma sopra tutti i premi, di uno solo ti prego:
ho con me la madre, dell'antica stirpe di Priamo,
a cui, sventurata, la terra d'Ilio e la città

5 *città pallantea*: Enea si è recato a Pallanteo, la città di Evandro, in cerca di aiuto.

del re Aceste non impedirono di partire con me.
Ora la lascio ignara di questo pericolo, qualunque sia,
e insalutata (mi siano testimoni la notte e la tua destra),
poiché non potrei sopportare le sue lagrime.
Ma tu, prego, consola la misera e soccorri l'abbandonata.
Lascia che porti questa speranza di te.
Andrò piú audace incontro a tutte le sorti». Turbati
i Dardanidi piansero; e piú di tutti il leggiadro Iulo,
e gli strinse il cuore l'immagine dell'amore paterno.
Allora parla cosí:
«Ripromettiti quanto sia degno della tua grande impresa.
Lei mi sarà madre, e solo le mancherà il nome di Creusa,
né una piccola riconoscenza attende l'aver avuto
un simile figlio. Qualunque sarà l'esito dell'impresa,
giuro sul mio capo, sul quale il padre soleva giurare:
ciò che prometto a te nel ritorno e nella fortuna propizia,
lo stesso attenderà tua madre e la stirpe».

[vv. 281-302]

A dimostrare la sua gratitudine, Iulo dona a Eurialo la spada d'oro che un famoso artefice aveva forgiato per lui, mentre Alete scambia il proprio elmo con quello di Niso. Poi tutti i capi accompagnano entrambi alle porte dell'accampamento dal quale, eludendo la sorveglianza dei guerrieri posti da Messapo a impedire eventuali sortite nemiche, Eurialo e Niso riescono a sgusciare in campo aperto varcando argini e fossati, e nell'oscurità della notte a raggiungere il campo dei Rutuli. Dovunque si volgano vedono corpi abbandonati nel sonno o vinti dal vino, uomini e cose, anfore svuotate, carri, armi, scudi, sparsi al suolo. Invasi da un furore a lungo represso, approfittando di quella situazione favorevole, i due si abbandonano a una vera strage. Soprattutto Eurialo, meno saggio del suo compagno, imperversa come una giovane belva affamata in un ovile: piomba su chiunque capiti a tiro della sua spada, siano illustri condottieri o umili soldati. Niso tenta inutilmente di frenarlo, non già per maggiore umanità, bensí per maggiore esperienza guerriera: non è prudente indugiare oltre poiché non è lontano il sorgere del sole. Ma Eurialo si ostina nel massacro, attratto anche dalla vista dei molti oggetti d'oro e d'argento sparsi al suolo, e si lascia tentare dall'elmo di Messapo che subito pone sul proprio capo, e dalla cintura borchiata d'oro di Ramnete di cui esultante si cinge la vita.

Trecento cavalieri latini partiti da Laurento e guidati da Volcente[6] per recare urgenti messaggi a Turno, giunti in prossimità del campo rutulo, tra il fitto fogliame del bosco scorgono alla luce della luna lo scintillio dell'elmo di Messapo ora orgogliosamente portato da Eurialo. I due imprudenti vengono cosí scoperti: Volcente intima loro di fermarsi, chiede chi siano e dove vadano. Senza rispondere i due amici fuggono attraverso la boscaglia fitta di rovi e percorsa da angusti sentieri. Eurialo, frenato dal peso delle armi predate, smarrisce la via. Niso nella foga della corsa non se ne avvede, distanzia gli inseguitori, e quando voltosi indietro per un attimo si accorge che il suo compagno non lo segue, torna angosciato sui suoi passi, penetra di nuovo nel bosco seguendo le sue stesse orme. Ode lo scalpitare dei cavalli e le grida dei nemici. Vede Eurialo assalito dai cavalieri latini ai quali il ragazzo si oppone con disperato eroismo. Ora Niso è incerto: uscire allo scoperto e avventarsi sui nemici significa andare incontro a sicura morte. Brandisce allora un giavellotto, e invocato l'aiuto di Diana affinché guidi la sua arma, lo scaglia con tutta la forza: l'arma taglia veloce l'aria e va a infiggersi nel dorso di Sulmone[7], uccidendolo sul colpo. Gli altri cavalieri, visto cadere il compagno, si volgono attoniti senza scorgere alcuno. Ancora celato fra gli arbusti, Niso scaglia un altro giavellotto che sibilando trafigge le tempie di Tago. Volcente, facendo impennare il cavallo si gira e rigira furente, senza riuscire a scoprire chi scagli quei micidiali dardi. Allora con la spada sguainata si avventa furioso contro Eurialo.

... Allora sconvolto, impazzito
Niso grida – non seppe celarsi piú a lungo
nelle tenebre, o sopportare un tale dolore –:
«Io, io, sono io che ho colpito, rivolgete contro di me il ferro,
Rutuli! l'insidia è mia; costui non osò e non poté
nulla (lo attestino il cielo e le consapevoli stelle);
soltanto amò troppo lo sventurato amico».

6 *Volcente*: guerriero rutulo, comandante di uno squadrone di cavalleria.
7 *Sulmone*: Sulmone e, piú avanti Tago, vittime della vendetta di Niso, sono personaggi nominati soltanto in questo episodio.

Cosí diceva; ma la spada vibrata con violenza
trafisse il costato e ruppe il candido petto.
Eurialo cade riverso nella morte, il sangue scorre
per le belle membra, e il capo si adagia reclino sulla spalla:
come un fiore purpureo quando, reciso dall'aratro,
languisce morendo, o come i papaveri che chinano il capo
sul collo stanco, quando la pioggia li opprime.
Ma Niso s'avventa sul folto e cerca fra tutti
il solo Volcente, contro il solo Volcente si ostina.
I nemici, addensatisi intorno a lui da tutte le parti,
lo stringono da presso; egli incalza ugualmente
e ruota la spada fulminea, finché non la immerse
nella bocca del rutulo urlante, e morendo tolse la vita
al nemico. Allora, trafitto, si gettò sull'amico
esanime, e alfine riposò in una placida morte.
Fortunati entrambi! Se possono qualcosa i miei versi,
mai nessun giorno vi sottrarrà alla memoria del tempo[8],
finché la casa di Enea abiti l'immobile rupe
del Campidoglio, e il padre romano abbia l'impero.

[vv. 424-449]

La luce dell'alba svela l'orrenda strage compiuta dai due giovani troiani. I Latini piangono i loro compagni esanimi sul terreno cosparso di pozze di sangue. Alcuni di loro si avventano contro i corpi, anch'essi senza vita, di Eurialo e Niso, e con la crudeltà che il desiderio di vendetta ispira spesso all'uomo rendendolo simile alle belve, mozzano loro le teste e le infiggono su aste issate poi come trofei che corrono a mostrare con scherno ai Troiani di sentinella sulle difese dell'accampamento. La notizia si diffonde fulminea, e giunge alla madre di Eurialo, che si precipita disperata verso le mura urlando il suo dolore e chiamando a gran voce quel suo unico figlio partito senza neanche lasciarle un ultimo saluto, e che ora, ucciso, straziato, insepolto, finirà preda di cani affamati e uccelli rapaci. A stento riescono a impedirle di darsi immediatamente la morte, e ad allontanarla a viva forza perché non impazzisca alla vista della testa recisa del figlio.

Turno ordina l'attacco. Le schiere italiche protette dagli scudi disposti a testuggine assalgono le mura, colmano i fos-

[8] *Se possono... tempo*: Virgilio irrompe nella narrazione con commozione augurandosi che i suoi versi diano eterna fama al sacrificio dei due giovani eroi fino a quando i Romani («la casa di Enea»: i discendenti di Enea) regneranno.

sati, collocano scale nei punti che appaiono meno protetti. I Troiani, che dieci anni di assedio hanno reso esperti di ogni genere di battaglia, si difendono bravamente, rovesciando le scale degli assalitori con l'aiuto di lunghe pertiche, scagliando nugoli di frecce, rotolando enormi pietre. Un macigno si abbatte sui Rutuli, ne schiaccia alcuni, ma non arresta il loro impeto mentre cercano di aprirsi un varco per giungere al corpo a corpo all'interno delle stesse difese nemiche e col ferro e col fuoco riescono a far crollare una torre sulla guarnigione troiana. Si salvano dalle macerie soltanto Elènore e Lico[9]: il primo, vistosi circondato dagli assalitori, va spontaneamente incontro alla morte gettandosi contro le lance nemiche; Lico cerca scampo nella fuga, ma Turno lo abbatte con un colpo di lancia. Esaltati da quel primo successo, i Rutuli irrompono nel campo troiano, pronti al massacro. La lotta infuria selvaggia. Molti cadono da entrambe le parti.

Si dice che allora per la prima volta Ascanio scagliasse
in guerra le rapide frecce, lui che era avvezzo a cacciare
le fiere fuggitive, e che rovesciasse il forte Numano[10],
detto anche Remulo, che aveva da poco congiunta
a sé nel talamo la sorella minore di Turno.
Davanti alla prima schiera, costui andava strepitando
cose degne e indegne di essere riferite, orgoglioso
in cuore del nuovo regno, e avanzava imponente con grida:
«Non vi vergognate di essere di nuovo assediati in un vallo,
o Frigi presi due volte[11], e di frapporre muri alla morte?
Ecco chi in guerra richiede i nostri connubii[12]!
Qual dio, quale follia vi spinse in Italia?
Qui non sono gli Atridi, o il mentitore Ulisse.
Gente dura per stirpe, portiamo subito i figli
al fiume, e li induriamo nel crudele gelo e nelle onde;
i fanciulli vegliano nella caccia e battono le selve;

[9] *Elènore e Lico*: due dei tanti oscuri eroi, vittime della guerra. Il primo era stato appena nominato nel Libro I fra i compagni che Enea pensava morti nel naufragio, ed Elènore è nominato solo qui.

[10] *il forte Numano*: nulla di piú si sa di lui, tranne che aveva sposato una sorella di Turno.

[11] *presi due volte*: una volta da Ercole, la seconda volta dai Greci. Secondo la leggenda Ercole aveva distrutto Troia per vendicarsi di Laomedonte che gli aveva rifiutato la mercede pattuita per avergli liberato la figlia Esione dal mostro marino.

[12] *chi... connubii*: Numano accusa di viltà e di effeminatezza i Troiani cui contrappone l'energia, la durezza del popolo italico. E ridicolizza i Frigi (i Troiani) che dopo essersi trincerati dentro un muro osano richiedere nozze latine.

un gioco è guidare i cavalli e scagliare frecce con l'arco.
I giovani, avvezzi alle fatiche e contenti del poco,
affaticano la terra coi rastrelli o abbattono fortezze in guerra.
Ogni età si consuma maneggiando il ferro: pungoliamo
le terga dei giovenchi con la lancia rovesciata; né la tarda
vecchiaia debilita le forze dell'animo e muta il vigore;
serriamo la canizie nell'elmo; e ci piace raccogliere
prede sempre recenti e vivere di razzie.
La vostra veste è colorata di croco[13] e di fulgida porpora;
voi amate l'accidia; vi piace abbandonarvi alle danze;
avete tuniche con le maniche, mitre con nastri[14].
O Frigie davvero, non Frigi, andate per l'alto Dindimo,
dove il flauto suona agli iniziati con duplice canna!
I cembali e i legni berecinzî della Madre Idèa[15] vi chiamano;
lasciate le armi agli uomini, rinunziate al ferro».

[vv. 590-620]

A quelle sanguinose ingiurie, Iulo reagisce scoccando un dardo, e grida: «Questa è la risposta troiana all'arroganza dei Rutuli. Fatti ancora beffe di noi, se puoi, o Numano!» Il dardo stride nell'aria e va a infiggersi nella fronte del tracotante nemico. I Troiani applaudono frementi di selvaggia gioia. Apollo, il dio infallibile nel tiro con l'arco, poiché ha a cuore le sorti troiane, pur compiaciuto del gesto di Iulo, ma temendo per la sua vita, assunto l'aspetto d'un qualsiasi guerriero troiano si avvicina al ragazzo e gli consiglia di tenersi al riparo, e, se possibile, dagli orrori della guerra; poi svanisce nell'aria. Iulo e i compagni riconoscono il dio mentre scompare nel cielo al tintinnare delle frecce nella faretra. Sentendosi rincuorati da quell'apparizione si avventano di nuovo nella mischia, mentre il solo Iulo obbedisce a malincuore agli ordini divini e si allontana dal punto dove piú aspra divampa la battaglia.

Pandaro e Bizia[16], due fratelli troiani dalla statura gigante-

13 *croco*: colore giallo-zafferano.

14 *tuniche... nastri*: le tuniche con maniche ampie erano considerate un segno di mollezza, come pure la mitra, una specie di berretto che si teneva sul capo trattenuta da nastri annodati sotto il mento.

15 *Dindimo... Idèa*: Dindimo era il monte della Frigia sacro alla dea Cibèle. In onore della dea i suoi sacerdoti usavano danzare al suono del doppio flauto, detto berecinzio dal nome di un villaggio della Frigia (Berecinzio) dove la dea Cibèle era venerata con grande onore. Cibèle era detta anche Berecinzia Madre e Madre Idèa per il culto a lei riservato sul monte Ida a Creta.

16 *Pandaro e Bizia*: Pandaro è un omonimo del famoso arciere troiano dell'Iliade

sca, aprono spontaneamente le porte della cittadella, e sperando anch'essi in uno scontro decisivo con i nemici li attirano entro le mura e ne fanno strage. Ma contro di loro si avventa Turno, e proprio sulla porta abbatte Bizia, scagliando contro di lui un giavellotto che ne trapassa prima lo scudo, poi la corazza protetta da una pesante maglia dorata. Accorre Pandaro, e visto il fratello morente al suolo, con la sua forza poderosa serra di nuovo la porta, senza tuttavia accorgersi che Turno è già all'interno e avanza minaccioso: lampi balenano nei suoi occhi, il pennacchio purpureo dell'elmo ondeggia, lo scudo riflette bagliori accecanti. A quella sola vista i Troiani si danno alla fuga, il solo Pandaro furioso per l'uccisione del fratello osa affrontare il campione nemico, e vibra contro di lui un colpo di lancia gridando parole di scherno.

A lui sorridendo con calmo petto Turno:
«Comincia, se hai valore nell'animo, e incrocia la destra;
narrerai a Priamo che anche qui hai trovato un Achille».
Cosí disse. Quegli scaglia con somma violenza
l'asta rozza di nodi e di ruvida corteccia;
la accolsero i venti; la saturnia Giunone[17] sviò
il colpo in arrivo, e l'asta s'infisse nella porta.
«Ma non sfuggirai a quest'arma che la mia destra maneggia
con forza; infatti non è come te l'autore del colpo.»
Cosí dice Turno, e balza in alto levando la spada,
e gli fende a metà la fronte tra le tempie,
e le imberbi mascelle con una vasta ferita.
Si leva un rombo; la terra è percossa dal peso enorme;
morendo Pandaro distese a terra in un crollo le membra
e le armi insanguinate di cervello; in parti uguali
la testa ricadde di qua e di là dall'una e dall'altra spalla.
I Troiani si voltano e fuggono con tremante terrore;
e se subito nel vincitore fosse penetrato il pensiero
d'infrangere le sbarre e d'introdurre i compagni nelle porte,
quello sarebbe stato l'ultimo giorno della guerra e del popolo.

[vv. 740-759]

Come una belva assetata di sangue, e sprezzante d'ogni

(Libro IV); Bizia porta lo stesso nome del notabile fenicio ospite di Didone nominato nel Libro I ma si tratta di persone diverse (vedi nota 10 Libro X, p. 132).

17 *saturnia Giunone*: Giunone è figlia di Saturno.

pericolo, Turno avanza da solo nel campo troiano: sotto i suoi colpi cadono molti guerrieri[18], alcuni raggiunti alle spalle dai dardi mentre sono in fuga, altri trafitti in pieno petto da violenti affondi. Liceo tenta di resistere, ma Turno gli tronca il capo con un sol colpo. Non si salva neppure Amico, famoso cacciatore di fiere; cade anche Creteo, il dolce cantore amico delle Muse. Sopraggiungono Mnèsteo e Seresto, ai quali Enea ha affidato il comando del campo, e scorgono Turno infierire sui loro compagni che indietreggiano sempre piú. Cercano di risospingerli avanti, e di infondere in essi nuovo coraggio. Urla Mnèsteo: «Immemori della patria e del grande Enea permetterete che un uomo solo faccia strage di voi dentro il nostro accampamento?»

Scossi da queste parole, i Troiani in fuga si rianimano, si raccolgono, e in schiera compatta tornano tutti insieme contro Turno, che dopo aver tentato inutilmente di scompaginarne le fila, è infine costretto ad arretrare, senza tuttavia volgere le spalle al nemico. Ma divenuto bersaglio di infiniti lanci di freccia, mentre il suo scudo non regge piú ai colpi e il suo corpo gronda di sudore e di sangue, ansimante sente mancargli le forze. Sottraendosi allora a quella durissima e impari lotta, con un gran balzo dall'argine si tuffa nel fiume affidandosi alla corrente che lo porta in salvo presso i suoi.

18 *molti guerrieri*: sono elencati qui oscuri guerrieri caduti per mano di Turno, dei quali non si hanno altre notizie oltre quelle citate nel testo.

Libro x.

Giove raduna a consiglio gli dei e li rimprovera per le loro continue discordie che hanno acceso ancor piú l'odio fra Troiani e Latini. Ma l'autorità del sovrano dell'Olimpo non impedisce a Venere e Giunone di esporre le ragioni della loro indiretta partecipazione al conflitto. Venere sostiene con fervore la difesa dei Troiani: se Enea è giunto nel Lazio per volere del Fato, non è giusto che debba essere coinvolto in interminabili disavventure e gravi rischi per volere di una sola dea che si propone di mutare con ogni mezzo il corso del destino, ricorrendo persino all'aiuto delle divinità infernali. Giunone a sua volta rigetta tutte le colpe su Enea il quale, appena giunto nel Lazio, ha preteso di unirsi in matrimonio con Lavinia, sposa promessa a Turno, che ora giustamente difende il proprio onore, i propri diritti, la propria terra.

Ascoltati gli argomenti di entrambe, Giove impone silenzio all'intera assemblea celeste che rumoreggia parteggiando chi per l'una chi per l'altra delle due dee, e chiede solennemente l'imparzialità a tutti gli dei: gli eventi seguano il corso stabilito dal Fato, che è superiore alla volontà degli stessi abitatori dell'Olimpo.

Allora il Padre onnipotente, che detiene il supremo potere,
comincia; al discorso ammutolisce l'alta dimora degli dei,
e la terra trema dal fondo; tace l'altissimo etere,
posano gli zefiri, il mare spiana le placide distese:
«Accogliete dunque nell'animo e imprimetevi le mie parole.
Poiché non è lecito unire in un patto gli Ausoni[1]
e i Teucri, e non termina la vostra discordia,
quale sia la sorte che ciascuno abbia oggi, quale la via
che si desidera, sia Troiano o Rutulo, io non farò distinzione,

[1] *Ausoni*: Italici in genere.

o sia tenuto d'assedio dagli Italici il campo per fatale volere,
oppure per infausto errore dei Troiani e per sinistri presagi.
Né assolvo i Rutuli. Le proprie imprese a ciascuno
daranno travagli e fortuna[2]; uguale è il re Giove per tutti.
I fati troveranno la via». E assentí per i fiumi
del fratello stigio[3], per le rive bollenti di pece e per la nera
voragine, e col cenno fece tremare tutto l'Olimpo.
Qui si finí di parlare. Allora Giove si alza dal trono d'oro,
e gli abitatori del cielo lo accompagnano in cerchio fino alla [soglia.
Intanto i Rutuli premono intorno a tutte le porte,
sterminano uomini, e circondano le mura di fiamme.
La legione degli Eneadi è bloccata nei bastioni,
senza speranza di fuga: inutilmente gli sventurati
stanno sulle alte torri, e in rado cerchio cingono i muri.
Asio, prole di Imbraso, e l'icetaonio Timete
e i due Assaraci, e il vecchio Timbri con Castore,
in prima fila; li affiancano entrambi i fratelli di Sarpedone,
e Claro e Temone, venuti dall'alta Licia.
Vibra con lo sforzo di tutto il corpo un enorme macigno,
una parte non esigua di monte, il lirnesio Acmone,
non inferiore al padre Clizio né al fratello Menesteo[4].
Alcuni tentano la difesa con giavellotti, altri con massi,
e scagliano fuoco, e incoccano frecce sull'arco.
Tra loro, lui stesso, il fanciullo dardanio,
giustissima cura di Venere, con la bella testa scoperta[5],
brilla come una gemma tra fulvo oro,
ornamento al collo o al capo: o come l'avorio
risplende intarsiato con arte nel bosso o nel terebinto
di Orico[6]; il suo candido collo riceve i disciolti

[2] *quale sia... fortuna*: il senso del discorso di Giove è questo: a lui non interessa se l'attuale assedio del campo troiano avvenga per volontà del Fato avverso ai Troiani e favorevole ai Rutuli, o sia conseguenza di errori compiuti dai Troiani nell'interpretare le profezie e i responsi degli oracoli; né egli vuole sottrarre i Rutuli al loro destino, sia esso buono o cattivo. Ognuno sarà artefice della propria fortuna.

[3] *fratello stigio*: il giuramento sul fiume infernale Stigio era il piú solenne e impegnativo che gli dei potessero pronunciare. Giove chiama «fratello» lo Stige perché esso è il fiume del regno infernale il cui re è Plutone (fratello di Giove).

[4] *Asio... Menesteo*: in questi versi il poeta nomina alcuni Troiani che combattono in prima fila sulle torri e sulle mura; alcuni sono sconosciuti, altri sono stati già nominati, ma poco si sa di loro.

[5] *fanciullo dardanio... scoperta*: Iulo sta in mezzo ai combattenti allo scopo di incoraggiarli, ma è senza armi e a capo scoperto giacché Apollo gli ha proibito di combattere.

[6] *bosso... Orico*: il bosso è una pianta di legno molto duro e nero, come il terebinto che cresceva abbondantemente nei campi di Orico, città dell'Epiro.

capelli, e li allaccia un cerchio di flessibile oro.

[vv. 100-138]

Tra i valorosi che difendono la cittadella troiana dall'assedio si distinguono Mnèsteo, il forte guerriero che aveva ricacciato Turno dall'accampamento, e Capi, colui che in seguito darà il nome alla città di Capua.

Enea, pur non avvertito della difficile situazione in cui versano i suoi, sta tornando con la flotta etrusca. In Etruria è infatti riuscito a stabilire un patto con il re Tarconte[7], secondo il quale egli, condottiero straniero com'era stato predetto dagli oracoli, avrebbe preso il comando dei due eserciti ora alleati.

Nel silenzio della notte trenta navi guidate da altrettanti capi etruschi solcano le acque del Tevere, al seguito di quella di Enea, ornata a prua dalla testa di due leoni; al fianco dell'eroe troiano, Pallante, il giovane figlio di Evandro. Massico, duce di Chiusi[8], porta con sé mille arceri su una nave con la prua modellata in forma di tigre; Abante guida seicento guerrieri di Populonia[9], e altri quattrocento venuti dall'isola d'Elba: la sua nave è adorna dell'effige dorata di Apollo; Asíla, famoso interprete di vaticini e di oracoli, ha con sé mille astati provenienti da Pisa[10]; Asture guida trecento uomini di Cere; Cupavone solca le acque su una grande nave che reca come minaccioso ornamento un centauro nell'atto di scagliare un enorme macigno; Ocno, figlio dell'indovina Manto, fondatrice della città di Mantova, capeggia cinquecento guerrieri imbarcati su una nave con l'effige del Mincio; Auleste[11] incede su un lungo battello sospinto da cento re-

[7] *Tarconte*: vecchio re etrusco con il quale Enea si è alleato contro Turno. Dotato di facoltà divinatorie ha predetto agli etruschi di Agilla (insorti contro il tirannico re Mezenzio) che per la riuscita della guerra dovevano avere un duce straniero. Enea dunque fu accolto come l'uomo del destino.

[8] *Chiusi*: famosa città etrusca.

[9] *Abante... Populonia*: ci si riferisce qui all'Abante etrusco, che non deve essere confuso con il Troiano omonimo amico di Enea. Populonia è una città etrusca dell'Italia centrale (dove ora sorge Piombino).

[10] *Asíla... Pisa*: anche questo Asíla non ha nulla a che vedere con il suo omonimo troiano. A questo proposito bisogna notare che nel poema vi sono molte omonimie fra guerrieri troiani ed etruschi o latini, frutto della mancata revisione dell'opera da parte dell'autore. Pisa è l'attuale città fondata dai coloni greci provenienti dall'omonima città greca dell'Elide.

[11] *Asture... Auleste*: rassegna di guerrieri e forze alleate ai Troiani nella guerra contro i Latini e i loro alleati.

matori, e adorno della scultura d'un tritone che fende l'acqua con il petto ferino.

Il giorno aveva già ceduto alla notte nel cielo, e la divina
luna batteva il centro dell'Olimpo con il carro vagante
nella notte: Enea (il travaglio non dà requie alle sue membra)
sedendo regge egli stesso il timone e governa le vele.
Ed ecco a metà della rotta gli viene incontro il coro
delle sue compagne: le ninfe, che la madre Cibèle
aveva voluto che fossero numi del mare, e da navi
si mutassero in ninfe, nuotavano insieme e solcavano i flutti,
quante si ersero prima sulla riva prue di bronzo[12].
Riconoscono il re da lontano e volteggiano in danze:
la piú esperta nel parlare, Cimodocea, seguendolo
tiene con la destra la poppa, ed emerge con il dorso
e remiga con la sinistra sotto le tacite onde.
Allora parla cosí l'ignaro: «Vegli, o stirpe di dei,
Enea? Veglia e allenta le scotte[13] alle vele.
Siamo noi, pini sacri della vetta dell'Ida,
ora ninfe del mare, la tua flotta. Quando il perfido Rutulo[14]
minacciava, a noi pronte a salpare, rovina col ferro e col fuoco,
riluttanti rompemmo i tuoi ormeggi, e ti cerchiamo
sulle acque: la Madre ci rifece per pietà questo aspetto,
e concesse che fossimo dee, trascorrendo la vita sotto le onde.
Ma il fanciullo Ascanio è stretto dai fossati e dal muro
in mezzo alle armi e ai Latini irti di guerra.
Già i cavalieri arcadi tengono i luoghi ordinati
misti ai forti Etruschi: Turno ha deciso di frapporre
a essi le sue torme perché non raggiungano il campo.
Sorgi, e al sopraggiungere dell'Aurora, per primo chiama
alle armi i compagni, e prendi lo scudo che invitto
ti diede lo stesso dio del fuoco, e gli orli ne avvolse d'oro.
La luce di domani, se non credi vano quanto ti dico,
vedrà enormi cumuli di rutula strage».
Disse, e con la destra allontanandosi spinse,
esperta dell'arte, l'alta poppa: quella fugge sull'onde
piú veloce d'un dardo e d'una freccia che uguaglia i venti.

[vv. 215-248]

12 *navi... di bronzo*: le navi troiane che erano ancorate sulla riva del Tevere erano state trasformate in ninfe, a eccezione delle due che avevano risalito il Tevere con Enea per il viaggio a Pallanteo.

13 *scotte*: cime che regolano la direzione delle vele.

14 *perfido Rutulo*: vale a dire Turno.

Mentre la sua nave fila sulle onde seguíta da tutte le altre, Enea rivolge una preghiera a Cibèle affinché ancora una volta lo aiuti guidandolo nelle imminenti battaglie, e appena in vista dell'accampamento troiano, solleva lo scudo contro il sole: al fulgido lampo di luce che se ne sprigiona segnalando il suo arrivo, le sentinelle disposte sulle difese del campo levano grida di giubilo.

Turno, stordito da quell'improvviso clamore, si volge verso il mare e scorge le navi approssimarsi veloci a terra: per i Rutuli si profila ora il pericolo di trovarsi assaliti su due fronti, dai Troiani dell'accampamento e dalle forze etrusche. Deciso a impedire che ciò avvenga, il Rutulo si volge ai suoi per rianimarli e incitarli con parole che vibrano sempre nel cuore di ogni combattente: l'incolumità dei propri cari, la memoria delle imprese dei padri, il desiderio di gloria, l'odio per il nemico, la gioia dell'azione. Poi schiera parte dei suoi lungo la riva per fronteggiare i guerrieri che stanno scendendo dalle navi, e rafforza la parte impegnata nell'assedio della cittadella presidiata dai Troiani. Gli uomini di Enea sbarcano servendosi di ingegnosi pontili gettati fra le navi e la costa; Tarconte, invece, ansioso di balzare a terra, ordina ai suoi di remare a tutta forza per approdare piú rapidamente, ma cosí, mentre tutti gli equipaggi riescono ad attestarsi sulla terraferma, la sua nave, incagliatasi sul fondo marino, rimane in bilico tra i flutti e infine si ribalta rovesciando l'equipaggio e i guerrieri tra i flutti.

La battaglia riprende piú violenta, Enea in prima fila si avventa contro chiunque giunga a tiro della sua spada. Lungo è l'elenco di quelli che cercano di contrastarne l'irruenza, e ne sono invece travolti: Terone, dalla statura gigantesca, Lica, nato miracolosamente dal corpo della madre già morta; i due fratelli Cisseo e Gía, armati di clava, il cui padre era stato compagno di Ercole; Farone, colpito da un dardo che gli trafigge la bocca mentre sta urlando minacce; Alcanore e Meone, due dei sette figli di Forco[15].

Il massacro continua secondo la spietata legge della guerra: da ambedue le parti si combatte e si muore con pari fierezza. I cavalieri arcadi partecipano con impeto alla battaglia, ma costretti a lottare appiedati per l'aspra natura del

[15] *Terone... Forco*: elenco di guerrieri uccisi da Enea.

suolo, indietreggiano di fronte all'incalzare dei Latini, mentre Pallante a gran voce li esorta a mostrarsi degni del grande nome del re Evandro. Egli stesso, malgrado sia alla prima esperienza guerresca, dà l'esempio: irrompe tra le schiere avversarie, trafigge Lago, abbatte Stemio e Anchemolo della stirpe di Reto, e poi Laride e Timbro[16], due gemelli cosí somiglianti fra loro da non poter essere distinti l'uno dall'altro: ora la spada di Pallante li ha resi diversi, l'uno giace con la testa recisa, l'altro con il braccio destro amputato. La febbre del sangue divampa come un incendio d'estate. Gli Arcadi, ripreso coraggio, combattono al fianco di Pallante, che scaglia un giavellotto contro il latino Reteo trafiggendolo; poi con un colpo di lancia uccide Aleso, il valoroso capo degli Aurunci che tentava di proteggere l'amico Imàone, facendogli scudo con il proprio corpo. Gli Aurunci sbigottiscono alla morte del loro condottiero, ma Lauso, il bellissimo e audace figlio di Mezenzio, si fa avanti, e prima abbatte Abante[17], poi altri numerosi Etruschi, Arcadi, Troiani. Le due schiere contrapposte serrano ora le file a tal punto, che i guerrieri non riescono quasi a muoversi per lanciare dardi o vibrare colpi di spada. Si fronteggiano Pallante e Lauso, pari di età, entrambi giovani e belli, segnati da un pari destino di morte. Ma Giove non permette che si affrontino: la morte, destinata per entrambi in un imminente futuro, verrà dalle mani d'un nemico piú forte e famoso di loro.

Intanto la divina sorella esorta a subentrare a Lauso
Turno, che attraversa con il carro volante la schiera.
Appena vide i compagni: «È tempo di cessare la battaglia;
io solamente assalgo Pallante; a me solamente spetta
Pallante; vorrei che vi fosse suo padre ad assistere».
Cosí disse, e i compagni s'allontanarono dallo spazio vietato.
Quando i Rutuli si ritrassero, il giovane stupito ai superbi [comandi
fissa meravigliato Turno e volge gli occhi sul corpo
immane, e squadra tutto da lontano con sguardo fiero,
e contrasta le parole del superbo re con queste parole:
«Avrò la gloria di averti strappato le ricche spoglie,
o d'una nobile morte; il padre accetta entrambe le sorti.

16 *Lago... Timbro*: elenco di guerrieri uccisi da Pallante.
17 *Reteo... Abante*: altri guerrieri di entrambe le schiere.

Cessa le minacce». E parlato cosí, avanza in mezzo al campo:
agli Arcadi si gela il sangue rappreso nel cuore.
Turno balza dalla biga; si appresta al combattimento a piedi.
Come un leone, che scorge dall'alta vedetta
ergersi lontano nel piano un toro mentre prepara lo scontro,
si avventa: tale è l'immagine di Turno che si avvicina.
Quando credette che fosse a tiro di lancia, Pallante
muove per primo, sperando che la sorte aiuti l'audacia
della sua impari forza, e parla cosí al grande cielo:
«Per l'ospitalità del padre e per la mensa a cui giungesti [straniero,
ti prego, Alcide, assistimi nell'ardua impresa.
Agonizzante, mi veda strappargli le armi insanguinate,
e gli occhi morenti di Turno sopportino me vincitore».
[...]
Pallante scaglia l'asta con grande forza,
e strappa dalla cava guaina la spada fulgente.
L'asta volando colpisce dove culmina il riparo
dell'omero, e apertasi la via nell'orlo dello scudo,
infine sfiora il grande corpo di Turno.
Allora Turno, vibrando a lungo l'asta munita
di aguzzo ferro, la scaglia contro Pallante, e dice:
«Guarda se la mia arma non penetri meglio».
Parlò, e la grande cuspide[18] attraversa con un colpo vibrante
il centro dello scudo, tante superfici di ferro,
tante di bronzo, la pelle di toro che lo avvolge piú volte,
e perfora l'ostacolo della corazza e il petto.
Pallante strappa invano dalla ferita la calda arma:
per la stessa via sgorgano insieme il sangue e la vita.
Crollò sulla ferita; le armi sopra tuonarono,
e morendo percosse la terra ostile con il volto insanguinato.

[vv. 439-489]

Turno esulta spietato sul cadavere del giovane ucciso, e impreca contro il re Evandro che dovrà pentirsi amaramente di aver accolto Enea quando vedrà tornare il corpo senza vita del figlio. Tuttavia non infierisce sul cadavere, né lo spoglia delle vesti, ma si lascia tentare dal prezioso balteo cesellato in oro che splende sul petto del giovane: glielo strappa, e se ne adorna compiaciuto, ma sarà breve gioia, per giunta pagata a caro prezzo.

18 *cuspide*: estremità appuntita della lancia.

Quando a Enea giunge la notizia dell'uccisione di Pallante, un'ira incontenibile lo invade: roteando la spada lascia alle sue spalle cumuli di nemici uccisi. Ricorda l'ospitalità di Evandro, le mense imbandite, le strette di mano a sancire piú che un'alleanza una sincera amicizia, ma soprattutto le parole con le quali il re gli ha affidato il figlio. Ora la sua consueta moderazione viene meno: cattura otto giovani italici da immolare durante le esequie di Pallante, poi con impeto selvaggio, scaglia la lancia contro il latino Mago che, schivato con destrezza il colpo, gli abbraccia supplice le ginocchia pregandolo di risparmiargli la vita. La risposta di Enea è durissima: Turno per primo, uccidendo Pallante, ha reso impossibile ogni pietà. E cala sul nemico un fendente che lo divide in due. Ancora insaziato, travolge l'arrogante Anxur, che s'illudeva di avere vita lunga e felice, il fiero Tarquito, figlio di Fauno, cui tronca di netto il capo, e Ceculo figlio di Vulcano, e Umbrone capo dei Marsi, e Luca e Anteo, e Numa e Camerte[19]. Come il mostruoso gigante Briareo[20] dalle cento braccia aveva assalito l'Olimpo brandendo altrettante spade e vomitando fuoco dalle cento bocche, tale sembra ora Enea mentre avanza tra le schiere latine seminando strage.

Resi audaci dalla furia del loro capo, i Troiani assediati escono in campo aperto.

Frattanto Giunone – apparentemente rassegnata – si rivolge mesta a Giove lamentando il destino di morte che incombe sul giovane Turno, e gli chiede di salvarlo. Ma il sovrano degli dei, pur rattristato per la sorte che attende il forte Rutulo, a lui sempre devoto, può concedere soltanto di procrastinarne la fine, non di cambiare ciò che è scritto nel libro del destino. A quel rifiuto, l'ira di Giunone divampa di nuovo. E scende lei stessa dall'Olimpo sul campo di guerra.

La dea riveste d'armi dardanie un'ombra leggera,
priva di forze, composta di vacua nube
(prodigio mirabile a vedersi), che ha le sembianze di Enea,
e simula lo scudo e il cimiero del capo divino, e le dona
vuote parole, le dà un suono senza persona, e ne imita
il passo: come si dice che aleggino i fantasmi

19 *Mago... Camerte*: elenco di nemici uccisi da Enea.

20 *Briareo*: mostruoso gigante dalle cento braccia; fu fulminato da Giove mentre tentava di dare l'assalto all'Olimpo.

dopo la morte, o i sogni che ingannano i sensi sopiti.
Esulta baldanzoso il simulacro davanti alle prime schiere
e aizza il guerriero con le armi e lo provoca con la voce;
Turno lo incalza e scaglia da lontano l'asta sibilante,
mentre l'ombra, volte le spalle, inverte i passi.
Quando Turno credette che Enea fuggisse,
bevve con l'animo torbido una vana speranza:
«Dove fuggi, Enea? non abbandonare i talami promessi;
la mia mano ti darà la terra cercata per l'onde[21]».
Gridando cosí, lo insegue e fa lampeggiare la spada
brandita; e non vede che la sua gioia la involano i venti.
Per caso v'era una nave ormeggiata alla sporgenza di un'alta
roccia, con le scale fuori di bordo e la passerella allestita,
con cui il re Osinio giunse dalle rive di Chiusi[22].
Qui il trepido simulacro del fuggente Enea
si gettò per nascondersi; ma Turno ugualmente veloce
incalza, e supera gli ostacoli, e balza sull'alta passerella.
Appena toccò la prua, la Saturnia spezza la fune,
e strappa la nave e la trascina sulle acque che si ritraggono.

[vv. 636-661]

Una volta in alto mare, il simulacro di Enea si dissolve, e Turno si accorge dell'inganno. Umiliato e furente per quella salvezza che agli occhi dei nemici apparirà come una fuga, e ai suoi compagni impegnati nella mischia una viltà, è tentato dall'idea di gettarsi sulla spada per non sopravvivere al disonore, o di tuffarsi tra i flutti per tentare di raggiungere a nuoto il campo di battaglia. Ma Giunone lo placa e lo trattiene, mentre la navicella, sospinta da onde propizie raggiunge l'antica città di Dauno[23].

Intanto il vero Enea, dopo essersi aggirato in ogni luogo alla vana ricerca di Turno, continua lo sterminio di quanti lo affrontano. Ed ecco scendere in campo Mezenzio, il tiranno rifugiatosi presso Turno e divenuto suo alleato. Anch'egli, guerriero implacabile, a sua volta fa strage di Troiani e di Etruschi: Ebro, Làtago, Palmo, Euante, Mimante[24], venuti

21 *Dove fuggi... onde*: con crudele sarcasmo, Turno grida al fantasma di Enea che quella terra a lungo cercata dopo tante peregrinazioni egli la getterà sul corpo del suo nemico ucciso, per seppellirlo.

22 *re Osinio... Chiusi*: in realtà nella rassegna delle navi, giunte in aiuto di Enea, è Massico il capo delle navi provenienti da Chiusi.

23 *città di Dauno*: ad Ardea, la città del padre di Turno, Dauno.

24 *Ebro... Mimante*: guerrieri uccisi da Mezenzio, come i seguenti Acrone e Orode.

da Troia o dall'Etruria, non vedranno piú la luce del giorno e giaceranno insepolti o in ignote sepolture, lontani dalla pietà dei loro cari. Le schiere etrusche piene d'odio ma anche di timore per Mezenzio, loro antico sovrano, conoscendone la ferocia se ne tengono lontane, e scagliano contro di lui dardi che scalfiscono appena il suo scudo. Mezenzio sembra uno scoglio in mezzo al mare, immobile nonostante la furia del vento e l'impeto delle onde, poi simile a un leone famelico che si abbatte sulle prede con le fauci spalancate investe e fulmina Acrone, un etrusco giunto dagli antichi territori di Corito, raggiunge Orode che tenta invano la fuga, lo affronta e lo atterra, calcando poi il piede sul suo corpo. Orode morente predice anche a lui una fine imminente, ma Mezenzio ribatte: «Muori tu, ora!» e aggiunge con sarcasmo: «Di me deciderà il padre degli dei».

La battaglia incrudelisce sempre piú. Dall'Olimpo gli dei, assistendo a tanto furore, sono mossi a pietà, ma obbedienti agli ordini di Giove si astengono dall'intervenire; soltanto Tisífone, la Furia infernale, si aggira senza requie fra i combattenti attizzandone l'odio.

Enea scorge Mezenzio avanzare minaccioso nella sua ferrea armatura, e si prepara allo scontro. Mezenzio per un momento si arresta: non invoca gli dei, che egli disprezza, ma la propria destra, unica sua certezza, e promette le spoglie del nemico al figlio Lauso – la sola persona al mondo che egli teneramente ami –, quindi scaglia con violenza la sua lancia, che però dallo scudo del Troiano rimbalza inutile a terra. È ora la volta di Enea, la cui lancia, vibrata con violenza, trapassa lo scudo di Mezenzio ferendo all'inguine quel temibile nemico.

Subito Enea, lieto alla vista del sangue dell'Etrusco, strappa
la spada dalla guaina e fervido lo incalza mentre vacilla.
Gemette gravemente per amore del caro padre,
appena lo vide, Lauso, e lagrime gli rigarono il volto.
 Qui non tacerò di certo il caso di una dura morte,
e le tue gloriose gesta, e te, o giovane memorabile,
se pure i posteri accorderanno fede a una cosí grande impresa[25].

25 *Qui... impresa*: come per la morte di Eurialo e Niso, anche qui Virgilio interviene nella narrazione direttamente per esprimere la sua commozione sperando che i posteri serberanno il ricordo di tali imprese.

Mezenzio, ritraendo il piede, si allontanava indebolito
e impacciato, e cercava di strappare la lancia nemica dallo scudo.
Il giovane irruppe e si gettò in mezzo alle armi,
e sottentrò alla lama di Enea che già si ergeva
con la destra e vibrava il colpo e, facendogli ostacolo,
lo trattenne. I compagni lo assecondano con grande clamore,
finché il padre s'allontani protetto dal piccolo scudo del figlio,
e lanciano dardi, e respingono da lontano il nemico
con proiettili. Infuria Enea, e si tiene coperto.
Come talvolta precipitano nembi a rovesci
di grandine, ed ogni aratore si disperde nei campi,
ed ogni contadino e viandante si nasconde al sicuro
sotto la ripa d'un fiume o l'arco d'un alto macigno,
finché piove sulla terra, per potere, riapparso il sole,
impiegar la giornata: cosí Enea, avvolto di dardi
da tutte le parti, sostiene la nube di guerra, aspettando
che tutta si scarichi, e grida a Lauso e minaccia Lauso:
«Dove corri a morire, e osi oltre le forze?...»

[vv. 787-811]

Lauso non ascolta le esortazioni di Enea, e temerariamente si lancia contro l'eroe troiano, che è quindi costretto a colpirlo con la spada. Trapassati scudo e tunica, la lama trafigge il giovane al petto. Vedendo quel volto poco piú che adolescente trascolorare nel pallore della morte, Enea si placa, alla sua ira si sostituisce una profonda tristezza che gli fa volgere il pensiero a Iulo, di età pari a quella di Lauso. Chinatosi su quel corpo ormai senza vita, lo solleva tra le braccia e lo consegna ai suoi compagni affranti, affinché da essi riceva gli onori dovuti al suo ardimento e una degna sepoltura nel sepolcro degli avi.

Mezenzio, intanto, sulla riva del Tevere sta detergendo la sua ferita con l'acqua del fiume. È appoggiato al tronco d'un albero, dai cui rami pende l'elmo di bronzo, mentre le pesanti armi sono sparse intorno fra l'erba. Oppresso da un cupo presentimento, chiede notizie del figlio a quanti gli passano accanto, alcuni altri ne invia a richiamarlo dall'impari lotta. Ed ecco Lauso tornare, ma disteso esanime sullo scudo portato dai suoi compagni in lagrime. All'udire quei lamenti ancora lontani Mezenzio, incapace di illusioni, comprende quanto è accaduto, e solleva disperato e furioso i pugni contro il cielo, gridando tutto il suo dolore. Lo spietato tiranno, il feroce guerriero che poco prima ha sconvolto le file nemiche, ora canuto e disfatto, rivà col pensiero veloce a tutti i crudeli misfatti compiuti, e si dispera, consapevole che Lauso è stato la vittima innocente delle proprie innumerevoli colpe. Ora l'immenso dolore che ha ferito il suo animo, si trasforma in febbrile smania di vendetta, senza alcun timore della morte: dopo l'uccisione del figlio, la vita gli sembra non avere piú alcun senso. Si arma dunque di nuovo e ordina che gli si porti il suo cavallo, Rebo, compagno indivisibile nelle poche gioie e negli infiniti affanni della sua sciagurata esistenza. E al cavallo, come mai aveva fatto con persona umana, rivolge parole amaramente affettuose.

Di nuovo sul campo di battaglia, per tre volte chiama Enea a gran voce. L'eroe troiano gli si fa incontro con la lancia, invocando Apollo perché lo assista nello scontro. Mezenzio, senza invocare nessuno, in groppa al suo Rebo compie ampi giri intorno a Enea piantato immobile al centro, e scaglia uno dopo l'altro dardi che s'infiggono nello scudo di Enea senza riuscire ad attraversarlo.

Da sinistra tre volte cavalcò in cerchi intorno a Enea,
che lo fronteggia, scagliando le aste; tre volte l'eroe troiano
volge con sé l'immane selva sullo scudo di bronzo.
E quando si stancò d'indugiare, e di svellere
tante punte, ed è oppresso da una battaglia ineguale,
molto pensando nell'animo, finalmente irrompe
e avventa l'asta tra le cave tempie del cavallo guerriero.
S'impenna eretto il quadrupede, con calci percuote
l'aria; cadendo sul cavaliere sbalzato lo impaccia,
e, col capo all'ingiú, grava sopra di lui con la spalla spezzata.
I Troiani e i Latini incendiano il cielo con un grido:
vola Enea, e strappa la spada dalla guaina,
e dall'alto: «Dov'è ora l'aspro Mezenzio
e quell'efferato coraggio?». Di rimando l'Etrusco, appena
respirando, bevve il cielo con gli occhi e riacquistò i sensi:
«O amaro nemico, perché gridi e minacci la morte?
Non è delitto l'uccidermi; non venni cosí alla battaglia[26],
né il mio Lauso strinse con te per me questo patto.

26 *O amaro nemico... battaglia*: al sarcasmo di Enea, Mezenzio risponde con parole semplici e chiare; egli è venuto in battaglia ben sapendo che Enea non l'avrebbe certo risparmiato. Egli chiede soltanto di essere sepolto accanto al figlio perchè sui loro cadaveri non si accaniscano i nemici.

Solo ti chiedo, se v'è pietà per i nemici vinti:
fa' che la terra ricopra il mio corpo. So che mi circondano
i crudeli odii dei miei: allontana, ti prego, questo furore;
e concedimi al sepolcro, compagno del figlio».

[vv. 885-906]

Ciò detto, si offre impavido al colpo vibrato da Enea, e insieme all'onda di sangue versa sulle sue armi la vita.

Libro XI.

Il sole del nuovo giorno sorge su un campo di battaglia coperto di cadaveri, ed Enea, pur desolato di fronte a quel terribile spettacolo, rivolge un solenne ringraziamento agli dei per i successi ottenuti e consacra a Marte le spoglie di Mezenzio: il grande cimiero, la corazza splendente, lo scudo di bronzo, la spada dall'elsa d'avorio. E prima di guidare i suoi all'attacco decisivo alla città di Laurento, vuol dare sepoltura ai caduti, ma innanzitutto preparare le esequie del giovane Pallante; accompagnato da uno stuolo di guerrieri, rende onore alla salma deposta su un feretro di rami di quercia ricoperto di soffice erba: il capo riverso, il petto squarciato dalla ferita, il volto suggellato nel pallore della morte, ma ancora bellissimo, lo sventurato ragazzo sembra un magnifico fiore appena strappato da terra.

Immerso in un doloroso silenzio, Acete[1], fedele scudiero di Evandro, veglia il corpo del figlio del suo re, cui Enea rivolge l'ultimo saluto ricordando con amarezza le promesse fatte a Evandro, che certamente ora, ignaro di tutto, starà ancora pregando gli dei per la salvezza del figlio, mentre gli resterà solo il conforto di sapere che è morto eroicamente con le armi in pugno.

La salma è avvolta in drappi di porpora, un velo ne copre volto e chioma, e il corteo funebre muove alla volta di Pallanteo, scortato da mille cavalieri, alcuni dei quali portano la lancia e l'elmo del giovane, altri conducono carri da guerra ancora insanguinati, altri ancora, Troiani, Arcadi, Etruschi, procedono lentamente con le lance abbassate.

Enea resta sul posto, e soggiunge con un profondo gemito:
«Ci chiamano di qui ad altre lagrime gli stessi

[1] *Acete*: scudiero d'Evandro e poi di Pallante.

orridi destini di guerra; salve in eterno, o magnanimo
Pallante, e addio in eterno». E senza dire altro,
si dirige alle alte mura e s'incammina verso il campo.
V'erano già ambasciatori della città latina,
velati di rami d'olivo, e chiedevano tregua:
rendesse i corpi che giacevano seminati dal ferro
nei campi, e li lasciasse seppellire sotto la terra del tumulo;
nessuna lotta con i vinti e i privi di spirito vitale;
risparmiasse coloro che un giorno aveva chiamato ospiti
e suoceri[2]. Ad essi che facevano ragionevoli richieste
l'ottimo Enea accorda la tregua, e soggiunge:
«Quale cosí ingiusta sorte, o Latini, vi coinvolse
in simile guerra, da farvi fuggire la nostra amicizia?
Mi chiedete pace per i morti e per gli estinti nella vicenda
di Marte[3]? Ed io vorrei concederla anche ai vivi.
Venni perché i fati m'assegnarono il luogo e la sede;
non faccio guerra col popolo; il re ha abbandonato
la nostra ospitalità[4], e preferito affidarsi alle armi di Turno.
Era piú giusto che Turno si esponesse alla morte:
se intende finire la guerra con la forza, e scacciare
i Teucri, doveva scontrarsi con me con le armi; sarebbe vissuto
colui al quale avesse concesso la vita un dio o la propria destra.
Ora andate, e ardete gli sventurati cittadini».

[vv. 95-119]

Il capo degli ambasciatori latini, Drance[5], ringrazia per la tregua concessa, promette di adoperarsi presso il re Latino affinché si giunga presto a un nuovo accordo tra Latini, e conclude il suo discorso con parole di adulazione. Quanto ai Latini – aggiunge – saranno lieti di aiutare gli esuli dardanii nella costruzione della loro città.

Stabilita una tregua di dodici giorni, entrambi gli eserciti si accingono al pietoso compito di ricomporre le salme dei propri morti cui rendere gli estremi onori: a tale scopo, de-

2 *risparmiasse... suoceri*: gli ambasciatori chiedono pietà per tutti i Latini il cui re si era offerto come suocero all'ospite Enea (per amplificazione retorica tutti i Latini – invece che soltanto il loro re – sono detti suoceri e ospiti).

3 *estinti... di Marte*: cioè i morti in guerra. Marte è il dio della guerra.

4 *il re... ospitalità*: in realtà Latino si era rifiutato di aprire le porte di Giano e di dichiarare guerra. Egli si era ritirato dagli affari del regno, ma Enea non ne è a conoscenza, come non sa dell'azione svolta dalla furia Aletto su ordine di Giunone; inoltre crede che Turno si sia sottratto al duello per viltà e non per opera di Giunone.

5 *Drance*: esponente di una fazione contraria alla politica di Turno e favorevole a un accordo con Enea.

posto l'odio, entrano nel bosco gli uni accanto agli altri alla ricerca di legna per innalzare i roghi funebri.

La notizia della morte di Pallante giunge alla reggia di Evandro. Gli Arcadi corrono tutti alle porte della città con fiaccole ardenti, le donne gridano il loro dolore. Niente e nessuno riesce a trattenere Evandro dal farsi strada tra la folla per andare incontro al figlio che torna, non già trionfante, tuttavia baciato da una gloriosa morte. Chino sul suo corpo, lo abbraccia invocando il suo nome, e non riesce a trattenere le lagrime, ma la sua natura temprata da tante vicissitudini e la dignità del suo rango gli impediscono di abbandonarsi alla disperazione. Tuttavia si rimprovera l'aver ceduto alle richieste dettate dall'ardimento giovanile di Pallante, e accusa se stesso di non essere morto al suo posto, ucciso dalle armi nemiche. Per i Troiani che hanno accompagnato con tanti onori la salma, ha parole di gratitudine, imputando soltanto al Fato la crudele sorte di Pallante e riaffermando il patto di amicizia con Enea: ormai, conclude Evandro, la sua vita coincide con la speranza che la destra dell'eroe troiano dia a Turno la morte che Turno ha dato a Pallante.

L'Aurora frattanto aveva portato la vivida luce
ai miseri mortali, riconducendo le fatiche e gli affanni:
già il padre Enea e Tarconte sulla curva spiaggia
avevano eretto i roghi. Qui ognuno portò i corpi dei suoi
secondo il costume dei padri[6]; e appiccati neri fuochi,
l'alto cielo si nasconde per la caligine nelle tenebre.
Tre volte, cinti di fulgide armi, corsero
intorno ai roghi accesi; tre volte galopparono
guardando al triste fuoco funebre, e ulularono[7].
La terra si bagna di lagrime, se ne bagnano anche le armi;
va al cielo il clamore degli uomini e il clangore delle trombe.
Qui alcuni gettano nel fuoco le spoglie strappate
ai Latini uccisi, elmi e belle spade
e briglie e fervide ruote; altri le note offerte,
gli scudi dei loro morti e le armi sfortunate.

[vv. 182-196]

6 *Qui ognuno... dei padri*: ognuno dei tre popoli alleati (Troiani, Arcadi, Etruschi) si attiene alle rispettive tradizioni in materia di riti funebri.

7 *Tre volte... ulularono*: questa cerimonia della triplice sfilata intorno al rogo era detta *decursio funebris*, e il compianto dei morti attraverso lamenti e grida era detto *comploratio*.

Etruschi e Troiani non riescono a distogliere lo sguardo dalle fiamme che ardono i corpi degli amici perduti, e restano assorti e dolenti sulla riva del mare finché non scende la notte; in un'altra parte del campo anche i Latini sono intenti al mesto ufficio di seppellire o ardere i loro morti[8]: in tal modo la campagna risplende dovunque di fuochi, nella città le case risuonano di gemiti e lamenti, madri, sorelle, spose, piangono i loro cari imprecando contro la guerra. Comincia a serpeggiare il malcontento: se Turno pretende nozze regali e la successione al regno di Latino – sostengono alcuni, sempre capeggiati da Drance – si armi lui solo e ponga fine al conflitto in un duello con Enea. Ma molti difendono ancora Turno, che ha dato prova di grande valore; alle loro parole si aggiunge il fervore appassionato della regina Amata.

Nella città di Laurento prostrata dal dolore e divisa dai dissensi, tornano dalla Puglia gli ambasciatori inviati a Diomede per chiedergli rinforzi contro i Troiani, suoi antichi nemici. Ma la risposta di Diomede è un diniego: Vènulo, capo della delegazione, riferisce le ragioni di quel rifiuto: a nulla sono valsi i doni inviati all'eroe greco, che non intende combattere di nuovo contro i Troiani, dei quali conosce il valore, in particolare quello dimostrato da Enea durante dieci anni di assedio. Per di piú – ha argomentato –, dopo la distruzione di Troia, tutti i condottieri achei hanno subíto gravi sciagure ed errato a lungo prima di riuscire a raggiungere la loro patria, da dove poi alcuni sono stati costretti a fuggire, e dove altri hanno incontrato la morte in agguati entro il loro stesso palazzo[9]. È dunque evidente che se Enea

[8] *i Latini... morti*: i Latini operano una discriminazione fra i morti. Inumano i corpi di coloro che hanno rivestito in vita un posto piú importante, e bruciano ammucchiati alla rinfusa sui roghi tutti i caduti anonimi.

[9] *i condottieri... palazzo*: secondo la tradizione – per ricordare solo i personaggi piú noti – Agamennone, re di Micene, fu ucciso dalla moglie Clitemnestra e dal suo amante Egisto; l'uccisione fu poi vendicata dal figlio Oreste. Idomeneo, re di Creta, sorpreso da una tempesta mentre tornava in patria, promise a Nettuno che, se avvesse avuto salva la vita, avrebbe sacrificato a lui la prima cosa che avesse incontrato toccando terra. Fedele alla promessa, sacrificò il proprio figlio che per primo era venuto incontro a lui appena sbarcato, ma gli dei inorriditi dalla sua disumanità, fecero scoppiare una pestilenza e gli abitanti, insorti contro di lui, lo cacciarono dal regno. Aiace, re dei Locresi, morí in una tempesta. Diomede stesso, tornato a Calidone, la sua città, trovò la moglie passata ad altre nozze, quindi emigrò in Italia. Pirro, figlio di Achille, tornato a Ftia, sposò Ermione (figlia di Elena e Menelao) di cui Oreste era innamorato. Per vendetta fu ucciso a Delfo su istigazione di Oreste. Ben note sono le vicende di Ulisse, che peregrinò per vent'anni prima di poter tornare a Itaca.

è ancora vivo, gode della protezione degli dei: i Latini non ostacolino dunque le decisioni del Fato, e al contrario stringano patti con i Troiani.

Al termine del rapporto di Vènulo si leva un concitato mormorio, opposti pareri continuano a scontrarsi: chi propone la pace, chi la prosecuzione della guerra.

Il re Latino, chiesto e ottenuto il silenzio, con pacato discorso cerca di convincere i presenti dell'inopportunità della guerra contro gente guidata da un uomo di stirpe divina, e dopo alti elogi di quanti hanno finora valorosamente combattuto, ricorda tuttavia i lutti e i massacri causati dal conflitto, e precisa le sue proposte di pace: concedere ai Troiani parte dei territori a sud del Tevere, dove essi potranno fondare la loro città; se invece essi intendessero ripartire, egli stesso farà costruire le navi necessarie a quella nuova avventura sul mare.

Tra i presenti c'è ora anche Turno rientrato in città.

Prende per primo la parola Drance, che esorta Latino a un'alleanza con i Troiani, sancita dalle nozze di Lavinia con Enea; dopo giri di parole e vaghe insinuazioni, egli accusa infine apertamente Turno di viltà, invitandolo a dimostrare il contrario affrontando da solo il nemico troiano.

Turno non controlla l'ira che gli ribolle in petto, e prorompe cosí:

«O Drance, hai sempre una larga loquela mentre la guerra
richiede l'azione; convocati i padri[10], sei il primo.
Ma la curia non si deve riempire di parole, che ti volano
grandi stando al sicuro, finché il bastione delle mura
tiene lontano il nemico, e i fossati non traboccano di sangue.
Dunque tuona con la facondia, a te consueta, e accusami,
tu, Drance, di timore, perché la tua destra
fece tanti mucchi di strage troiana, e dovunque
nobiliti i campi di trofei. Che cosa possa il vivido
valore, possiamo provarlo; i nemici non dobbiamo
cercarli lontano: circondano da ogni parte le mura.
Andiamo contro di loro. Perché esiti? Dunque Marte
ti sarà sempre nella lingua ventosa e in codesti
piedi fugaci?
Io battuto? e chi, o spudorato, potrà dimostrarmi

10 *convocati i padri*: convocati i senatori, cioè in Senato, ma non sul campo di battaglia.

battuto, vedendo il Tevere crescere tumido
di sangue troiano, e crollata l'intera casa di Evandro
fin dalla radice[11], e gli Arcadi spogliati delle armi?
Non cosí mi provarono Bizia e Pandaro enorme,
e i mille che in un giorno sprofondai vittorioso nel Tartaro[12],
rinchiuso tra i muri e circondato dal terrapieno nemico.
Nessuna salvezza nella guerra! Ciancia cosí, o folle,
al capo dardanio e alla tua sorte. Dunque non smettere
di confondere tutto con il grande timore e di esaltare
la forza d'un popolo vinto due volte, e al contrario
di abbassare le armi di Latino. Ora anche i capi
dei Mirmidoni temono le armi frigie, e il Tidide, e il larisseo
Achille, e il fiume Ofanto si ritrae dalle onde adriatiche[13].
E persino si finge pauroso della mia prepotenza,
presentandola come un delitto, e con il terrore esacerba
[l'accusa[14]...»

[vv. 378-407]

Turno conclude la sua invettiva con una frase di terribile disprezzo: non ucciderà un miserabile vigliacco come Drance, la cui anima è degna di rimanere in un corpo altrettanto spregevole. È invece con parole di profonda amarezza che egli si rivolge al re Latino: la proposta conciliante da lui avanzata offende la propria dignità di combattente, cosí da fargli invidiare chi è morto prima di assistere a tanta arrendevolezza di fronte alla prepotenza troiana.

Ma il bollente re dei Rutuli mostra anche una straordinaria lucidità nel perorare la causa di chi vuole proseguire la guerra: è vero, egli dice, i Troiani sono usciti vittoriosi dai primi scontri, ma la situazione non può dirsi disperata; al contrario, i Latini hanno inflitto gravi perdite al nemico, egli stesso ha abbattuto molti nemici e gettato nel lutto la reggia

11 *crollata... fin dalla radice*: Turno aveva ucciso Pallante, unico figlio di Evandro e quindi la stirpe di Evandro si era estinta.

12 *Bizia... nel Tartaro*: un riferimento all'uccisione dei due giganteschi fratelli all'interno del campo troiano (vedi Libro IX) e ai molti altri Troiani caduti per sua mano e quindi inviati nel regno dei morti.

13 *capi dei Mirmidoni... onde adriatiche*: Turno ironizza con Drance perché egli elogia il valore dei Troiani a tal punto da voler far credere che essi siano temuti anche dai Greci (indicati qui dai Mirmidoni, il popolo sul quale regnava Achille, il piú noto eroe greco). Drance, ironizza Turno, vorrebbe far credere che anche il fiume Ofanto di fronte ai Troiani si ritragga invertendo il suo corso.

14 *E persino... l'accusa*: Drance finge di avere paura delle violenze di Turno per avvalorare l'accusa che l'eroe rutulo miri a intimidire i Latini con minacce.

di Evandro uccidendone il figlio Pallante; se poi anche Diomede rifiuta l'alleanza coi Latini per timore dei Troiani, i Latini possono contare sull'aiuto e l'alleanza di altri popoli e sul coraggio di valorosi quali Messapo, Tolumnio, e Camilla[15], la giovane guerriera protetta da Diana. Ma se davvero si ritiene che solo da lui dipende la salvezza di tutti, se è lui solo che Enea vuole incontrare in uno scontro che risolva la guerra, egli è pronto ad affrontarlo, anzi non aspetta altro. Venga cosí la vittoria, o la morte.

Dopo l'infocato discorso di Turno, mentre nell'assemblea si discute animatamente, giunge trafelato un messaggero a dare una notizia allarmante: Enea alla testa dei suoi ha abbandonato le rive del Tevere e dilaga per i campi. Gli animi dei Latini sono ora sconvolti in un modo o nell'altro: i vecchi temono nuove sciagure per i loro figli, i giovani corrono invece alle armi. Turno grida con sarcasmo e con aria di trionfo: «Seduti a concilio lodate pure la pace; i Troiani intanto invadono le nostre terre!». E abbandonata l'assemblea si precipita alla difesa della città, dispone guerrieri sulle mura, altri a difesa delle porte, dispiega la cavalleria in campo aperto. Tutti obbediscono rapidi agli ordini e prendono il loro posto di combattimento mentre le trombe riempiono il cielo di squilli di guerra. Sconvolto dall'inattesa piega degli eventi che ha reso vani i suoi propositi di pace, Latino si allontana covando nell'animo il pentimento di non aver accondisceso subito alle nozze di Enea con sua figlia Lavinia.

Mentre la città si prepara a respingere l'assalto troiano, una folla di donne accompagna la regina Amata al tempio di Minerva sulla rocca. Accanto alla madre, Lavinia cammina ad occhi bassi, consapevole di essere la causa di tanti mali. Le donne ardono incensi nel tempio e levano preghiere alla dea perché non permetta a Enea, il «predone frigio», di varcare le porte della città.

Turno a gara si arma furente a battaglia;
e già vestito della rosseggiante corazza era irto
di squame di bronzo, e aveva serrato in oro i polpacci,

15 *Messapo... Camilla*: Messapo è il valoroso condottiero rutulo alleato di Turno, precedentemente ricordato nella rassegna dei guerrieri. Tolumnio è un indovino rutulo, ma anche valoroso combattente. Di Camilla, vergine guerriera, si narra la storia piú avanti.

e nude ancora le tempie, cinta al fianco la spada,
rifulgeva aureo correndo dall'alta rocca;
s'inebria nell'animo, e già con la speranza pregusta il vittorioso
scontro col nemico: come, spezzati i legami, un cavallo fugge
dalla stalla finalmente libero, e padrone dell'aperta pianura,
o si dirige ai pascoli e alle mandrie delle cavalle,
o avvezzo a bagnarsi in un noto corso d'acqua,
balza, e freme con il capo proteso nell'aria,
esultante, e la criniera gli scherza sul collo e sulle spalle.
Gli galoppa incontro, seguíta dalla schiera dei Volsci,
Camilla; proprio davanti alle porte la regina
balzò da cavallo e, imitandola, l'intera torma, lasciati
i cavalli, scivolò a terra; allora dice cosí:
«Turno, se il valoroso ha giustamente fiducia in sé,
oso e prometto di affrontare la schiera degli Eneadi
e di andare da sola contro i cavalieri tirreni.
Permetti che io sfidi i primi pericoli della guerra con la mia [schiera,
tu con la fanteria addòssati alle mura e difendi i bastioni».
Turno rispose, fissando la tremenda fanciulla:
«O vergine, onore d'Italia, quali grazie potrei
renderti e ricambiare? Ma ora, poiché il tuo coraggio
supera tutto, dividi il travaglio con me...»

[vv. 486-510]

Poiché suoi avamposti lo hanno informato che Enea ha disposto parte della cavalleria in campo aperto per attirare i Latini fuori dalle mura, e attaccare Laurento indifesa con il grosso del suo esercito guidato attraverso sentieri montani alle spalle della città, Turno espone a Camilla il suo piano: anche lui si apposterà nella selva bloccandone l'entrata, cercando cosí di annientare il nemico in un agguato. Ordina poi a Messapo e a Camilla stessa di lanciarsi allo scontro con la cavalleria troiana ed etrusca che avanza nella pianura.

In Olimpo la dea Diana confida a Opi, ninfa prediletta del suo corteggio, il dolore per la tragica sorte che attende anche Camilla, la giovinetta guerriera, e le narra la storia della sua protetta: Mètabo, re di Priverno, città dei Volsci, cacciato dal suo regno e fuggito recando tra le braccia la piccola Camilla, sua figlia, giunto sulle rive del fiume Amaseno[16] in piena, e consapevole di non poter attraversare la cor-

16 *Amaseno*: piccolo corso d'acqua nei pressi di Priverno, in piena per la grande quantità di pioggia caduta in quei giorni.

rente impetuosa con quel delicato fardello, aveva legato alla sua lancia la figlioletta, avvolta in una sottile corteccia di sughero, e invocata la protezione divina aveva scagliato l'arma oltre il fiume mandandola a conficcarsi nel terreno umido sull'altra riva. Libero da ogni peso, aveva potuto attraversare a nuoto il fiume, e riprendere la lancia che recava la piccola avvinta al suo solido fusto, e miracolosamente illesa. Negli anni successivi padre e figlia avevano vissuto in assoluta solitudine nei boschi. Nutrita i primi tempi con latte di capre e cavalle, quando la fanciulla fu un poco cresciuta, indossando una corta pelle di tigre, si era esercitata di continuo con arco e frecce, sempre piú appassionata nell'esercizio delle armi e della caccia. Molte madri etrusche l'avrebbero desiderata come sposa dei loro figli, ma lei aveva sempre opposto uno sdegnoso rifiuto: amava la vita libera e selvaggia, e aveva consacrato la propria verginità a lei, dea cacciatrice. Concluso il suo racconto, e consapevole del destino che attende Camilla, Diana vuole almeno gustare l'amaro piacere della vendetta: invia dunque Opi sulla terra affinché uccida con un dardo colui che ucciderà Camilla.

I cavalieri troiani avanzano verso Laurento, le punte delle lance lampeggiano al sole, i cavalli nitriscono e fanno rimbombare il terreno con i loro veloci zoccoli ferrati. Si lancia contro di loro la cavalleria latina guidata da Messapo, dai fratelli Cora e Catillo[17], e da Camilla. Giunti a un tiro di giavellotto gli uni dagli altri, i due schieramenti si arrestano per qualche attimo, poi, spronati i cavalli, con un urlo all'unisono si gettano nello scontro. Prima le frecce avevano oscurato il cielo, ora cominciano i combattimenti uomo contro uomo: l'etrusco Tirreno disarciona il latino Aconteo che ricade lontano come una pietra scagliata da una balista. Le squadre latine indietreggiano, ma giunte a ritroso quasi sotto le mura, tornano ad affrontare i Troiani costretti a loro volta a retrocedere. Per tale ondeggiare di guerrieri, la pianura sembra un mare in tempesta in continuo e opposto movimento. Al terzo scontro le schiere si confondono di nuovo in una mischia feroce: ogni guerriero è impegnato contro un nemico cercando di dargli la morte, o di subirla gloriosamen-

17 *Cora e Catillo*: guerrieri dei quali non si sa nulla oltre il nome, cosí come per gli altri combattenti citati piú avanti.

te. Al centro della mischia imperversa Camilla, che facendo impennare minacciosamente il cavallo, ora scaglia dardi, ora vibra colpi di scure facendo strage di cavalieri nemici: fra questi, l'etrusco Ornito, un gigante con le spalle coperte da una pelle di toro e il capo protetto da un muso di lupo, è trafitto a morte da una freccia. Un giovane ligure, figlio di Auno, ricorre all'inganno, e sfidando l'orgoglio dell'amazzone, la invita a scendere da cavallo per confrontarsi con lui, poi, mentre Camilla avanza a piedi armata della sola spada, il giovane balza di nuovo in sella e fugge a briglie sciolte. Ma Camilla, piú veloce d'un destriero, lo insegue, lo raggiunge, piomba su di lui, e come un avvoltoio su una colomba, lo mette a morte.

Giove osserva dall'alto l'andamento della battaglia, e vedendo in difficoltà gli Etruschi alleati dei Troiani, esorta Tarconte, cui Enea ha affidato il comando della cavalleria, a rianimare in ogni modo i suoi. Tarconte dà allora l'esempio, si getta tra i nemici, assale Vènulo, lo disarciona, poi lo solleva di peso da terra, lo trascina via con sé sul proprio cavallo, e durante la corsa cerca di trafiggerlo. Ma Vènulo devia il ferro e lotta avvinghiandosi al corpo del nemico. Tarconte continua la sua corsa portando sulla sella il suo nemico morente. Infine spronate dall'esempio temerario del loro capo, le schiere etrusche riprendono coraggio.

... Allora il predestinato Arrunte[18],
con la lancia e con molta maggiore astuzia, insidia la veloce
Camilla, e tenta la via piú agevole della fortuna.
Dovunque la vergine furente si porta in mezzo alla schiera,
là Arrunte s'insinua, e silenzioso ne scruta i passi;
dovunque quella ritorna vittoriosa e si ritrae dal nemico,
là di nascosto il giovane volge le celeri briglie,
e già percorre questi e quei passaggi, e tutto l'aggirarsi
delle vie d'intorno, e perfido scuote l'asta sicura.
Per caso Cloreo, un tempo sacerdote consacrato
al Cibelo, riluceva lontano nell'armi frigie,
e spronava uno schiumante cavallo, coperto di una pelle
con squame di bronzo simili a pinne e con fibbie d'oro.
Splendente di esotica porpora ferrigna,
egli scagliava frecce gortinie con l'arco licio;

[18] *Arrunte*: guerriero etrusco dei cavalieri di Tarconte. Destinato a uccidere Camilla, ma anche a essere ucciso per volere di Diana.

aureo l'arco gli pendeva dalle spalle, aureo il veggente
aveva l'elmo; aveva raccolto in un nodo la crocea clamide
e le pieghe di mussola fruscianti di fulvo oro,
aveva la tunica ricamata e barbarici schinieri alle gambe[19].
La vergine cacciatrice, sia per appendere al tempio
armi troiane, sia per incedere adorna d'oro predato,
inseguiva cieca lui solamente di tutta
la mischia della battaglia, e incauta per tutta la schiera
ardeva di femmineo amore della preda e delle spoglie:
quando infine dall'agguato, còlto l'istante,
Arrunte scaglia la lancia, e prega cosí i Celesti:
«Sommo degli dei, Apollo custode del santo Soratte[20],
tu che primi tra tutti veneriamo, a cui alimentiamo le fiamme
con cataste di pino, e, fidando nella pietà, camminiamo,
noi tuoi adoratori, tra il fuoco e su molta brace,
concedi, o Padre, di cancellare codesta vergogna
con le nostre armi, tu che puoi tutto. Non chiedo
le spoglie e il trofeo della vergine sconfitta; le altre
imprese mi daranno fama: purché la crudele rovina
cada per il mio colpo, ritornerò oscuro nella città patria».
Febo udí, e diede che si avverasse una parte
del voto[21], l'altra parte disperse nelle alate brezze:
consentí al supplice di abbattere con una subitanea morte
Camilla accecata; non permise che lo vedesse reduce
l'alta patria, e le tempeste rapirono la voce tra i venti.
Dunque, appena l'asta scagliata sibilò nell'aria,
tutti i Volsci protesero i fervidi animi e posarono
lo sguardo sulla regina. Ella non s'avvide di nulla,
dell'aria, del sibilo, o del dardo che veniva dal cielo,
finché l'asta, arrivata sotto la nuda mammella,
vi rimase confitta e bevve profondamente il virgineo sangue.

[vv. 759-804]

Orgoglioso della precisione del suo colpo, ma temendo che esso potrebbe non essere stato mortale, Arrunte fugge a

19 *Cloreo... alle gambe*: Cloreo, sacerdote sacro alla dea Cibèle indossava abiti vistosi (di porpora ferrigna, cioè color rosso ruggine, la tunica ricamata, il mantello color zafferano) armatura preziosa (aureo è l'arco, aureo l'elmo, le frecce provenivano da Gortinia, città dell'isola di Creta, e l'arco dalla Licia) e alla gambe schinieri detti barbarici, cioè stranieri.

20 *Soratte*: sul monte Soratte (a nord di Roma) sorgeva un tempio sacro al dio Apollo. I devoti camminavano a piedi nudi sui carboni accesi.

21 *avverasse... voto*: la prima parte della preghiera, cioè di uccidere Camilla, fu esaudita, ma non la seconda parte, quella che riguardava il suo ritorno in patria. Fu infatti ucciso da Opi.

perdifiato cercando di confondersi con altri guerrieri in fuga o in lotta fra loro, simile a un lupo che dopo aver ucciso un pastore o un giovenco si rintana lontano da ogni sentiero. Le compagne di Camilla accorrono ad assisterla. Lei tenta di strapparsi il dardo dal petto, ma la punta aguzza è piantata nel costato, le sue guance impallidiscono, gli occhi si chiudono nel gelo dell'agonia, e mentre il mondo affonda per lei nelle tenebre, morente affida alla fedele Acca[22], un ultimo messaggio per Turno: prenda il suo posto in battaglia e salvi la città dai Troiani. Poi si abbandona esanime, mentre il freddo della morte la pervade.

Opi intanto si accinge a eseguire l'ordine di Diana, spiando i movimenti di Arrunte.

Come lo vide esultante e vanamente orgoglioso:
«Perché» esclamò «ti allontani? dirigi qui il passo,
qui, o morituro, vieni per ricevere un premio degno
di Camilla. E tu non cadrai per i dardi di Diana?[23]».
Disse, e la tracia[24] cavò dalla faretra d'oro un'alata
saetta, e la tese minacciosa nell'arco,
e la trasse indietro finché le ricurve estremità
si congiunsero tra loro, e le mani toccarono, a pari altezza,
la sinistra la punta del ferro, la destra e il nervo il seno.
D'un tratto Arrunte udí lo stridere del dardo
e il sibilo dell'aria e insieme il ferro gli s'infisse nel corpo.
I compagni dimentichi lasciano nell'ignota polvere
dei campi lui che spirava e dava gli estremi singulti;
Opi s'allontana a volo verso l'etereo Olimpo.

[vv. 854-867]

Sull'intera pianura grava una fitta nube di polvere: Rutuli, Latini, Volsci sono in fuga verso le mura, inseguiti dai Troiani imbaldanziti dall'uccisione di Camilla. Gli inseguitori raggiungono i fuggitivi proprio alle porte della città, che dall'interno i Latini si affrettano a sbarrare per impedire l'irruzione del nemico. Solo pochi di loro riescono a mettersi in salvo, mentre altri, spinti dalla calca, precipitano nei fossati o si

22 *Acca*: una della compagne di Camilla.
23 *E tu... dardi di Diana?*: Opi esprime il suo rammarico che a un vile come lui possa essere stato concesso cosí alto onore e che debba essere ucciso dalle frecce della dea Diana (le frecce sono scagliate dalla ninfa, ma per ordine di Diana).
24 *la tracia*: Opi era nata in Tracia.

schiantano contro i battenti delle porte, o sono trafitti dal nemico sotto gli occhi dei propri cari che dalle mura assistono al massacro. Anche le donne latine, disperate e furiose, scagliano dall'alto pali acuminati e pertiche, pronte a morire in difesa delle loro case.

Acca, obbedendo all'ordine di Camilla, raggiunge Turno appostato nei boschi in attesa del passaggio di Enea, e lo informa della morte di Camilla e della lotta che infuria intorno alla città. Turno, in uno slancio d'impeto generoso che gli sarà fatale, rinunzia al proposito dell'agguato e si precipita verso Laurento, permettendo cosí a Enea di superare i valichi senza trovare resistenza. In tal modo entrambe le schiere, quella di Enea e quella di Turno, avanzano con opposti intenti verso la stessa mèta. Già da lontano, i due condottieri si scorgono e si riconoscono. Vorrebbero immediatamente affrontarsi, ma la notte che sta calando li frena; cosí le due schiere si accampano nella pianura rinviando la battaglia al giorno seguente.

Libro XII.

Ormai, costernati per la dura sconfitta del giorno prima, per la morte di Camilla e per l'avanzata dell'esercito troiano fin sotto le mura di Laurento, tutti i Latini rivolgono lo sguardo a Turno, augurandosi che annunzi la sua decisione di misurarsi con Enea risolvendo cosí le sorti della guerra. Come un leone ferito, Turno, reso ancora piú aggressivo dalla situazione che sta precipitando, parla cosí al re:

«Nessuna esitazione in Turno; non v'è ragione
che i vili Eneadi ritrattino le parole o ricusino l'accordo.
Mi batto. Adempi il rito, o padre, ed esprimi le condizioni.
O sprofonderò con questa destra nel Tartaro il dardanio
disertore dell'Asia[1] (siedano e assistano i Latini),
e da solo vendicherò con il ferro la comune offesa,
o egli ci tenga in suo dominio, e gli tocchi Lavinia in isposa».
A lui con animo pacato risponde Latino: «O magnanimo,
giovane, quanto tu sovrabbondi di fiero valore,
con cura tanto maggiore devo trepidamente pensare
e soppesare tutti gli eventi. Tu possiedi il regno
del padre Dauno, le molte città conquistate
con la forza, e Latino possiede ricchezze e valore;
vi sono altre fanciulle nel Lazio e nei campi laurenti,
e di stirpe gloriosa. Lascia che senza inganni chiarisca
cose spiacevoli a dirsi; e accogli questo nell'animo:
non potevo unire la figlia a nessuno degli antichi
pretendenti, e ciò vaticinavano tutti, dei e uomini.
Vinto dall'amore per te, vinto dall'affinità di sangue,
e dalle lagrime della mesta consorte, ruppi tutti gli impegni,
strappai la fidanzata al genero, presi empie armi[2].

1 *dardanio disertore dell'Asia*: il disprezzo di Turno per Enea arriva fino alle ingiurie, in realtà ingiuste: Enea dopo aver difeso strenuamente la sua patria era fuggito assecondando il Fato, ma solo quando ormai nulla piú si poteva fare per salvarla.

2 *Vinto... empie armi*: in realtà Latino non aveva indetto la guerra; egli aveva lasciato le redini del regno a Turno, appoggiato dalla regina Amata.

Che sventure e che guerre, o Turno, mi derivino da ciò,
lo vedi, e quali grandi affanni soffri per primo.
[...]
Che diranno i consanguinei Rutuli, e tutta l'Italia,
se abbandonerò alla morte (la Fortuna smentisca le parole!)
te che chiedevi mia figlia e le nostre nozze?
Guarda i mutevoli eventi della guerra; abbi pietà
del vecchio padre, che ora mesto la patria Ardea
divide lontano». Ma la violenza di Turno non si piega
con parole; divampa di piú, e a medicarla s'aggrava.
Appena poté parlare, cosí persevera a dire:
«La cura che ti prendi di me, ti prego, ottimo padre,
deponila, e lascia che pattuisca la morte in cambio della gloria.
Anch'io scaglio, o padre, dardi di rigido ferro,
con il braccio; anche dai miei colpi sgorga sangue;
gli sarà lontana la madre dea che lo protegga mentre fugge
in una nube femminea[3], e si celi nelle ombre leggere».
Ma la regina, atterrita dalla nuova sorte della battaglia,
piangeva, e, destinata a morire, tratteneva il giovane ardente:
«Turno, per queste mie lagrime, per il nome di Amata,
se t'importa – tu, ormai unica speranza e ristoro
alla mia sventurata vecchiaia; l'onore e la potenza di Latino
dipendono da te, su di te poggia la casa cadente –,
questo soltanto ti chiedo: desisti dal combattere con i Teucri...»

[vv. 11-60]

Lavinia accoglie piangendo le parole della madre, le sue gote bagnate di lagrime si accendono d'un improvviso e intenso rossore, come porpora su avorio indiano o candidi gigli accanto a rose vermiglie. Turno ardente d'amore fissa la fanciulla, e in quel rossore intravede un segno d'amore ricambiato. Rivolto alla regina le parla cosí:

«Non congedarmi, ti prego, con lagrime e con tale auspicio,
mentre mi avvio ai cimenti del duro Marte,
o madre: Turno non ha il potere di fermare la morte.
Idmone[4], riferisci messaggero queste parole non gradite

[3] *protegga... in una nube femminea*: allusione a un episodio dell'*Iliade* (Libro v) nel quale si narra che Enea, scontratosi in duello con Diomede, venne soccorso da Venere che però non riuscí a frenare l'audace nemico. In soccorso di entrambi giunse allora il dio Apollo che avvolse Enea in una nube. Turno modifica il racconto omerico e attribuisce a Venere l'aver avvolto l'eroe in una nube.

[4] *Idmone*: personaggio sconosciuto, forse lo scudiero o l'araldo di Turno.

al tiranno frigio. Appena l'Aurora di domani
rosseggerà nel cielo trasportata sulle ruote purpuree,
non lanci i Teucri sui Rutuli; riposino le armi dei Teucri
e dei Rutuli: decidiamo la guerra col nostro sangue;
su quella pianura si ottenga Lavinia in isposa».

[vv. 72-80]

Il giovane eroe rutulo si prepara al duello: indossa la corazza ornata d'oro, l'elmo dal rosso cimiero, la spada appartenuta a suo padre Dauno. Afferra poi una lancia un tempo strappata all'aurunco Attore[5], e lancia un'invocazione sprezzante: «Mi sia concesso con questa lancia di abbattere l'effeminato frigio[6], e far sí che la sua chioma arricciata col ferro e profumata di mirra sia lordata dal fango». Il suo sguardo è fiero e i suoi occhi lampeggiano, mentre si prepara alla resa dei conti con il condottiero nemico.

Nell'altro campo anche Enea si prepara allo scontro cingendosi delle armi forgiate da Vulcano. Fiducioso nei vaticini e nella volontà del Fato, conforta e rassicura i suoi – Iulo innanzitutto – : non lancia invettive, ma invia messi al re Latino per informarlo che accetta la sfida augurandosi che l'esito di essa ponga fine alla guerra.

Al sorgere del sole Rutuli e Troiani delimitano il terreno dello scontro. Al centro si ergono altari rivestiti di zolle erbose, sacerdoti incoronati di verbena recano fuoco e acqua per la purificazione. Gli eserciti si schierano ai due lati del campo: i guerrieri rifulgono lucenti nelle loro armature.

Uno squillo di tromba dà il segnale d'inizio del duello. Tutto il popolo di Laurento è accorso: vecchi, donne, ragazzi accalcati sulle mura, sulle torri o sui tetti delle case, aspettano trepidanti quel confronto decisivo e sicuramente mortale.

Giunone, che non sa rassegnarsi al destino di Turno, osserva i preparativi del duello meditando sul modo di allontanare il sacrificio dal suo protetto, e di impedire la vittoria dei Troia-

[5] *Attore*: capo degli Aurunci, popolo confinante con i Rutuli e spesso in guerra con loro, ma ora alleati di Turno.

[6] *l'effeminato frigio*: Turno chiama cosí, per disprezzo, Enea. I Frigi (cioè i Troiani e gli orientali in genere) erano tacciati di essere effeminati per l'abitudine di arricciarsi i capelli e l'uso di unguenti profumati. Anche Iarba aveva vituperato Enea chiamandolo effeminato e di molli costumi (vedi Libro IV).

ni. Chiama dunque a sé la sorella di Turno, Giuturna[7], la ninfa amata un tempo da Giove e da lui trasformata in immortale divinità dei laghi e dei fiumi. A lei che apprende in lagrime la sorte del fratello, Giunone suggerisce l'unica via di salvezza, almeno temporanea: far divampare di nuovo la guerra.

I duellanti si preparano al giuramento: avanzano nel campo maestosi e solenni, Turno brandendo giavellotti, Enea splendente nelle sue armi. Enea giura per primo, dopo aver invocato a testimoni della propria lealtà Giove, Giunone, Marte: se vincerà Turno, suo figlio Iulo e tutti i Troiani si ritireranno nel piccolo regno di Evandro, senza far mai piú guerra ai popoli italici. Se invece sarà lui il vincitore, Latini e Troiani vivranno uniti e concordi sotto uguali leggi in eterna alleanza. I Troiani costruiranno una nuova città cui sarà dato il nome di Lavinia.

Dopo che anche Turno ha giurato, accettando le eque condizioni di Enea, e il re Latino si è proclamato garante del patto, i due campioni sono ora soli uno di fronte all'altro.

A quella vista, i Rutuli sono presi da smarrimento, giudicando impari la lotta fra il loro giovane re e il suo esperto e potente avversario.

Contribuisce a ciò Turno avanzando con tacito passo
e adorando supplice l'ara[8] con lo sguardo reclino
le gote languenti e il pallore sul giovane corpo.
Appena la sorella Giuturna vide infittirsi
i discorsi, e mutare i vacillanti cuori del popolo,
in mezzo alle schiere, simulando l'aspetto di Camerte
– che aveva una gloriosa stirpe dagli avi, e una splendida fama
del valore paterno, mentre egli stesso era fortissimo in armi –,
si getta in mezzo alle schiere, consapevole delle condizioni,
e semina varie voci, e dice cosí:
«Non vi vergognate, o Rutuli, di arrischiare un'unica vita
per quella di tanti valorosi? Non siamo pari di numero
e di forze? Ecco, questi sono tutti, Troiani e Arcadi,
e la schiera fatale, l'Etruria nemica[9] di Turno: se combattessimo
uno contro uno, a stento ognuno di noi troverebbe un nemico.

7 *Giuturna*: secondo il mito fu una fanciulla amata da Giove, che la trasformò in ninfa e le donò l'immortalità. Virgilio ne fa la sorella di Turno.

8 *adorando supplice l'ara*: l'ara approntata per il sacrificio agli dei; il giuramento dei duellanti avveniva davanti a un sacerdote.

9 *l'Etruria nemica*: si allude agli Etruschi di Agilla che si erano schierati con Enea contro Mezenzio e Turno.

E quello giungerà per fama ai Celesti, alle are
dei quali si consacra, e vivo andrà per le bocche;
noi, perduta la patria, dovremo obbedire a superbi
padroni, ed ora sediamo inoperosi nei campi».

[vv. 219-237]

Un mormorio serpeggia tra le file dei Rutuli, le parole del falso Camerte hanno risvegliato l'orgoglio dei giovani rutuli che, prevedendo la tragica sorte di Turno, vorrebbero annullare il patto e affidare di nuovo alle armi la soluzione del conflitto. Eccita ancor piú gli animi un prodigio che avviene nel cielo: un'aquila si avventa su uno stormo d'uccelli, poi calatasi a fior d'acqua ghermisce con gli artigli il piú bello dei cigni. Allora gli altri volatili invertono il loro volo, e tutti insieme, assalendo l'aquila, la costringono a lasciare la preda e a sparire nel cielo. I Rutuli salutano con un grido quel prodigio, che è un evidente invito a unirsi di nuovo contro il nemico salvando cosí Turno da sicura morte. Anche l'indovino Tolumnio riconosce nell'evento un messaggio divino, e incita i Latini a riprendere la battaglia, ed egli stesso scaglia con violenza una lancia che trafigge un guerriero arcade schierato in prima fila. Si leva un grande clamore, i fratelli dell'ucciso impugnano le spade e si slanciano contro i Latini, il cielo si oscura improvvisamente di dardi, e il re Latino, di nuovo travolto dagli eventi, fugge dal campo per non tradire la pace giurata, portando via con sé le immagini degli dei poste sugli altari e ora dissacrate dalla furia dei combattenti. Deciso a tener fede al giuramento, Enea esorta invano i suoi a rispettare gli accordi, ma mentre parla con ira e fervore, una freccia scagliata da mano ignota gli trafigge una gamba.

Turno, appena vide che Enea s'allontanava dalla schiera,
e i capi turbati, fervido avvampa di subitanea speranza;
chiede i cavalli e insieme le armi, e balza
superbo sul carro, e con le mani governa le briglie.
Volteggiando mette a morte numerosi forti corpi
di guerrieri; molti travolge morenti, o calpesta con il carro
le schiere, o strappa e scaglia contro i fuggenti le aste.
Come il sanguigno Marte, quando presso le acque
del gelido Ebro[10], sfrenato, percuote lo scudo, e muovendo

[10] *Ebro*: fiume della Tracia, terra cara a Marte.

guerra, lancia i cavalli furenti, e quelli nell'aperta
pianura volano davanti ai Noti e allo Zefiro; geme
al galoppo l'estrema Tracia[11], e s'agitano intorno
i volti del fosco Terrore, e le Ire, e le Insidie, corteggio[12]
del dio: cosí Turno impetuoso in mezzo agli scontri
sospinge i cavalli fumanti di sudore, balzando
sui nemici spietatamente uccisi; il rapido zoccolo sparge
rugiade cruente, e calpesta la sabbia mista a sangue.

[vv. 324-340]

Cadono cosí per sua mano Stènclo, Tàmiro, Folo, i fratelli Glauco e Lade[13]. Con un lancio lungo della sua asta Turno ferisce Eumede, si avventa poi su di lui disteso a terra e premendogli un piede sul collo lo finisce, pronunciando nel contempo queste crudeli parole: «Ecco i campi e la terra che cercavi, o Troiano; misurali adesso col tuo corpo!». Poi continua la furiosa scorribanda sul suo carro tirato da veloci cavalli traci, e quando il troiano Fegeo gli si getta contro tentando di frenarne lo slancio, resta appeso al giogo e viene vorticosamente trascinato offrendo cosí il fianco scoperto al Rutulo, che fulmineo lo colpisce; il Troiano si rovescia a terra e Turno, arrestatosi per un attimo, lo finisce con un colpo di spada, proseguendo poi nella corsa e travolgendo chiunque cerchi di opporglisi.

Mnèsteo, Acate e Iulo accompagnano fuori dal campo Enea, che cammina appoggiandosi alla lancia, e, fermatosi in un luogo appartato, tenta inutilmente di estrarre la freccia dalla ferita. Interviene allora Iàpige[14], esperto nell'arte medica e nell'uso delle erbe salutari, ma neppure la sua abile mano riesce a estrarre la punta dal ginocchio di Enea che, appoggiato alla lancia, freme nell'udire l'appressarsi della cavalleria nemica e le grida di quanti cadono abbattuti dalla furia di Turno.

Qui la madre Venere, turbata dall'immeritato dolore
del figlio, colse sull'Ida cretese il dittamo[15],

11 *geme al galoppo.... Tracia*: la terra di Tracia, percorsa in lungo e in largo dai cavalli di Marte, sembra gemere sotto gli zoccoli dei corsieri al galoppo.

12 *fosco Terrore... corteggio*: Terrore, Ire, Insidie sono personificazioni dei mali della guerra, che formano la scorta di Marte.

13 *Stènelo... Lade*: vittime Troiane di Turno, come i successivi Eumede e Fegeo.

14 *Iàpige*: medico Troiano.

15 *dittamo*: erba medicinale che cresceva sul monte Ditte (donde il nome) nell'isola di Creta.

stelo dalle rigogliose foglie e chiomato da fiori
purpurei; erba non ignota alle capre selvatiche,
quando alate frecce si conficcano nel loro dorso:
Venere lo recò, l'aspetto avvolto in un oscuro
nembo; con quello intrise le acque versate
in una lucida conca, medicandole in segreto, e sparse
succo di salubre ambrosia e odorosa panacea[16].
Il vecchio Iàpige ignaro curò la ferita con quell'acqua;
subito tutto il dolore fuggí dal corpo, e tutto il sangue
stagnò nella profonda ferita. E già, seguendo la mano,
la freccia cadde, senza che nessuno intervenisse,
e le energie rinnovate tornarono simili a prima.
«Portate in fretta le armi all'eroe! Perché indugiate?»
Iàpige grida, e per primo infiamma gli animi
contro il nemico. «Ciò non proviene da potenza mortale,
o da arte maestra, e non è la mia mano che ti salva, Enea:
uno piú grande di me, un dio ti guida, e t'invia a maggiori
[imprese».

[vv. 411-429]

Tornato in possesso delle proprie forze, Enea abbraccia Iulo e s'accomiata da lui: «Apprendi da tuo padre la fatica e la virtú, dagli altri la fortuna[17]». Ed entra di nuovo nella battaglia. Dall'opposta collina Turno e gli Italici scorgono la schiera troiana procedere nella pianura come un nembo che durante una tempesta avanzi dal mare verso terra. Giuturna, che prima degli altri ha avvistato Enea, fugge. All'inizio del nuovo scontro, i primi a cadere sono latini, il gigantesco Osiri, poi Arcezio, Epulone, Eufente. Resta ucciso anche l'àugure Tolumnio[18], che per primo aveva scagliato l'asta dopo il prodigio del cigno, riaccendendo cosí le ostilità. Enea non si attarda a scontrarsi con i fuggitivi, né risponde a chi lo provoca a battaglia: cerca solo Turno, Turno che ora non potrà sfuggire al suo destino.

16 *salubre ambrosia... panacea*: l'ambrosia è il cibo degli dei, ma anche un unguento che risana le ferite e rende incorruttibili i cadaveri; panacea è invece il nome dato a piante medicinali cui erano attribuiti poteri miracolosi per ogni malattia.

17 *Apprendi... fortuna*: Enea consiglia al figlio, accanto a lui per la prima volta in un'azione di guerra, di ammirare non tanto la mera forza fisica quanto la resistenza al dolore e la capacità di farsi animo e riprendersi. Questo è l'insegnamento piú importante; la gloria e la fortuna egli potrà apprenderle da altri.

18 *Osiri... Tolumnio*: vittime di Enea.

Sconvolta nella mente da questo terrore, la virago
Giuturna sbalza l'auriga di Turno, Metisco[19],
tra le briglie, e caduto dal timone lo lascia lontano,
e gli subentra, e con le mani governa le redini ondeggianti,
in tutto, nella voce e nel corpo e nelle armi, somigliante a
[Metisco.
Come una nera rondine trasvola il grande palazzo
d'un ricco signore, e con le ali perlustra gli atrii,
ghermendo piccole prede, alimento ai garruli nidi;
e stride ora nei vuoti portici, ora intorno agli umidi
stagni: cosí Giuturna va sui cavalli in mezzo ai nemici,
e volando sul rapido carro trascorre dovunque le piaccia,
mostrando di qua e di là il fratello trionfante:
ma non lo lascia combattere, e vola via fuori strada.
Enea per incontrarlo descrive giri non meno contorti,
e lo cerca con lo sguardo e lo chiama ad alta voce
per le schiere disperse. Quante volte scorse il nemico,
e tentò correndo di competere con la fuga degli alati cavalli,
tante volta Giuturna rivolse il carro nella direzione opposta.

[vv. 468-485]

Durante tale disperata giostra architettata da Giuturna per amore del fratello, Messapo scaglia la sua lancia contro Enea, che riesce a evitarla, e pervaso da una collera senza freni si getta nella mischia. Con un colpo di spada squarcia il petto al Rutulo Sucrone[20]. Turno, a sua volta, uccide Amico e Diore, due fratelli troiani. Si rinnovano gli orrori e le uccisioni. Come due incendi divampati in zone diverse di un'arida boscaglia, o simili a due torrenti gonfi d'acque impetuose che precipitano a valle travolgendo tutto ciò che incontrano nel loro corso, cosí Enea e Turno abbattono chiunque si opponga al loro avanzare. Sotto il peso d'un macigno scagliato da Enea, perde la vita Murrano, di gloriosi antenati latini. Turno uccide Illo colpendolo con un giavellotto nella fronte inutilmente protetta dall'elmo. Ma sono entrambi gli schieramenti a impegnarsi in un furibondo combattimento.

Enea decide di investire direttamente la città di Laurento: pronto ai suoi ordini, l'intero esercito troiano e arcade giunge compatto sotto le mura. Alcuni appoggiano scale contro

19 *Metisco*: altro personaggio di cui si conosce solo il nome.

20 *Sucrone*: uno dei guerrieri impegnati nella battaglia, cosí come i successivi Amico, Diore, Murrano e Illo.

le mura, altri lanciano fiaccole ardenti sui tetti delle case, altri ancora assaltano le porte e abbattono le guardie. Enea chiama a gran voce il re Latino accusandolo di aver violato per ben due volte i patti. All'interno della città si diffonde il terrore e si riaccende il dissenso fra i cittadini: alcuni, trascinato sugli spalti lo stesso Latino, gli chiedono di rinnovare il patto di alleanza con i Troiani e di aprire le porte a Enea; altri corrono invece alla disperata difesa delle mura. Ma un'altra sventura si abbatte sui Latini gettando l'intera città in un luttuoso scoramento.

La regina, appena scorse dalle case il nemico avvicinarsi,
le mura assalite, i fuochi volare ai tetti,
e l'esercito rutulo non opporsi in nessun luogo, e nessuna
schiera di Turno, credette infelice che il giovane fosse caduto
in battaglia, e sconvolta la mente da improvviso dolore,
si proclama causa, colpa e origine dei mali,
e molto parlando delirante nell'angoscioso furore,
decisa a morire straccia il manto purpureo
e lega ad un'alta trave il laccio di un'orribile morte.
Dopo che le sventurate Latine riseppero lo scempio,
la figlia Lavinia per prima dilaniò con le unghie
i fluenti capelli e le rosee guance, e tutta la folla
intorno si dispera; la casa vastamente risuona di pianti.
[...]
Frattanto all'estremità della pianura il pugnace Turno
insegue pochi nemici dispersi sempre piú sfiduciato,
e sempre meno gioioso del trascorrere dei cavalli.
L'aria gli portò quel clamore misto ad oscuri
terrori e il rombo della città sconvolta; e il sinistro
fragore percosse e fece protendere l'udito.
«Ahimè, perché le mura si turbano di tale pianto?
Quale cosí grande clamore erompe dalla città lontana?»
Cosí dice, e si arresta, fuori di sé, tirate le briglie;
a lui la sorella, mutata com'era d'aspetto nell'auriga
Metisco e che reggeva il carro e i cavalli e le redini,
replica con tali parole: «Inseguiamo i Troiani,
o Turno, per dove prima la vittoria apre la via;
vi sono altri che possono difendere la città.
Enea assale gli Italici e ingaggia battaglie;
e noi seminiamo crudeli uccisioni fra i Teucri.
Uscirai dalla lotta non minore di vittime e di gloria».
Turno risponde:
«Sorella, da tempo ti riconobbi quando per prima turbasti

il patto con un artificio, e ti gettasti nella mischia,
ed ora cerchi invano, tu dea, d'ingannarmi. Chi mai ti ha [ordinato
di scendere dall'Olimpo e di sopportare tanti travagli?
Forse per vedere la crudele morte dello sventurato fratello?
Cos'altro mi resta? o quale fortuna ormai
mi promette salvezza? Vidi davanti ai miei occhi
Murrano invocarmi, piú caro del quale nessuno
mi resta, e, grande, perire vinto da grande ferita...»

[vv. 595-640]

Sopraggiunge al galoppo il Rutulo Sace[21], ferito al volto da un dardo. Reca drammatiche notizie: Laurento è assediata dai Troiani, le loro torce incendiano già le case. Infine, rivolto a Turno, gli dà il funesto annunzio: «La regina si è data la morte, il re è disperato e confuso; davanti alle porte restano soltanto Messapo e Atina[22] a sostenere l'assalto troiano». Sconvolto da queste parole, Turno appare pietrificato: nel suo animo si alternano ira, dolore, passione. Volge lo sguardo alla città e scorge anch'egli le fiamme innalzarsi nel cielo e lambire la torre da lui stesso costruita a protezione delle mura. A tale vista, come riscuotendosi all'improvviso da un greve sonno, si avventa attraverso i campi con l'irruenza d'un macigno che rotoli dalla cima d'un monte. Giunto alle mura della città, grida ai Rutuli e ai Latini di deporre le armi: è giunto per lui l'atteso e temuto momento della verità. Enea ode quel grido, abbandona l'assedio e avanza contro il suo nemico predestinato. Rutuli, Italici, Troiani si arrestano. Lo stesso re Latino guarda turbato i due eroi che, nati in opposte parti del mondo, il destino ha posto ora uno di fronte all'altro, uno irriducibilmente ostile all'altro.

Quelli, appena il terreno si liberò in un'ampia distesa,
con rapido assalto, scagliate da lontano le aste,
cominciano il duello con gli scudi di bronzo sonoro.
Geme la terra, e con le spade raddoppiano i colpi
frequenti; il caso e il valore si mischiano insieme.
E come quando, sull'immensa Sila o in vetta al Taburno[23],

21 *Sace*: messaggero dei Latini.
22 *Atina*: uno dei capi della cavalleria latina.
23 *immensa Sila... Taburno*: massiccio montuoso del Bruzio (odierna Calabria) il primo e catena montuosa del Sannio, tra Abruzzo, Molise e Campania, il secondo.

due tori cozzano a testa bassa in aspra battaglia;
arretrano atterriti i pastori; tutto l'armento
ammutolisce per il timore, e le giovenche non intendono
a chi obbedisca la selva o tutta si accodi la mandria;
quelli si scambiano colpi con grande violenza
e forzando infiggono le corna, e bagnano il collo e le spalle
di fiotti di sangue; tutta la selva risuona d'un mugghio:
cosí il troiano Enea e l'eroe daunio[24] cozzano
con gli scudi, e un grande fragore riempie il cielo.
Giove, equilibrato l'ago, sostiene i due piatti
della bilancia, e vi pone i diversi destini dei due,
chi lo scontro condanni, dove col peso inclini la morte.
Balza, senza pensare al pericolo, Turno, e alto
si leva su tutto il corpo sorgendo con la spada,
e colpisce: urlano i Teucri e i trepidi Latini,
tese le schiere di entrambi. Ma la perfida spada
s'infrange e abbandona l'ardente a metà del colpo,
se non lo aiutasse la fuga. Fugge piú veloce dell'Euro[25],
appena vede l'elsa ignota e la sua destra inerme.
È fama che quando all'inizio della battaglia salí precipitoso
sui cavalli aggiogati, lasciata la spada del padre,
afferrò trepidante il ferro dell'auriga Metisco[26];
questo, mentre i Teucri volgevano le spalle dispersi,
bastò a lungo; ma poi che si venne alle armi divine
di Vulcano, la lama mortale, al pari di fragile ghiaccio,
si spezzò al colpo; i frammenti risplendono sul fulvo suolo.
Turno, fuori di sé, fugge in diverse parti del campo.

[vv. 710-742]

Enea lo insegue. Ostacolato da un lato da una palude che si estende nei pressi di Laurento, dall'altro dalla cinta muraria, e tutt'intorno dai Troiani, Turno corre a perdifiato pur senza vedere alcuna via di scampo. Per ben cinque volte entrambi aggirano correndo il campo fra le grida dei due eserciti. Senza interrompere la fuga affannosa, Turno chiede convulsamente ai suoi che gli rendano la sua spada, ma Enea, minacciando morte a chiunque osi intervenire, cerca di abbatterlo scagliando contro di lui la sua lancia, che fallisce il bersaglio e va a infiggersi in un tronco di oleastro. L'arma,

24 *l'eroe daunio*: Turno, figlio di Dauno.
25 *Euro*: vento che spira da Oriente; qui sta per vento in genere.
26 *il ferro... Metisco*: Turno aveva preso per sbaglio la spada del suo auriga e lasciata quella che Vulcano un tempo aveva costruito per suo padre.

penetrata a fondo fra i durissimi nodi del tronco, resiste ad ogni tentativo di recuperarla. Giuturna approfitta di questo momento di tregua forzata, e, riprese le sembianze dell'auriga Metisco, consegna a Turno la spada paterna. La dea Venere, indignata per tale audace intervento, vola anche lei in aiuto di Enea, liberando la lancia dalla morsa dell'albero. I duellanti, riavute le loro armi, sono ora pronti ad affrontarsi per lo scontro estremo.

Dall'Olimpo Giunone segue ansiosa il duello, ma Giove la invita a desistere da ogni altro inutile tentativo di salvare Turno. Giunone, infine vinta, parla cosí:

«Poiché la tua volontà mi è nota, o grande Giove,
ho lasciato, sebbene a malincuore, Turno e la terra;
ora non mi vedresti solitaria nella sede celeste
tollerare il giusto e l'ingiusto, ma cinta di fiamme
combatterei anch'io, e trascinerei i Teucri in aspre battaglie.
Ho indotto Giuturna, lo confesso, ad aiutare l'infelice fratello,
e approvato che per la sua vita osasse maggiori espedienti;
ma non tuttavia che tendesse i dardi e l'arco;
lo giuro sulla fonte implacabile del fiume stigio,
unico timore religioso assegnato agli dei Celesti.
Ora mi allontano e lascio le odiate battaglie.
Questo, che non è vincolato da alcuna legge del destino,
ti chiedo per il Lazio e per il prestigio dei tuoi:
quando con nozze felici, sia!, comporranno la pace,
quando già stringeranno vincoli di leggi e di patti,
non volere che i nativi Latini mutino l'antico
nome, o diventino Troiani, o siano chiamati Teucri,
o che gli uomini mutino lingua, o cambino vesti.
Sia Lazio, siano re albani nei secoli,
sia la romana progenie potente del valore italico;
cadde, e lascia che sia caduta, Troia col suo nome».

[vv. 808-828]

Giove rassicura la sua sposa: delle genti italiche e troiane si farà un popolo solo, gli Italici conserveranno la loro lingua, il loro nome, le loro usanze, e presso il nuovo popolo nessuna divinità avrà culto piú fervido e onori maggiori di lei, regina dell'Olimpo.

La dea si allontana amaramente appagata. Giove deve ora imporre a Giuturna di interrompere i suoi tentativi di sottrarre il fratello al destino che incombe: invia perciò una Furia[27], che veloce come una saetta scende in terra e si trasforma nell'uccello che, posato di notte sulle tombe, emette un lugubre canto. Sotto tale apparenza la Furia vola e rivola stridula gemendo davanti al volto di Turno e sferzando con colpi d'ala il suo scudo.

Come da lontano riconobbe le strida e le ali della Dira[28],
l'infelice Giuturna si scioglie e si strappa i capelli,
colpendosi il volto con le unghie e il petto coi pugni:
«Come adesso, o Turno, la sorella potrà aiutarti?
che resta a me, crudele? con quali espedienti
protrarti la vita? e posso oppormi a simile mostro?
Sí, abbandono il campo. Non m'atterrite, sgomenta,
infausti uccelli[29]: conosco il battito delle ali
e il mortifero suono; non mi sfuggono i duri comandi
del magnanimo Giove. Cosí per la verginità mi ripaga?
Perché mi diede un'eterna vita, e mi tolse la condizione
della morte? ora potrei terminare questi tormenti,
e accompagnare lo sventurato fratello tra le ombre.
Io immortale? Vi sarà qualcosa di dolce per me,
senza di te, o fratello? Quale profondo abisso
si aprirà precipitando me dea tra i profondi Mani?[30]».
Detto ciò, si avvolse il capo nel glauco manto delle acque,
con alti gemiti, e scomparve nelle profondità del fiume.

[vv. 869-886]

Enea rivolge a Turno aspre parole di sfida. Turno risponde di non temere alcuno dei mortali, bensí soltanto l'ostilità degli dei, e raccogliendo tutte le forze, sollevata un'enorme pietra, vorrebbe scagliarla contro Enea. Ma improvvisamente le forze gli vengono meno, le sue ginocchia si piegano, e il macigno rotola lontano dal bersaglio: il maleficio della Furia ha tolto al giovane campione dei Rutuli ogni vigore. Ora

27 *invia... Furia*: la Furia è una delle tre sorelle (Aletto, Megera, Tisifone) che abbiamo incontrato nell'inferno; qui appare ai comandi di Giove e come se risiedesse sull'Olimpo da dove scende sulla terra. Nel corso del poema l'apparizione delle Furie avviene in modo contraddittorio; tuttavia la loro sede propria è quella infernale.

28 *Dira*: la Furia.

29 *infausti uccelli*: la Furia svolazza sotto l'aspetto di un uccello notturno, probabilmente un gufo, che Giuturna interpreta come presagio infausto.

30 *Quale profondo abisso... Mani?*: Giuturna spera che anche per lei, immortale, si apra un abisso che la porti nel regno delle ombre.

Turno cerca con lo sguardo la sorella e il suo carro, ma la vista gli si annebbia, non riesce a distinguere ciò che avviene intorno a lui. Depone quindi ogni speranza di salvezza, mentre Enea vibra contro di lui la sua lancia.

... L'asta vola a guisa
di nero turbine, portando sinistra rovina, e squarcia
l'orlo della corazza, e l'ultimo cerchio del settemplice[31] scudo.
Trapassa stridendo la coscia. Il grande Turno
cade in terra, colpito, con le ginocchia piegate.
Balzano con un grido i Rutuli, e tutto rimbomba
il monte d'intorno, e ampiamente i profondi boschi
[riecheggiano.
Egli da terra, supplice, protendendo lo sguardo e la destra
implorante: «L'ho meritato» disse «e non me ne dolgo;
profitta della tua fortuna; tuttavia, se il pensiero d'un padre
infelice ti tocchi, prego – anche tu avesti un padre,
Anchise –, pietà della vecchiaia di Dauno,
e rendi me, o se vuoi le membra prive di vita,
ai miei. Hai vinto e gli Ausoni mi videro sconfitto
tendere le mani; ora Lavinia è tua sposa;
non procedere oltre con gli odii». Ristette fiero nell'armi
Enea, volgendo gli occhi, e trattenne la destra;
sempre di piú il discorso cominciava a piegarlo
e a farlo esitare: quando al sommo della spalla apparve
l'infausto balteo e rifulsero le cinghie delle note borchie
del giovane Pallante, che Turno aveva vinto e abbattuto
con una ferita, e portava sulle spalle il trofeo nemico.

[vv. 923-944]

A tale vista, e al doloroso ricordo dell'uccisione di Pallante, invaso da un'ira incontenibile Enea cala un terribile fendente su Turno, e grida: «È Pallante che ti vibra questo colpo». Il gelo della morte pervade le membra di Turno,

«e la sua vita con un gemito
fugge sdegnosa fra le ombre»[32].

31 *settemplice*: a sette strati.

32 *«e la sua vita... le ombre»*: con questo verso si chiude l'*Eneide* di Virgilio (*vitaque cum gemitu fugit indignata sub umbras*).